生生不息
甘肃文化的传承（全四卷）
把多勋 主编　梁旺兵 副主编

甘肃始祖文化
（第一卷）

Gansu Ancestor Culture

Gansu Culture

冯玉新
李　卓
田云霞　编著

中国社会科学出版社

图书在版编目（CIP）数据

生生不息：甘肃文化的传承．甘肃始祖文化/冯玉新，李卓，田云霞编著．—北京：中国社会科学出版社，2023.9
ISBN 978-7-5227-2620-5

Ⅰ.①生… Ⅱ.①冯…②李…③田… Ⅲ.①文化史—研究—甘肃 Ⅳ.①K294.2

中国国家版本馆 CIP 数据核字（2023）第 176740 号

出 版 人	赵剑英
责任编辑	马 明 郭 鹏
责任校对	姜萌萌
责任印制	王 超

出　　版	中国社会科学出版社
社　　址	北京鼓楼西大街甲 158 号
邮　　编	100720
网　　址	http://www.csspw.cn
发 行 部	010-84083685
门 市 部	010-84029450
经　　销	新华书店及其他书店
印　　刷	北京明恒达印务有限公司
装　　订	廊坊市广阳区广增装订厂
版　　次	2023 年 9 月第 1 版
印　　次	2023 年 9 月第 1 次印刷
开　　本	710×1000　1/16
印　　张	19.5
插　　页	2
字　　数	272 千字
定　　价	369.00 元（全四卷）

凡购买中国社会科学出版社图书，如有质量问题请与本社营销中心联系调换
电话：010-84083683
版权所有　侵权必究

前　言

　　始祖文化作为中华文明开化肇始之时的本源文化，是炎黄子孙的生命基因，是中华文化的根文化，是中华民族自豪感和自信心的重要源泉。中华民族是以汉民族为主体、多民族共同组成的民族共同体，从远古的传说到有文字记载的三皇五帝等是中华民族及全球华人公认的人文初祖，这些中华民族共同始祖是经炎黄子孙反复审慎地选择而确立起来的民族血缘和民族文化的代表，是一种神圣血缘观念的表达。

　　"木本乎根，人本乎祖"，始祖文化不仅是民族凝聚力的纽带，更是民族精神的支柱。中华民族精神作为民族文化的核心与灵魂，与始祖文化的萌芽相辅相成。从时间的维度来看，中华始祖文化是中华民族自远古时就已形成，后经上古、中古、近古以及近现代发展与凝练起来的比较稳定的文化形态。故中华始祖文化不仅是原始社会的精英领袖人物优秀品质的反映和忠实记录，而且也是中华民族智慧的伟大结晶，是民族凝聚力形成与发展的基石与基因[①]，因此始祖文化的形成与发展有利于增强中华民族的凝聚力和认同感，对中华民族"多元一体"结构的形成具有重要的意义。从空间上看，始祖文化在华夏大地分布范围较广，但其在黄河流域则相对密集，因此黄河流域作为中华民族最主要的发源地，同时也是始祖文

[①] 李泽生：《中华民族始祖文化是民族精神的文化基因》，《黄河·黄土·黄种人》2015年第14期。

化的核心区。其中黄河上游及其毗邻地区是华夏文明最早的发源地,在地域上涵盖了陇右地区(大致包括黄河以东、陇山以西的甘肃东南部地区)。在这一地域华胥氏、伏羲、女娲、黄帝、岐伯、西王母等都曾在此留下足迹和传说;黄河中游及其毗邻地区则集中分布着包括关中——河洛以及以晋南为代表的华夏文明传统的核心区,地域上涵盖了今天陕西、河南、山西三省,在这一地域分布着伏羲、炎帝、黄帝、尧、舜等人文始祖的故事传说和历史遗迹;黄河下游地区及其毗邻地区的齐鲁文化区,在地域上涵盖了今天山东省的大部分,是以太昊、黄帝、尧、舜等始祖文化为主。值得指出的是,在黄河流域始祖文化集中留存的三个主要区域中甘肃东南部地区的地位举足轻重。甘肃东部的"陇右"地区,不仅与关中同属黄土高原地区,且具有悠久的历史文化。它不仅是华夏文明发源的重要渊薮之一,也是中华文明的重要发源地之一。

甘肃历史文化与全国其他地方相比较而言,有许多优势与特色,源流性是甘肃历史文化的基本特征之一。"华夏文明八千年"是甘肃具有历史悠久、文化资源内容丰富的深刻表征,在河陇这个文化区域中,甘肃东部地区是中华民族最早的发祥地与中华文化起源的"地域原点"之一,集中分布着大量的始祖文化遗存。为数众多的与始祖文化有关遗址、遗迹和民俗与传说,交相印证了甘肃地区不仅是羲里娲乡、始祖故里,而且在中华文明起源中发挥了重要作用。新时代,在文化强国与文化大发展、大繁荣的背景下,甘肃依托始祖文化做好华夏历史文明的传承创新,不仅是依托自身文化优势实现文旅强省和经济高质量发展的现实需求,也是提升自身文化软实力的题中应有之义。文化是旅游的灵魂,旅游是文化的载体,推动文化与旅游的融合发展,对甘肃省未来发展战略的转型升级和文化的创新发展具有非常重要的意义。始祖文化塑造出独特的文化灵魂,赋予了甘肃省独特的文化旅游品牌,甘肃丰富的始祖文化资源禀赋与旅游产业、文化产业以及其他相关产业的互动融合,不仅有利于其实现时代价值,而且也为甘肃这样一个经济欠发达但文化相对富集区域的文化传承创新发展找到了新的突破口。

全书以甘肃始祖文化为主线，在对区域内伏羲文化、大地湾文化、岐黄文化、秦祖文化等"祖脉文化"资源进行了较为全面、系统梳理的基础上，深入地探究了甘肃始祖文化的内涵与特点，并结合"丝绸之路经济带"和华夏文明传承创新区等国家重大战略的实施以及关中—天水经济区、甘肃文旅强省、陇东南文化旅游创新区建设的实际，对甘肃始祖文化的时代价值与产业实践进行了探索与思考，希望能为甘肃文化旅游又好又快的发展提出一些有价值的意见和建议。

目　　录

第一篇　概论篇

第一章　始祖文化概述 ……………………………………（3）
　第一节　始祖及始祖文化概念内涵探析………………………（3）
　第二节　始祖文化在华夏文明发展中的意义、历史地位及
　　　　　作用 ……………………………………………………（12）

第二章　甘肃始祖文化概念的界定 ……………………………（18）
　第一节　甘肃始祖文化的定义 …………………………………（18）
　第二节　甘肃始祖文化的内涵 …………………………………（18）
　第三节　甘肃始祖文化的基本构成 ……………………………（19）

第三章　甘肃始祖文化的历时性与空间性 ……………………（23）
　第一节　甘肃始祖文化的阶段性特征 …………………………（23）
　第二节　始祖文化在甘肃的空间分布 …………………………（29）

第四章　甘肃始祖文化的特点及比较优势 ……………………（32）
　第一节　甘肃始祖文化的特点 …………………………………（32）
　第二节　比较优势 ………………………………………………（35）

第二篇　内容要素篇

第五章　人祖文化
——伏羲、女娲文化 (45)
第一节　伏羲、女娲文化概述 (45)
第二节　伏羲、女娲文化的时间界定 (46)
第三节　伏羲、女娲文化的空间特征 (48)
第四节　伏羲、女娲文化的具体内容 (49)
第五节　伏羲、女娲文化的地位和时代意义 (55)
第六节　伏羲、女娲文化的精神特质 (60)

第六章　医药始祖
——岐黄文化 (63)
第一节　区域地理人文环境概况 (64)
第二节　历史阶段性特征 (68)
第三节　主要内容 (70)
第四节　价值与意义 (78)

第七章　华夏先民
——大地湾文化 (84)
第一节　概述 (84)
第二节　时间脉络 (85)
第三节　空间特征 (87)
第四节　文化内涵 (91)
第五节　地位及意义 (99)
第六节　现代阐释 (101)

第八章　农耕初兴
　　——周祖农耕文化 …………………………………………（103）
　第一节　周祖文化概述 ……………………………………（103）
　第二节　区域地理人文环境概况 …………………………（106）
　第三节　历史阶段性特征 …………………………………（110）
　第四节　主要内容 …………………………………………（119）
　第五节　价值与意义 ………………………………………（124）

第九章　创业兴邦
　　——陇南秦祖文化 …………………………………………（128）
　第一节　秦祖文化概述 ……………………………………（128）
　第二节　区域地理人文环境概况 …………………………（131）
　第三节　历史阶段性特征 …………………………………（134）
　第四节　主要内容 …………………………………………（139）

第十章　望族寻根
　　——陇西李氏文化 …………………………………………（152）
　第一节　区域地理人文环境概况 …………………………（152）
　第二节　历史阶段性特征 …………………………………（155）
　第三节　主要内容 …………………………………………（159）
　第四节　价值与意义 ………………………………………（180）

第三篇　创新发展篇

第十一章　甘肃始祖文化的时代价值 ……………………（185）
　第一节　丝绸之路经济带背景下的甘肃始祖文化的
　　　　　传承与创新 ………………………………………（185）

第二节　甘肃文化大省与华夏文明传承创新区建设
　　　　背景下的甘肃始祖文化……………………………（190）
第三节　《关中—天水经济区发展规划》与陇东南文化
　　　　历史区建设………………………………………（196）

第十二章　伏羲文化的当代价值及其产业实践与构想………（204）
　第一节　优势与基础……………………………………………（204）
　第二节　文旅融合背景下的伏羲文化…………………………（208）
　第三节　开发思路与路径………………………………………（213）

第十三章　秦祖文化的当代价值及其产业实践与构想………（218）
　第一节　秦祖文化资源禀赋优势明显…………………………（218）
　第二节　秦文化资源开发已初具规模…………………………（220）
　第三节　文旅融合背景下的秦祖文化…………………………（220）
　第四节　秦祖文化旅游的创意与开发…………………………（221）

第十四章　大地湾文化的当代价值及其产业实践与构想……（227）
　第一节　大地湾文化的开发优势与基础………………………（227）
　第二节　文旅融合背景下的大地湾文化………………………（230）
　第三节　大地湾文化的开发思路与路径………………………（242）

第十五章　李氏文化的当代价值及其产业实践与构想………（247）
　第一节　李氏文化开发的优势与基础…………………………（247）
　第二节　文旅融合背景下的李氏文化…………………………（254）
　第三节　李氏文化的开发思路与路径…………………………（258）

第十六章　周祖文化的当代价值及其产业实践与构想………（263）
　第一节　周祖与周祖文化………………………………………（263）

第二节　文旅融合背景下的周祖文化……………………………（267）
　　第三节　周祖文化旅游的开发思路与路径…………………………（268）

第十七章 岐黄文化的当代价值及其产业实践和构想………（273）
　　第一节　岐黄与岐黄文化……………………………………………（274）
　　第二节　旅游文化景观视野下的庆阳"岐黄文化"………（276）
　　第三节　庆阳"岐黄"文化旅游的创意与开发…………（278）

参考文献……………………………………………………………（281）

后　记………………………………………………………………（298）

概论篇

第一章

始祖文化概述

第一节 始祖及始祖文化概念内涵探析

中国历史悠久，是一个具有深厚文化底蕴的国家，而以"三皇五帝"为代表的中华人文始祖为核心的中华始祖文化则是其传统文化的基础和根源。如今，建设文化强国已成为我国文化战略的重要目标，在文化大发展大繁荣的背景下，以中华始祖文化为依托，华夏历史文明的传承创新使依托文化优势发展的文化富集区寻找到了突破口，也使历史发展有了新机遇。

一 始祖的概念内涵探析

在典籍中查询"始祖"的解释有两个。一是有世系可考的最初的祖先。[①] 如《仪礼·丧服》："诸侯及其大祖，天子及其始祖之所自出。"二是事物最早的创始人。如后人奉老、庄为道家的始祖，这是"始祖"的基本解释。

关于中华始祖文化中的"始祖"，我们常说的是中华人文始祖炎黄二帝，广泛一点则是"三皇五帝"，再宽泛的说法即是包括古帝在内的上古所有的人文谱系。本章我们将对中华人文始祖"三皇

---

① 丁鼎：《〈仪礼·丧服〉考论》，社会科学文献出版社2003年版。

五帝"作主要解说。在上古时代"三皇五帝"[①]有多种说法,主要以三皇为伏羲氏、女娲氏、神农氏,五帝为黄帝、颛顼、帝喾、尧、舜的说法是最广为流传的。

(一)伏羲氏与女娲氏

伏羲,又称包牺、宓羲、伏戏等,《史记》中神话传说中的中国古代君主,称为伏牺。伏羲是中华民族的人文始祖,华夏太古三皇之一,他具有龙身人首,传说他通过观察天地万物的变化并利用自己的智慧发明了八卦,因而"结绳记事"的历史就此结束,从而出现了中国最早的文字。在上古时期,伏羲成为"天下共主"并实现了部族联盟。《周易·系辞下传》:"古者包牺氏之王天下也,仰则观象于天,俯则观法于地,观鸟兽之文与地之宜,近取诸身,远取诸物,于是始作八卦,以通神明之德,以类万物之情。作结绳而网罟,以佃以渔,盖取诸离。"[②]《尚书》:"古者伏牺氏之天下王也,始画八卦,造书契,以代结绳之政,由是文籍生焉。"[③]从文献中可看出伏羲作为人文始祖对中华文化有多方面、全方位的贡献。有作布、造网、发明火、作琴瑟、制杵、作历、制嫁娶、定姓氏、初创文字、画八卦、教民狩猎11个方面,其中以制嫁娶、定姓氏最为著名。伏羲的时代是中华文明的开始,同时也定义了伏羲为"中国姓氏之源"[④]。

女娲氏,又称女阴、娲皇,是福佑社稷之正神。在上古传说中,女娲上半身是女性,下半身是蛇,是"三皇五帝"中唯一的女帝。在传说"女娲造人"中讲述女娲是人类的始祖,而还有些说法是伏羲和女娲的后代是现在的人类。《山海经·大荒西经》:"有神十人,名曰女娲之肠。"[⑤]《世本·氏姓篇》:"女氏,天皇封弟于汝

[①] 陈建魁:《伏羲、伏羲时代与伏羲文化散论》,《伏羲与中华姓氏文化》,黄河水利出版社2004年版。
[②] 《周易·系辞下传》。
[③] 《尚书序》。
[④] 张新斌:《伏羲与中国姓氏之源》,《伏羲与中华姓氏文化》,黄河水利出版社2004年版。
[⑤] 《山海经·大荒西经》。

水之阳，后为天子，因称女皇。"① 女娲最主要的贡献为捏土造人与炼石补天，她是一个创造自然万物的女神。《汉书人表考》卷二引《春秋世谱》："华胥生男子为伏羲，女子为女娲。"② 伏羲与女娲本为兄妹后变为夫妻，与《圣经》中的亚当与夏娃地位相当。根据他们的贡献与所处的时代，张新斌学者提出了两种不同的观点，一个是伏羲与炎黄共为中华人文始祖的观点③，另一个则是伏羲与女娲为"中华人文初祖"的观点④，与有的学者提出了"伏羲氏为中华民族的人文初祖⑤"的观点比较相似。另外有些学者不仅提出了"羲黄文化"的概念⑥，还提出了伏羲与黄帝是"中华民族的共同先祖"的观点。关于伏羲出生地，有甘肃成纪说、陕西蓝田说、河南濮阳说、山西永济说与四川阆中说等许多说法。与雷泽相关联的说法较多，所谓《太平御览》卷七八引《诗含神雾》："大迹出雷泽，华胥履之，生伏牺。"⑦ 古成纪就是现今甘肃省天水市，《后汉书·郡国志》云："成纪，古帝庖牺氏所生之地。"⑧《补史记·三皇本纪》："太皞庖牺氏，风姓，代燧人氏继天而王。母曰华胥，履大人迹于雷泽，而生庖牺于成纪。"⑨ 天水有伏羲庙、卦台山、古风台以及大地湾等遗址，还流传甚多与伏羲女娲相关的传说。而关于伏羲的建都地和丧葬地都在河南淮阳，这一说法并没有较大的争议。《左传·昭公十七年》："陈，太皞之虚也。"⑩《潜夫论·五德志》云："伏羲，世号太皞都于陈。"⑪ 古时称陈的淮阳，是陈国的

---

① 《世本·氏姓篇》。
② 《春秋世谱》。
③ 张新斌：《论伏羲与炎黄共为中华人文始祖》，《中州学刊》2007 年第 5 期。
④ 张新斌：《伏羲与中国姓氏之源》，《伏羲与中华姓氏文化》，黄河水利出版社 2004 年版。
⑤ 仓林忠：《中华民族的人文初祖之辨》，《盐城工学院学报》2002 年第 1 期。
⑥ 王剑：《论中华民族共同先祖的确认——兼及"羲黄文化"》，《伏羲与中华姓氏文化》，黄河水利出版社 2004 年版。
⑦ 《太平御览·诗含神雾》。
⑧ 《后汉书·郡国志》。
⑨ 《补史记·三皇本纪》。
⑩ 《左传》。
⑪ 《潜夫论·五德志》。

故都，也是伏羲、炎帝建都之地。淮阳有画卦台，也有伏羲太昊陵庙，还有很多源自上古的民间传说与民俗活动，反映了淮阳在上古时期的核心地位。

至于女娲，其传说流传甚广，但在北方影响更大，晋、冀、豫三省太行山区都有大量的女娲传说与史迹，所以，太行山的定位为"母亲之山"①。《路史·后记二》所云："太行，一曰母皇山，亦曰女娲山。"② 山西洪洞县赵城的娲皇陵庙，大多数建筑虽已毁坏了，但仍保留了大量明清祭碑，反映了娲皇陵庙地位与淮阳伏羲太昊陵一样，为官方指定的御祭场所③。在与淮阳相邻近的西华县同样也有"女娲城"的史迹，遗留的女娲伏羲传说，同样值得关注。

（二）炎帝神农氏

炎帝，号神农氏，是上古时期姜姓部落的首领，中国古代农业的发明者。他作为中华人文始祖之一，为后人做了很大贡献，如制耒耜，种五谷；立市廛，首辟市场；治麻为布，民着衣裳；作五弦琴，以乐百姓；削木为弓，以威天下；制作陶器，改善生活。耒耜的发明者就是神农。《周易·系辞下传》："包牺氏没，神农氏作，斫木为耜，揉木为耒，耒耨之利以教天下，盖取诸益。"④《管子·形势》："神农教耕生谷，以致民利。"⑤《世本·作篇》："神农作琴，神农作瑟。"⑥ 炎帝和黄帝在上古时期进行过三次非常激烈的战争，在战争过后炎帝与黄帝结盟，并归顺于黄帝。随着炎黄联盟的势力不断扩大，归顺炎黄二帝的部落也越来越多，而蚩尤部落仍不肯归顺，蚩尤带领着九黎，在涿鹿与炎黄联盟展开大战，这就是传说中的涿鹿之战，是上古时代的第二场战争。最后炎黄联盟获得胜利。《国语·晋语》："黄帝以姬水成、炎帝以姜水成。成而异德，

---

① 张新斌：《太行山的文化定位与开发的战略思考》，《中原文化研究》2013年第1期。
② 《路史·后记二》。
③ 刘北锁：《洪洞县赵城娲皇陵庙历史地位简论》，《天水师范学院学报》2012年第6期。
④ 《周易·系辞下传》。
⑤ 《管子·形势》。
⑥ 《世本·作篇》。

故黄帝为姬，炎帝为姜。"① 对于炎帝的出生地和故里的说法，有山西高平说、湖南会同说、湖北随州说和陕西宝鸡说等几种不同的说法。但一般把陕西宝鸡作为炎帝神农氏的故里。宝鸡建设面积达8100平方米的炎帝祠，又称神农庙、神农祠。而关于炎帝终葬地的说法，有山西高平炎陵、陕西宝鸡炎陵和湖南炎陵县之炎陵等。但古称酃县的湖南株洲市炎陵县，自晋《帝王世纪》有炎帝"葬长沙"的记载，宋代开始建庙，明清将其作为官方公祭炎帝的指定场所，现今，炎帝陵祭祖活动已是炎黄子孙寻根探源的重要表现形式②。

（三）黄帝轩辕氏

黄帝，名轩辕，远古时代华夏联盟首领，被称为中华人文始祖，五帝之首，在中国历史上有极其重要的地位。司马迁从黄帝开始撰写《史记》。《史记·五帝本纪》："黄帝者，少典之子，姓公孙，名曰轩辕。生而神灵，弱而能言，幼而徇齐，长而敦敏，成而聪明。轩辕之时，神农氏世衰。诸侯相侵伐，暴虐百姓，而神农氏弗能征。于是轩辕乃习用干戈，以征不享，诸侯咸来宾从。而蚩尤最为暴，莫能伐。炎帝欲侵陵诸侯，诸侯咸归轩辕。轩辕乃修德振兵，治五气，蓺五种，抚万民，度四方，教熊罴貔貅䝙虎，以与炎帝战于阪泉之野。三战，然后得其志。蚩尤作乱，不用帝命。于是黄帝乃征师诸侯，与蚩尤战于涿鹿之野，遂禽杀蚩尤。而诸侯咸尊轩辕为天子，代神农氏，是为黄帝。"③ 黄帝在远古时代不仅仅实现了部落统一，还和他的妻子嫘祖在物质、精神、制度等方面有极大的造诣。《世本·作篇》中所记有："黄帝作旃，黄帝作冕旒，黄帝造火食，黄帝见百物始穿井。""黄帝使羲和作占日，常仪作占月，臾区占星气，伶伦造律吕，大挠作甲子，隶首作算数，容成作

---

① 《国语·晋语》。
② 霍彦儒：《陕西省志第80卷炎帝志》，三秦出版社2009年版，第116—126页。
③ 《史记·五帝本纪》。

调历，沮诵、苍颉作书。"① 因此，黄帝占有重要地位。《史记·五帝本纪》云："黄帝二十五子，其得姓者十四人。"②《国语》胥臣云："黄帝之子二十五宗，其得姓者十四人，为十二姓，姬、酉、祁、己、滕、葴、任、荀、僖、姞、儇、衣是也。"③ 中国姓氏的根本来源于这些古姓，我们都可称为黄帝的子孙。黄帝文化无疑为民族之根。黄帝的出生地有诸如陕西宝鸡说、甘肃天水说、山东曲阜说、湖南长沙说等说法。而黄帝故里故有可查史料都在河南新郑。《史记·五帝本纪》："黄帝为有熊。"④《史记》集解："皇甫谧曰：有熊，今河南新郑是也。"《史记》正义："河南新郑县，本有熊氏之墟也。"《路史·国名纪》："有熊帝之开国，今郑之新郑。"⑤《大清一统志》《河南通志》等各类府县志均有大量的记载。关于黄帝的终葬地也有多种说法诸如陕西黄陵说、甘肃正宁说、山东曲阜说、河南灵宝说和河北涿鹿说等。但古桥山为陕西黄陵，《史记·封禅书》记载汉武帝"祭黄帝冢桥山"。⑥《史记》集解："《皇览》曰：黄帝冢在上郡桥山。"古时称为"桥陵"的黄帝陵是历代帝王祭祀黄帝的地方。

（四）颛顼帝喾二帝

颛顼和帝喾均为五帝之一。《史记·五帝本纪》："帝颛顼高阳者，黄帝之孙而昌意之子也。""帝喾高辛者，黄帝之曾孙也。高辛父曰蟜极，蟜极父曰玄嚣，玄嚣父曰黄帝。自玄嚣与蟜极皆不得在位，至高辛即帝位。高辛于颛顼为族子。"⑦ 颛顼帝对整顿巫教，绝地天通有重要的贡献；民事纪官，设立五正；汇合八风，作乐《承云》；诛灭共工，一统天下。帝喾的主要贡献为：次序三辰，改革

---

① 《世本·作篇》。
② 《史记·五帝本纪》。
③ 《国语》。
④ 《史记·五帝本纪》。
⑤ 《路史·国名纪》。
⑥ 《史记·封禅书》。
⑦ 《史记·五帝本纪》。

历法等①。颛顼和帝喾的成就虽无法与黄帝相比，但他们都为上古文明的传承发展做出了重要贡献，是上古时期不可多得的部族首领。在1987年对百家姓的排序，中科院发现在100个大姓中，78个是属于黄帝族系的姓氏，而其中属于颛顼与帝喾二族的更有75个姓氏。"从血缘认同的角度分析，黄帝无疑具有更大的影响力，而支撑这种血缘认同的二大主干则为颛顼与帝喾"。② 颛顼出生地为"若水"。但四川说与河南说两种都有若水。若水为汝水，或为洧水。而颛顼居于空桑，封于高阳，都于帝丘，葬于鲋鰅山，帝喾则生地新郑，佐地濮阳，封地商丘，都地偃师，葬地内黄，这些地点都与河南有关联③。颛顼帝喾二帝陵在今河南内黄有清理发现的元明清时期的陵庙遗址，尤其是发现了明清两代公祭二帝陵的御碑共97块，反映了明清两代共有90次的祭祀活动，不仅确定了二帝陵的遗址，也为研究古代帝陵公祭提供了完整的一手资料④。

(五) 尧舜二帝

《史记·五帝本纪》描述尧为"其仁如天，其知如神。就之如日，望之如云。富而不骄，贵而不舒"。⑤ 反映出这是一个十分完美的人。尧命羲仲与和叔"敬顺昊天，数法日月星辰，敬授民时"。⑥ 这是上古农业社会的重要事迹。"尧之王天下"⑦"尧治天下"⑧"尧有天下""莫不宾服"，⑨ 这些赞扬之词说明尧之世，为理想之社会。尧最为后人津津乐道的是举荐舜帝，禅让天下。舜最大的成就

---

① 李立新：《试论颛顼帝喾二帝与中华人文始祖》，《颛顼帝喾与华夏文明》，河南人民出版社2009年版。
② 张新斌：《内黄颛顼帝喾二帝陵的文化定位及其思考》，《颛顼帝喾与华夏文明》，河南人民出版社2009年版。
③ 闫德亮：《中国古代神话文化寻踪》，人民出版社2011年版，第140—164页。
④ 张新斌：《颛顼帝喾及葬地与祭祀初探》，《颛顼帝喾与华夏文明》，河南人民出版社2009年版。
⑤ 《史记·五帝本纪》。
⑥ 《史记·五帝本纪》。
⑦ 韩非子《五蠹》。
⑧ 墨子《节用中》。
⑨ 《韩非子·十过》。

是以德政与才干用人，他划分中枢职能形成初步的事务管理机构，诸如以"皋陶为大理"[1]"伯夷主礼""益主虞""弃主稷""契主司徒""龙主宾客"[2] 等形成了基本雏形。"天下明德皆自虞帝始"[3]用来称赞其以德的标准来用人。关于尧舜的出生地与终葬地的说法多种多样。尧帝的出生地有山西绛县说、河北顺平说等，但是最为著名的是尧都山西平阳说。而尧陵有山东菏泽说，菏泽的"尧葬谷林"最为著名，但是留存的遗迹有限；山西临汾说，临汾则有尧陵与尧庙，近年的影响则更大。舜帝的出生地有山西洪洞说、山东甄城说、陕西洋县说、浙江余姚说、河南濮阳说、湖南永州说等，近几年山东、湖南、山西等地对舜文化展开了大量的工作。舜帝的终葬地，最为著名的是山西永济和湖南宁远两地，早期不仅有大量的文献指出湖南宁远的九嶷山作为舜帝的终葬地，还有一些考古的发现。如今的舜庙和舜陵建筑规模宏大，影响深厚，反映了舜帝在上古时期的丰功伟绩在这些地方的影响力。

中华民族从古代社会形成和发展起来的中华始祖文化是上古时期的各种人文始祖优秀品质和文明的反映与记录，是民族历史遗产和智慧结晶的文化展现。中华始祖文化蕴藏了丰富的文化精神，具体表现在三个方面：一方面是凝聚文化，中国的传统文化有着强有力的内部凝聚力，把个人与他人、群体以及自然相结合，形成一种注重和谐的共生文化关系；另一方面是兼容文化，中华的传统文化接受中国文化的传承发展，以开放的姿态接受并融合外来文化形成特有的元素；最后一方面是经世致用文化，中国的传统文化重经世致用，修身齐家治国平天下是其展现的重要价值，文化的本质是促进自然、社会的人文之化。"三皇五帝"作为早期的民族始祖群体所创造的华夏民族传统美德，在原始时期便奠定了基础。中华民族五千多年的历史传承，形成了以炎帝、黄为代表的中华人文始祖流

---

[1]《史记·五帝本纪》。
[2]《舜帝廿二大臣》。
[3]《史记·五帝本纪》。

传下来的中华民族传统美德,是中华民族最早的道德源泉。

中华的根源文化主要是始祖文化,而以"三皇五帝"为代表的中华始祖文化是中华的根源文化。上述的"三皇五帝"的出生地、活动地与终葬地等都是始祖文化的发源地。全国范围内有诸多以"三皇五帝"为主的始祖文化发源地和传承地等,如河南省、山西省、陕西省、安徽省、甘肃省、河北省、湖北省、湖南省、山东省、四川省、浙江省。

从始祖文化的分布来看有两个特点:一个特点是"三皇五帝"等人文始祖的活动范围较大。关于伏羲、炎黄、颛顼和舜帝等始祖的出生地和终葬地众说纷纭。有四川阆中说、湖北随州说、湖南炎陵说、河北涿鹿说、北京平谷说、四川若水说等,南达长江流域诸省,北可达北京及河北北部,地域范围甚广,这种遗迹的广泛分布表现了上古神话的流传之广以及人们对先祖的纪念。这也许与真实的历史存在异议,但是这些说法都具有历史悠久性。对于湖南炎陵县确立的炎帝陵和经考古查证的湖南宁远九嶷山的舜帝文化遗存,我们理解为是历史的复杂性所导致的。司马迁的《史记》记载了炎帝、黄帝的活动圈以及舜帝南巡的真实含义,尽管这些都有待论证,但是始祖文化仍值得我们进一步关注。

第二个特点是"三皇五帝"这些人文始祖的主要活动核心区在黄河流域。虽然活动范围较广,但是始祖文化密集分布在黄河流域。最为主要的有四个密集区:晋南区,即山西的运城、晋城、长治三市,被定位为"根祖文化",因伏羲、女娲、炎帝、尧、舜等文化在此均有分布;关中区,即陕西宝鸡和甘肃天水,伏羲、炎帝、黄帝以及周秦文化的源头分布在这个区域,这一地区"是中华民族与中华文化的地域原点"[①];中原区,即河南省,"三皇五帝"的文化遗存都有分布,以伏羲、黄帝、颛顼、帝喾为重点文化;齐

---

① 张新斌:《渭河上游地区是中华民族与中华文化的地域原点》,《中华传统文化研究与评论:第一辑》,人民教育出版社2007年版。

鲁区，即山东省，主要以太昊、黄帝、尧、舜文化为主。以上始祖文化密集的四个重点区，是中华始祖文化的重要发祥地，具有很强的学术研究价值。

中华始祖文化的核心是依附于人文始祖身上的发明创造，是华夏文明的开端，是中华历史的基础。从现代意义上看，中华始祖文化内涵更加广泛，诸如逸闻传说、祠庙遗迹、民情风俗等与始祖事迹相关的事或物都属于始祖文化的范畴。

第二节 始祖文化在华夏文明发展中的意义、历史地位及作用

华夏文明以其独特的方式不断发展完善，传承千年。"华夏"之名，由来已久。"华夏"一词最早见于《尚书·周书·武成》："华夏蛮貊，罔不率俾。"[①]《左传·定公十年》有"裔不谋夏，夷不乱华"[②] 的记载。唐代的孔颖达曾说："中国有礼仪之大故称夏，有服章之美谓之华。"[③] 在魏晋时期，"中国"与"华夏"两词共同称为"中华"，特指中原，也指中国全境。

发展文化强国战略的重要举措是建设华夏文明传承创新区，目前已批准的相关战略有三个：一是2009年6月，明确提出"彰显华夏文明的历史文化基地"的战略定位，由国务院同意，国家发改委正式颁布的《关中—天水经济区发展规划》（简称"发展规划"）。二是2011年9月，将"华夏历史文明传承创新区"建设作为中原经济区的五大战略定位之一，国务院正式颁布了《国务院关于支持河南省加快建设中原经济区的指导意见》（简称"指导意见"）；2012年12月，国家发改委进一步明确和强调了这一战略定位，并正式颁布了《中原经济区规划》。三是2013年1月，国务院

---

① 《尚书·周书·武成》。
② 《左传·定公十年》。
③ 《春秋左传正义》。

办公厅正式批复了甘肃省建设华夏文明传承创新区的申请，提出了"一带三区十三板块"的建设格局，三区中有"以始祖文化为核心的陇东南文化历史区"。

一 始祖文化在华夏文明发展中的意义

（一）发展始祖文化的政治意义

始祖文化作为华夏文明中最早期的文化，祭拜和缅怀始祖们的丰功伟绩使民族凝聚力增强，对实现中华民族的伟大复兴，具有深远意义。如今我们进行祭祀伏羲、纪念黄帝等人文始祖的活动，不仅表达了对整个中华民族追根溯源的文化认同，还表达了中华儿女尊祖敬宗的民族情感。自发展始祖文化以来，每年的祭祖大典，都有很多港澳台及海外同胞前来参加，这是一种融合了民族情感和凝聚了民族亲情的大团圆，就如同子女与父母的家庭聚会。曾经许多华人与祖国大陆失去了联系，常年漂泊在外，如今弘扬始祖文化，为这些远离祖国的人们提供了与祖国亲密接触的机会，并带着感恩之情来祭奠自己的祖先。

伟大的民族精神使中华文明在数千年的人类文明发展中生生不息，薪火相传。在促进中华民族文化发展以及构建社会主义和谐社会中，始祖文化表现出了其强大的博大开放的精神，在增强民族凝聚力和促进民族大团结方面有着重要的政治意义。

（二）发展始祖文化的文化意义

弘扬中华文化可以使中国人民乃至世界人民对中华文化有更深刻的了解，同时也有助于中华儿女对中国文化的传承创新。除了我们耳熟能详的女娲补天造人、伏羲演八卦、大禹治水等故事外，每个始祖文化都有一系列传奇的故事值得我们去研究，我们都知道神农尝百草，但是神农还会做五弦琴，他是否还有其他的贡献呢？如果我们不去真正了解关于人文始祖的故事以及文化，始祖文化就失去了文化意义。弘扬始祖文化，有助于加强每一个中华儿女对中华文化的博大精深的了解和体会，从而学习并传承始祖文化。

中华民族智慧的结晶是中华文化。多元文化的统一形成了中华文化，而最重要的始祖文化，则是中华民族在漫长的社会历史演变中保留和积累的宝贵财富。始祖文化历史悠久、内涵丰富、风格独特，蕴涵着优秀的文化遗产、精神资源和思想源泉，为现代文明建设和传承提供了深刻的启示。

（三）发展始祖文化的经济意义

近年来，我国旅游市场发展迅猛，旅游热兴起。从本质上说，旅游活动就是一种文化活动，旅游的消费活动、经营活动都具有强烈的文化性。世界上丰富多彩的文化类型正因为文化始终贯穿着人类的生活，所以，文化的旅游功能由文化本质决定。现代旅游业的发展，使人们越来越重视始祖文化，只有充分挖掘开发其文化内涵，才能吸引更多的旅游者。我国各地都有始祖文化的遗迹，旅游的热潮使始祖文化的深度挖掘更进一步。充分挖掘始祖文化内涵，提高旅游文化品位，是发展文化旅游的关键所在。人们崇尚始祖文化旅游，在旅游的过程中了解中国始祖文化。并且在这一过程中产生了经济效益。所以，发展始祖文化对于我国来说，是可以实现文化传承与经济效益并行的目的。

二 始祖文化在华夏文明发展中的历史地位

"三皇五帝"是中华人文始祖，他们创造的文化是一脉相承的。始祖文化是中华传统文化的源头活水，是中华文化内涵博大、团结奋斗的伟大标识。在漫长的历史发展过程中，人们选择和确立起一个民族文化的象征就是始祖文化。人文始祖是上古时期人类文明的开拓者，他们有着极其重要的地位，是开天圣人、人文源头，在五千多年华夏文明的发展中奠定了基础。

在上古时代，中华始祖经过长期的生产实践和社会实践，创造了灿烂的中华始祖文化，形成了优秀的中华传统文化。其不仅凝聚了中华民族的精神、融合了中华儿女的情感，而且对华夏文明的发展产生了深刻的影响，对人类文明做出重大贡献。中华民族历来富有创新精神,这还需追溯到华夏文明时期。上古时代是中国早期文化变化最频繁的时代,战争频繁,社会分化加剧,地区间的文化交流与文化融合增多,从而在物质文化和科学技术上产生了许多发明创造,这对中华民族的建设奠定了扎实的基础。如《世本·作篇》记载"作市""作兵器""作煮盐""始穿井""作舟""作冕旒""作占日""作占月""作占星气""造律吕""作甲子""作算数""作调历""作书""作图""作衣裳",① 这些诸多发明创造,为人类走向文明社会做出了巨大贡献。

三 始祖文化在华夏文明发展中的作用

(一) 始祖文化有利于非物质文化遗产的保护和传承

非物质文化遗产是一种独特的精神风貌、文化意识和民族思维方式。它具有民族文化生活的基因,经过世代相传,能逐步适应周围环境,从而在自然与历史的互动中,不断被重新创造,进而增强了文化多样性和民族创造力。而在如今社会,生活方式的加速和信息技术的扩展,已经严重影响到民族文化的非物质文化遗产,使之逐渐消亡,并呈现出急剧下降的趋势。始祖文化同样也是珍贵的非物质文化遗产,集中体现了文化多样性和标本价值。因此,对非物质文化遗产实施科学的保护,是各国和各民族弘扬民族精神、追求可持续发展的必然文化诉求。保护和促进文化的多样性就是在保护非物质文化遗产。而对始祖文化资源的开发和研究,深挖其丰富的内涵,同样有助于非物质文化遗产的保护。

(二) 始祖文化有利于继承和发扬华夏优秀传统文化

在中国古史传说体系中,远古时代社会由母系氏族向父系氏族转型,由渔业和畜牧业向农耕文明进化,由野蛮向文明过渡的历史阶段,伏羲、女娲、轩辕黄帝等始祖都是创世英雄。由于他们独特的地位和非凡的贡献,过去的祖先和圣人都是基于他们的文化创作

---

① 《世本·作篇》。

活动，进而产生许多生产发明。除了民俗和信仰的普及外，也逐渐形成了具有丰富内涵的始祖文化。始祖文化内容丰富，博大精深，深刻影响了中华民族的历史进程。从这个意义上说，没有始祖文化，就没有中华文明的发生和发展，也没有中华民族精神的壮丽辉煌和富有创造性的生命力。华夏文明的一个显著特征就是自先秦以来，已经形成了具有地方特色和众多数量的各种地域文化。华夏文明的传承与创新、升华与重造都与地域文化的发展密切相关。在中华民族长期融合的过程中，之所以能够形成世界闻名的文化认同和文化亲和力，始祖文化的交流与融合无疑是一个重要因素。一方面，中华文化的凝聚力和辐射性具有深远的影响；另一方面，当地文化以朴素性、独创性和无与伦比的民族多样性培养开放性，共同铸就了辉煌灿烂的中华文明。因此，研究地域文化，弘扬始祖文化，挖掘始祖文化的深层内涵和最有价值的内容，实质上是对中国传统优秀文化的弘扬，是中华民族精神的直接继承和传承。

（三）始祖文化有利于弘扬民族精神

何谓民族精神？类延旭在《论民族精神的基本特征》中说道："民族精神是一个民族在长期共同生活和实践中逐步形成的一种优良传统。它反映了民族价值观、一个心理素质、品格意志和精神风貌。它是民族文化的核心与灵魂，是民族赖以生存和发展的精神支柱。从其运动属性的角度看，它是历史与时代的统一；从其基本性质来看，它是共性与个性的统一；从其作用方式看，它又是间接渗透性与直接能动性的统一。"[①] 宋志明与吴潜涛编辑的《中华民族精神论纲》中说："民族精神是民族文化的核心与灵魂，是一个民族在长期生产和生活中所体现的生命力和卓越思想。它是一个国家的共同价值观，一个民族凝聚力的思想基础和社会发展的精神动力。它具有对内动员民族力量，对外展示民族精神的重要作用。"[②]

[①] 类延旭：《论民族精神的基本特征》，《社科纵横》2004年第10期。
[②] 宋志明、吴潜涛：《中华民族精神论纲》，中央民族大学出版社2006年版。

民族精神是一个国家永无止境的发展和成长的不竭动力，也是在新的历史条件下实现"中国梦"的历史依据和现实基础。

  当今世界，人们不断增强的寻根意识，使得中华儿女即使远游千里，仍不忘落叶归根，热爱中华的故土，重视中华人文始祖传承千年的文明。对于实现了现代化并有着富裕安康生活的人们来说，他们有着更为强烈的追求文化认同感，希冀寻求自己民族国家的文化之根，这便是即使在任何地方仍不远千里的寻根谒祖活动逐渐盛行的深层原因。因此，为了促进祖国的和平统一、中华民族的繁荣复兴，使海内外炎黄后裔的认同感增强，我们要加大对始祖文化的研究与宣传，使始祖文化的传承发扬更具有意义。

第 二 章

甘肃始祖文化概念的界定

第一节　甘肃始祖文化的定义

甘肃始祖文化是指起源于甘肃地区的、由华夏元祖创造的、在社会历史发展的过程中既有、传承、创新、发展的物质财富和精神财富的总和。甘肃始祖文化博大精深，内容丰富，揭示了中华文明起源和中华民族的形成。它走过了人类万年文明，积淀着深厚的历史底蕴，在中华民族发展中发挥了重要作用，是甘肃文化的重要组成，也是中华民族传统文化的重要内核。

第二节　甘肃始祖文化的内涵

一　根本性

甘肃始祖文化探索的是中华文明起源及其原貌，还原了华夏民族的创世英雄、中华民族的祖先和人类文明的祖先，复原了中华民族在远古时代的社会发展和文化生态[①]，具有根本性内涵。

二　多样性

甘肃始祖文化博大精深、包罗万象、丰富多彩、形式多样，天

---

① 雍际春：《论伏羲文化的演变与内涵》，《甘肃社会科学》2008 年第 6 期。

文、地理、人事无所不包，自然科学、社会科学和人文科学无所不及，物质生活、精神生活无所不有①，具有多样性内涵。

三 传承性

虽然甘肃始祖文化曾在一些历史时期有过中断，但它始终为中华民族世世代代所认同、继承和发展，具有传承性内涵。

四 导向性

甘肃始祖文化对华夏民族的思维模式和文化底蕴产生了深刻的影响，为人们的行动提供了方向和可选择的方式，使得人们可以知道自己的哪种行为是恰当的，并引起人们做出积极的反应，具有导向性内涵。

五 永恒性

甘肃始祖文化不因时代的更替、物质的变迁而消亡，始终为一代又一代的华夏儿女指明方向，在精神价值层面具有永恒的意义。

第三节 甘肃始祖文化的基本构成

一 按文化构成分类②

（一）物质文化

物质文化主要是通过人体劳动和使用相应手段用于改造外物的文化。甘肃始祖文化中的物质文化包括结绳为网的捕鱼工具、纺轮坯和尖状锥③、古老的黍种和生产工具、岐黄中医药、大地湾遗址建筑、大堡子山遗址、李家龙宫等。

---

① 安定祥：《岐黄文化的内涵》，中国庆阳2011岐黄文化暨中华中医药学会医史文献分会学术会论文集，庆阳，2011年8月，第29页。
② 苏富忠：《文化的分类体系》，《烟台大学学报》（哲学社会科学版）2004年第3期。
③ 宋云芳：《天水地区伏羲文化研究》，《青海民族大学学报》（社会科学版）2013年第2期。

（二）精神文化

精神文化是人类社会实践和改造主观世界的成果，是人类所特有的心态文化。甘肃始祖文化中的精神文化包括伏羲创造的书契、历算、乐曲歌谣等，黄帝创造的天文历法、农耕技术、祭祀礼仪等，以及彩陶艺术、青铜器艺术、绘画艺术、编钟音乐……

（三）社会文化

社会文化是指与社会结构相关的文化因素，包括政治方面、经济方面、教育方面等[①]。甘肃始祖文化中的社会文化包括伏羲分部而治、秦文化法制观念、大地湾父系社会文化、李氏宗族文化、不同时期的丧葬制度等。

（四）行为文化

行为文化是与人类行为有关的所有文化因素。甘肃始祖文化中的行为文化包括女娲开创的婚姻文化、伏羲设定的男娶女嫁的婚礼制度、不同宗族各式各样的风俗习惯等。

（五）观念文化

观念文化指的是与世界观、人生观、价值观有关的文化因素。甘肃始祖文化中的观念文化包括伏羲八卦、岐黄天人合一和持中尚道观念、周祖重礼观念、李氏家训等。

二　按要素构成分类

（一）伏羲、女娲文化

伏羲是中华民族的始祖。伏羲文化不仅是伏羲的传说、名号、功德、源流等，而且包含着伏羲对人类的巨大贡献和深远影响，体现着那个时代的特征[②]。女娲文化来源于神话信仰，被后人代代传承，现如今已经演变为融合了文学因素、信仰因素、生活因素等于一体的多元文化。伏羲、女娲文化揭示了中华文明起源和中华民族

---

① 刘雪：《文化分类问题研究综述》，《泰安教育学院学报岱宗学刊》2006 年第 4 期。
② 李建成：《伏羲文化概论》，甘肃文化出版社 2004 年版，第 44 页。

的形成,是远古时代中华民族形成之初创造的物质文明和精神文明的总和。

(二)岐黄文化

"岐黄"指黄帝和岐伯,当年黄帝于崆峒山问道于岐伯,后二人创造了我国早期的中医药文化,经历代医学家发展完善至今。从狭义来看,岐黄文化指岐伯与黄帝创立的中医药文化,也称为"岐黄之术"。从广义来看,岐黄文化指发祥于西北地区的,岐伯和黄帝创造的,后经历朝历代圣贤传承发展的,涵盖天、地、人三道的我国古代生命科学文化,包括医学、天文学、哲学、心理学、人类学等多个方面。

(三)大地湾文化

大地湾文化是黄河上游地区新石器时代考古文化,也是新石器时代文化,它是我国延续时间较长的史前文化。大地湾文化以大地湾遗址为中心,它展示的远古文明历史悠久、内涵丰富、特征独特,在原始建筑、艺术、农业和文字等方面,是华夏文明的典型代表,是中华文明火花的最初闪现,是华夏文明的起源之一,故而被称为"大地湾文化"。

(四)周祖农耕文化

周祖,指周代立国之前居豳(读作 bīn,古地名,在今中国陕西省彬县,旬邑县西南一带)的十余世农业始祖。周王朝在历史上横跨八百余年,鼎盛时期曾经称霸于诸侯,后被秦所灭。周民族是一个种植庄稼的古老民族,周民族的祖先不窋拓荒垦种,以农为本,教民稼穑,他的子孙鞠陶、公刘传承其衣钵,在庆阳地区开创了黄土高原农耕文化的先河。周民族融合了农耕稼穑、畜牧养殖、狩猎采集、林果栽植等多种多样的农业方式,同时融合吸收游牧文化的精华,形成了以农耕为主、林猎为辅的综合性农牧经济,史称"周祖农耕文化"。

(五)秦祖文化

秦族,嬴姓,是东夷民族的后代。秦祖文化是秦人在其特定的历史环境中所创造的共同区域文化,它起源于甘肃东南部的天水、礼县一带,伴随着秦族的发展而丰富,随着秦朝的发展壮大扩散至整个关中地区,战国中晚期后上升为统治文化,历经萌芽期、发展期、繁荣期、鼎盛期四个阶段,在历史上留下了浓墨重彩的一笔,是我国法治思想和政治文化的典范。

(六)李氏文化

在历史的长河中,有一个历史悠久的巨族大姓——李氏。李氏文化发祥于甘肃陇西,在盛唐时期达到鼎盛期,曾经孕育了一代又一代的英才。陇西被誉为世界李氏之根,陇西的李氏文化底蕴深厚,源远流长,枝繁叶茂,在中华民族姓氏文化大家园中熠熠生辉,是中华民族宝贵的文化遗产和优秀的文明成果。

第三章

甘肃始祖文化的历时性与空间性

第一节 甘肃始祖文化的阶段性特征

甘肃拥有跨越八千年的悠久历史，是中华文化的起源地之一。据史料记载人文始祖女娲、伏羲在此地产生，岐黄文化也在此地形成，并有天下李氏的根在陇西等。由此甘肃成为海内外各界人士祖脉寻根、传承弘扬民族文化的圣地。

一 伏羲、女娲文化

由于历史的发展，时间的推移，伏羲渐渐地演变成为中华民族的一种文化符号和血缘关系的象征，优秀的文化基因在伏羲身上得到充分体现。伏羲文化诞生于成纪地区，今天水一带，距离现在有9000—7000年的时间，体现的是处于新石器时期的渔猎文明。伏羲文化随着氏族部落的强大也逐渐得到了传播，由西北地区传播到中原地区、西南地区甚至是整个中华大地，所形成的华夏民族主要以炎黄部落为核心，以伏羲文化为主体。武汉大学教授、中国周易研究会会长唐明邦将伏羲对中华文化的贡献归纳为九个方面：造网罟，发展渔猎畜牧；创造书契；制嫁娶，以俪皮为礼；立九部，设六佐；作历度，定节气；钻木取火；尝百药、制九针；制琴瑟，作乐曲；"立占筮之术"。以上基本包含了古时候社会的各方面，伏羲创造的丰功伟业可与天地相比①。伏羲文化是中华民族的本源文化和重要源头，是创造和革新的典范，是体现人文思想的基石，是中国哲学思想的本原，是和谐理念的基础，是传统道德形成的依据，是兼容和合精神的本色②。现在为纪念伏羲以及传承伏羲文化，天水市在每年6月22日举行公祭伏羲大典。

"女娲"作为一个具体的史前人物名称，在很多学科中都是一种特定化的母性主题，如文学、历史学、人类学、民俗学等，具有显著的文化功能。毋庸置疑，从现存的历史文献和出版的各类资料可知，"女娲"虽是一个专有名词，但其所代表的含义却有些模糊，如《辞源》参考了《说文》注释为："人名用字，古代神话中女娲氏。说文：'娲，古之神圣女，化万物者也'"，接着又在"娲皇"条中说："女娲氏，传说的古帝王。"因此，我们今天所了解的女娲应该是书上所记载的被认为是神话母题的女娲，有着深远的历史，从而在传承过程中给各地区的女娲神话传说、遗址遗迹和相关民俗文化等带来深远的文化意义。毋庸置疑，女娲已发展成为人们所公认的女性始祖形象，是始祖文化的典型代表，并出现在很多地方的民间习俗文化活动中③。

二 岐黄文化

岐黄文化是由岐伯和黄帝共同创立并在后续中不断完善的中医药文化，也被称作是岐黄之术，于我国上古时期从黄河中上游的西北一带发祥，被以岐伯和黄帝为代表的人文始祖创立，在夏、商、周时期得到传承，并最终在秦汉时期发展成为较为完整的体系④。包含天、地、人三道的我国古代生命科学文化，包括医学、天文

---

① 蒲向明：《论祖脉文化陇东南资源的分布与构成》，《天水师范学院学报》2018年第3期。
② 王明亚：《中华始祖城——天水城市文化的主题（下）》，《天水行政学院学报》2015年第3期。
③ 王宪昭：《论女娲神话女性始祖文化身份的建构》，《社会科学家》2016第8期。
④ 马启昕：《岐黄文化的价值》，中国庆阳2011岐黄文化暨中华中医药学会医史文献分会学术会论文集，庆阳，2011年8月，第54页。

学、哲学、心理学、人类学等多个方面[①]。因此，岐黄文化被称作是古代生命科学文化。其广为人知的代表性作品为《黄帝内经》，历史上中医药学家以《黄帝内经》为源，继承体现中华文化特色的岐黄文化血脉，不断发展中医药学。岐黄文化是中医发展的根系和宝库，发展至今，在世界传统医学中仍然具有重要的地位。在任何时候，岐黄文化的作用和价值都是不可代替的。岐黄文化是中国传统文化的重要组成部分，是中华医道的宝库，是华夏民族道德精华的体现，对我国中医药文化的发展发挥了不可替代的作用。现在，岐黄文化的中医药学已经被全世界所认可与推崇学习，关于人体各方面的治理、疗养和养生、保健等方法及理论已相对成熟，并形成了较为完善的体系。同时，岐黄文化秉承的"以人为本"的理念，随着时代的不断发展和进步，也慢慢渗透到其他领域并得到更好的发展和行业创新。

三 大地湾文化

大地湾文化是以大地湾遗址为主要内容的史前文化。大地湾遗址被誉为"黄土高原上的文化奇迹"，其发掘一开始就带来了令人瞩目的惊喜。其发祥地位于甘肃天水秦安县五营乡邵店村一带，是历经时间最长且位于黄河中上游的旧石器和新时期时代的文化，在文化、建筑、农业等方面都有深远的影响。大地湾遗址中发现了中国最早的地上房屋建设、最早的文字雏形、最早的"宫殿式"建筑与"水泥"、最早的度量衡实物、最早的绘画作品以及最早的彩陶之一。[②]

根据勘测记载，大地湾遗址地层包含有五期。第一期为老官台文化又称大地湾文化，碳素测定年代距今7800—7300年。发现的

[①] 安定祥：《岐黄文化的内涵》，中国庆阳2011岐黄文化暨中华中医药学会医史文献分会学术会论文，庆阳，2011年8月，第29页。
[②] 宋进喜：《大地湾文化概说》，甘肃人民出版社2018年版。

文化遗存是渭河流域迄今为止发现年代最早的新石器文化，出土了4座圆形半地穴式房屋遗址，368件陶、石、骨器[1]，并在该地层中发现有黍种和碳化稷两种农作物，由此证明大地湾是我国原始农业的发源地之一以及北方农业的发展已经有了近千年的历史。第二期为仰韶文化早期，碳素测定年代距今6500—5900年，与关中一带的半坡文化面貌大体一致。这一期遗存发掘范围广阔，遗存内涵丰富，挖掘出156座房屋遗址，3271件陶、石、骨器等[2]。这一时期石、骨器数量明显增多，并出现大量彩陶。与一期相比，该期制陶工艺有了很大的进步，创造了很多宝贵的史前艺术珍品。第三期为仰韶文化中期，碳素测定年代距今5900—5600年，相当于豫晋陕交界区的庙底沟期，挖掘出19座房屋遗址，1688件陶、石、骨器等。这一时期彩陶艺术达到鼎盛阶段，有着精美的造型和形式多样的图案。这期的发现对研究仰韶文化的发展过程以及西北各史前文化提供了有力的证据。第四期为仰韶文化晚期，碳素测定年代距今5500—4900年，文化面貌与关中一带的半坡晚期相似，但有着更为鲜明的地方色彩。这时由于经济的发展，人们开始散落居住。山坡中轴线分布着数座大型会堂式建筑，周围为密集的部落或氏族，形成众星捧月的格局，达到了大地湾文化遗址史前聚落的鼎盛阶段[3]。该期房屋遗址彻底脱离了延续数千年的半地穴式窠臼，转变为平地起建，实现了居住形式的一大飞跃。第五期为常山下层文化，碳素测定年代距今4900—4800年，这一期是由仰韶文化向齐家文化过渡的遗址。在渭河流域、清水河附近和秦安县一带都相继发现此类遗址，为研究仰韶文化和齐家文化提供了很重要的依据。

---

[1] 汪国富、李志钰：《黄土高原史前文明的一朵奇葩——大地湾遗址览胜》，《发展》2012年第4期。

[2] 汪国富、李志钰：《黄土高原史前文明的一朵奇葩——大地湾遗址览胜》，《发展》2012年第4期。

[3] 郎树德：《大地湾遗址的发现和初步研究》，《甘肃社会科学》2002年第5期。

四 周祖农耕文化

周先祖及其族人建邦立国以及发展农耕文化的地方位于庆阳一带，古时被称为北豳。古时候，周先祖非常喜爱农业种植，乐于开垦耕种，在尧舜时期，先后被赐封为农师后稷。直到夏朝末期，政局混乱，朝廷不作为，各地诸侯纷纷群起反叛。这时周祖不窋便带领族人迁移到戎狄居住的地方（今庆阳一带），周祖三代便在庆阳开始了农耕生活，创立和发展了农耕文化，"周道之兴自此始"[1]。周族人是在继承炎帝和黄帝的种植技术基础上发展了农耕文化。数量非常多的水稻、粟、稷等粮食碳化物在南佐遗址中被挖掘出来，这是用于探究农业起源、史前农业考古等方面的重要材料依据[2]。据资料记载，我们可知在先周以前的陇东地区就已经有了相对比较成熟的农耕文明，周先祖在前人的基础上对农业生产不断进行创新和发展，这在《诗经·豳风·七月》《生民》等诗词中有着更为生动、直接的体现[3]。

五 秦祖文化

嬴秦的迅速发展，使其拥有了强大的政治军事力量，并成为汉渭经济文化发展的主要力量[4]。嬴秦很长时间是扎根在西北边陲地带，受到中原王朝各方面的影响相对较少。因此，秦先祖依据秦文化创造了人类文明成果秦祖文化，奠定了法治思想与政治文化的发展基础。秦祖文化是秦人在其特定的历史环境中所创造的区域文化，它随着秦族的发展而不断丰富，是中华民族宝贵的历史文化遗产和文明成果。据史料记载秦文化的发展可分为四个阶段：一是从

---

[1] 蒲向明：《论祖脉文化陇东南资源的分布与构成》，《天水师范学院学报》2018 年第 3 期。
[2] 蒲向明：《论祖脉文化陇东南资源的分布与构成》，《天水师范学院学报》2018 年第 3 期。
[3] 蒲向明：《论祖脉文化陇东南资源的分布与构成》，《天水师范学院学报》2018 年第 3 期。
[4] 蒲向明：《论祖脉文化陇东南资源的分布与构成》，《天水师范学院学报》2018 年第 3 期。

西周时期到秦襄公建国前,是秦文化发起的萌芽期;二是从秦襄公建国到秦献公徙都栎阳,是秦文化的发展期;三是从秦献公徙都到秦统一前,是秦文化的繁荣期;四是从秦统一后到秦末,是秦文化的鼎盛期。秦祖文化的发展主要是由秦族人在时代不断发展的过程中逐渐完善的物质和精神文化的遗留。

六 李氏文化

李氏文化起源于古陇西郡(今陇西县一带),文化内涵十分丰富,源远流长,影响力之大,是中华文化的重要组成部分。我国古代伟大的哲学家和思想家、道家学派创始人老子在出函谷关时期,曾将李氏文化视为重要的传道内容,旅游传道达17年。然而李氏文明在传播过程中取得如此大的影响力却不仅仅局限于老子二十载的讲道,与其文化的起源也有莫大的联系。李氏文化起源于李崇故乡,形成于文化流派时期,孙李仲翔,四世的言行、举止、功绩在当时临洮具有较为深远的影响力。经后生歌颂演变传承,逐渐形成名噪一时的李氏文化,发展历程可概括为"源于秦而成于汉,兴于晋而成于唐"[1]。陇西李氏从今甘肃临洮产生,也从这里走出去,被全世界的人们所熟知。寻根祭祖一直是中国人割舍不断的故土情怀。李氏世族人才辈出,其中我们所知道的道教创始人老子李耳就是李氏后人,人们为了纪念老子,同时为了传播历史文化,截止到2020年13届意义深远的姓氏符号活动和民族徽号活动[2]。因此,陇西李氏文化不止是指古陇西郡外,而且已经成为一种有着丰富文化内涵的概念,也是一种特殊的文化现象。李氏文化不单单代表的是一种姓氏文化,更是民族文化中的重要部分[3]。

---

[1] 张小瑜:《临洮李氏文化浅谈及相关课程资源开发》,《学周刊》2018年第18期。
[2] 《陇西李氏文化的发展历程及其特色》,https://wenku.baidu.com/view/509f7ae0b8f67-c1cfad6b878,2020年12月15日。
[3] 孟永林:《"陇西"李氏及其文化特色》,《甘肃政法成人教育学院学报》2006年第4期。

第二节 始祖文化在甘肃的空间分布

华夏人文始祖文化诞生于黄土高原，并在这里不断得到发扬和传承，是中华民族优秀文化的重要组成部分。伏羲、女娲、周祖、秦祖、李氏文化等遗址遗迹给始祖文化的研究提供了可靠依据，在宣扬学习始祖文化、加强民族认同等方面占据着非常重要的位置。陇东南地区是甘肃发展弘扬始祖文化、华夏文明的主要地区，由天水的伏羲、女娲文化和大地湾文化、陇东南的秦祖文化、庆阳的周祖农耕文化和岐黄文化等所构成。而该区域又处于丝绸之路经济带的重要区段上，是重要的始祖文化分布带，被称作是"华夏文明的源头区"[1]。以天水为中心区域的地带是伏羲、女娲文化诞生的地方，汉朝以后有很多的资料对先民在这里发展早期文化有相关记载[2]，如《河图·稽命征》："华胥于雷泽履大人迹，而生伏牺于成纪。"[3]《水经注》也说："成纪水故渎，东迳成纪县，故帝太昊疱牺所生处也。"[4]《续汉书·郡国志》称："成纪，故帝疱牺氏所生之地。"[5] 有关于成纪的所在地，司马贞在《三皇本纪》自注中说："成纪，亦地名，按天水有成纪县。"[6] 另外，在一些历史文献中有些认为伏羲诞生地也可能在陇南西和县仇夷山，其余的都在古成纪一带，故伏羲存在于天水地区是毋庸置疑的[7]。有关伏羲文化的遗址遗迹主要分布在文化底蕴深厚、民风朴素的天水周边县区等地方，除此之外，在陇南、庆阳等周边地区也存在有伏羲遗存，如西

---

[1] 蒲向明：《陇东南丝绸之路祖脉文化资源现实意义臆说》，《甘肃高师学报》2018年第1期。
[2] 刘尧汉：《〈中国文明源头新探〉质疑》，云南人民出版社1987年版。
[3] 刘尧汉：《〈中国文明源头新探〉质疑》，云南人民出版社1987年版。
[4] 郦道元：《水经注》。
[5] 司马贞：《三皇本纪》。
[6] 司马彪：《续汉书·郡国志》。
[7] 刘尧汉：《〈中国文明源头新探〉质疑》，《昆明：云南人民出版社》1987年第2期。

和县的仇池山、伏羲崖等[1]，比西安半坡遗址早一千年的大地湾遗址是证明伏羲文化确实出现的有力证据。

陇东地区也是华夏文明的发源地，主要包括周祖农耕文化、岐伯和黄帝创立的岐黄文化以及红色文化等。周先祖在今庆阳一带开荒耕种，挖掘窑洞，改善人们的居住方式和生活环境，促使农耕文化在陇东地区产生和传承。周祖带领族人来到陇东地区，教会当地人如何开垦种植，如何养殖和饲养牲畜等，改变了当地人民之前游牧式"居无定所"的生活方式，故陇东地区被人们称作是黄土文化的"活化石"[2]。岐伯和黄帝是生长于今庆阳地区的人文始祖，岐伯是古时候有名的医学家，他继承了伏羲和神农的医学、药学、养生文化，并将其传授给轩辕黄帝，随后两人共同创立了岐黄文化。岐黄文化被后世称作是中医药文化的源头，是中医药文化的根本，是中医药文化的灵魂。岐伯与黄帝以问答形式构成的岐黄文化的标志性典籍《黄帝内经》，是一部关于人的生命的百科全书，是中医药学的奠基之作。据史料记载，岐黄文化的发源地不仅存在于今庆阳，今天甘肃的陇东南、天水、平凉等地也被认为是岐黄文化的发祥地。

地处黄土高原中部的陇中地区，有很多华夏文化的遗址遗迹，古代丝绸之路及欧亚大陆桥从陇中地区穿越而过，影响非常深远的李氏文化也诞生于此[3]。产生于陇西的李氏文化历史悠久，是集文学、史学、民俗宗教文化等于一体的最具复合特征的姓氏文化，同时也是宝贵的文化遗产和优秀文化的重要组成部分。通过对李氏文化进行发掘、搜集、整理、研究，有利于弘扬优秀文化遗产以及增强中华民族的向心力和凝聚力。[4] 因此，"天下李氏出陇西"，古陇

---

[1] 刘尧汉：《〈中国文明源头新探〉质疑》，《昆明：云南人民出版社》1987 年第 2 期。
[2] 许尔忠、刘治立：《陇东文化研究归述》，《人民论坛》2014 年第 29 期。
[3] 孟永林：《"陇西"李氏及其文化特色》，《甘肃政法成人教育学院学报》2006 年第 4 期。
[4] 王震、陈宗立：《陇西李氏文化研究》，《书城》1994 年第 8 期。

西郡主要是指陇中地区今陇西一带。

表3-1　　　　　　　　甘肃始祖文化主要资源分布一览

名称	分布区域	相关文化	主要历史遗迹
大地湾文化	天水市秦安县	彩陶文化、农业文化、建筑文化	大地湾遗址区
伏羲、女娲文化	天水市（麦积区、秦州区、秦安县）；平凉市（静宁县）；陇南市（西和县）	伏羲演八卦、中华人文初祖；女娲抟土造人、伏羲祭祀大典等	天水卦台山、伏羲庙，秦安女娲庙，静宁伏羲殿、成纪古城等
岐黄文化	庆阳市庆城县	道教文化、中医药文化	南原庙、药王洞、岐伯洞等
周祖文化	庆阳市（庆城县）；陇南（礼县）、平凉部分地区	姜嫄传说；后稷不窋善种；春官歌演唱；香包民俗文化	庆阳华池周祖庙、庆阳农耕文化展览馆、礼县周祖祭台
早秦文化	陇南（礼县、西和县）；天水（清水县、甘谷县、麦积区、秦州区）	夏文化、商文化、周秦文化，西和县乞巧民俗等	礼县大堡子山秦先祖墓遗址；清水县李崖遗址、甘谷毛家坪遗址等
李氏文化	以今陇西县为中心	老子文化节、李氏宗祠祭祖	陇西堂、李家龙宫等

资料来源：蒲向明：《论祖脉文化陇东南资源的分布与构成》，《天水师范学院学报》2018年第3期。

第 四 章

甘肃始祖文化的特点及比较优势

第一节 甘肃始祖文化的特点

一 源远流长

学术界有一种共识,那就是甘肃是中国早期文明的重要发源地之一,[①] 甘肃东部的天水、庆阳、平凉地区孕育了许多与人文始祖伏羲、女娲和西王母、黄帝有关的神话传说以及文化的遗存。陇东是周人兴起的地方,夏朝末年,周人的先祖不窋率领其族人在这里进行耕种,他们与当地的戎、狄等其他民族居住在一起,经过几代人的努力和相互学习之后,逐渐壮大,之后翻越陇山,向东进入关中地区。如今在庆阳的董志塬上,仍保留着年代久远的周祖陵、不窋峰。西周时的西垂之地便是今天的礼县一带,秦人和其文化就兴起于此,它们的兴起对早期的华夏文化都曾产生过重大的影响。秦安大地湾遗址的发现将甘肃的新石器时代文化推到距今 8000 年前后,这次遗址的发现向世界宣告,陇原大地曾是中国远古文明的发祥地,是华夏文明的摇篮之一。[②]

二 富集度高

陇东南地区是始祖文化密集分布的所在地,具有显著特殊的地

[①] 张克非:《论甘肃历史文化资源的四大特点及不可替代性》,《科学·经济·社会》2006 年第 1 期。

[②] 陈自仁:《陵谷沧桑:八千年陇文化》,甘肃人民美术出版社 2014 年版,第 3 页。

域性文化因素。天水之所以被称为"羲皇故里",就是因为这是人文始祖伏羲的诞生地,位于中国版图的几何中心。农耕和畜养在陇东南开始发展,其具体的分布与构成在点位上星罗棋布,同时以羲(娲)皇文化、黄帝和炎帝文化、西王母文化(含氐羌文化)、周祖文化、姓氏文化、早秦文化为主要的关键点。[1]

陇东南各地的祖脉文化在发展过程中相互影响、相互融合,但又各具特色,保存的文化遗存从不同的方面共同保留了华夏文明起源与发展的记忆,它们共同构成了华夏文明起源和发展区域的重要部分。陇东南区域与始祖文化相关的重要实体旅游资源共计150处,其中:全国重点文物保护单位共计16处,省级文物保护单位共计96处,市县级文物保护单位共计25处,文保单位总数有137处;5A级景区为2处,4A级景区为6处,3A级景区为3处,2A级景区为2处,A级景区总共13处。陇东南区域拥有丰富多彩的始祖文化资源,在文化的融合与碰撞中孕育了华夏文明,成为全球华人共同认可的根文化符号,是中华儿女共同的精神家园。[2]

陇东地区周祖农耕文化资源丰富,截止到2017年10月1日,该区域周祖农耕文化遗存资源共11处,其中全国重点文物保护单位2处,省级的文物保护单位共计3处,县市级文物保护单位共计2处;1处4A级景区,2处3A级景区,1处2A级景区。陇东南农耕文化以历史文献记载、历史文化传说、文化遗址遗迹以及农耕技艺、民俗事项等为主要载体得以保留,至今还遗留着祭祀农业丰收的习俗。在2002年时庆阳市被中国民俗学会命名为"周祖农耕文化之乡"。2009年举行的"中国(庆阳)首届周祖农耕文化节"使庆阳周祖农耕文化的知名度和影响力不断扩大。

---

[1] 蒲向明:《论祖脉文化陇东南资源的分布与构成》,《天水师范学院学报》2018年第3期。
[2] 姜丽:《甘肃陇东南寻根旅游客源市场开发策略研究——以天水伏羲庙景区为例》,硕士学位论文,西北师范大学,2018年,第8页。

三 多元性

甘肃的始祖文化是中华民族文化资源的宝库，具有丰富的文化资源优势。甘肃是中华民族和华夏文明的主要发祥地之一，中国最古老的创世神话便孕育于此。诞生在天水的三皇之首、人文始祖伏羲氏，便是在此教化众生、演绎八卦，进而开创了中华文明的肇启时代。黄帝诞生在天水轩辕谷；西王母降凡于泾川回中山；周、秦、唐王朝的先祖在此创业兴邦；天下李氏的根在陇西。木有本而根深叶茂，水有源而源远流长，追本溯源，华夏民族血脉相连。现如今，甘肃东部的平凉、庆阳、陇西和天水已成为海内外华夏子孙探寻血脉渊源，传承民族精神，考察观光游览和弘扬民族文化的祖脉寻根圣地。

陇东南根祖文化是以人文始祖文化为核心，以华夏考古文化根、周祖农耕文化根、秦先祖文化根、民族文化根、中医药文化根等为主要内涵的文化形态和主要类型，是中华文化的重要组成部分。陇东南地区华夏文明新石器文化以大地湾文化、马家窑文化为典型代表。大地湾文化在陇东南地区分布面广，文化层较厚（1—4米），时间从距今8120—4900年，前后延绵3220年，是迄今为止在中国发现的最早的新石器时代文化，其规模庞大，内容丰富，典型的文化遗存包括大地湾、西山坪、师赵村、西旱坪遗址等，其中发现了"中国最早的彩陶、农业标本、雕塑、绘画、宫殿、防潮材料、防火措施、度量衡器等"[1]。陇东作为中华民族早期农耕文化重要的发祥地之一，农耕文明源远流长，早在7000多年前就有了早期农耕。中华民族农耕文化的源头是伏羲氏族文化。[2]

---

[1] 汪国富：《试论大地湾遗址的价值》，《丝绸之路》2003年S2期。
[2] 赵俊川、张小平：《欠发达地区乡村旅游开发研究——以甘肃陇南地区为例》，《宁夏农林科技》2012年第9期。

第二节　比较优势

一　甘肃始祖文化与华夏文明起源之间的关系及其地位

多源的华夏文明造就了多元的中华民族。甘肃作为中华民族的文化资源宝库，它的文化资源源源不断，这成为了华夏文明起源和繁荣发展的重要标志和见证之一。有关伏羲的各种神话故事、传世的资料与考古发现的遗迹等都为探索华夏文明的起源提供了非常重要的线索。伏羲之所以是"人文始祖"，是因为有充足的远古神话以及文献的记载去证实，伏羲文化是华夏文明的根文化之说现在虽得到了普遍的认可，但是仍缺乏考古学上的一些证据。随着近代学者不断地挖掘和补充，甘肃境内的有关伏羲文化的神话传说资料和传世的文献得到了进一步的梳理，同时也得到了考古学上的支持。[①]

根据史料记载，甘肃除了是华夏人文始祖伏羲部族的发祥地之外，也是黄帝部族的发祥地。宝鸡作为炎帝的发源地，距离甘肃省天水市仅100公里，属于同一文化圈，所以并不排除炎帝的部落是居住在甘肃的伏羲部落扩张分离之后的后裔分支。就此而论，甘肃便是名副其实的华夏，是中华文明的源头。

天水和大地湾地区的神话传说都十分的丰富，在我们探寻华夏文明之源时，这些神话传说与考古资料共同提供了丰富的证据。大地湾文化研究是探索中华文明和龙文化的重要切入点，也是探索中国文化渊源的重要基础。

大量的历史文化遗存与类型不断丰富和充实了华夏文明的内涵。综上所述，无论是神话传说，还是古代文献和考古发掘，都足以支撑八千年的华夏文明。至少从大地湾文化和伏羲文化在空间和时间上的高度重合来说，华夏文明有八千年的历史是基本成立的，也就是说，甘肃文化尤其是大地湾文化和伏羲文化是华夏文明的重

[①] 刘基：《华夏文明起源和繁荣发展的重要见证》，《光明日报》2013年4月11日。

要源头。①

　　作为羲皇故里的甘肃，同时也是轩辕黄帝的陵冢之地。古代历史传说中的三皇之首、中华民族所敬仰的人文始祖——伏羲，他的诞生地便是今天的天水一带。甘肃是周人和秦人的发源与崛起之地，秦陇都被周人和秦人作为根据地，雄踞一隅，最终定鼎中原。在陇东的泾河和中部的渭河流域周人创造了中国早期农业，以农耕兴。甘肃的姓氏文化在全国有着重要的影响，例如陇西被公认为李氏祖根的所在地。据史料记载，李氏远祖肇自轩辕黄帝之孙颛顼，颛顼三代孙皋陶为尧之大理，遂以官命族为理氏，商周之际改为李氏；递至李耳（老子）九世孙李崇为秦国陇西郡守，崇被尊为陇西房始祖，陇西遂被认为李氏祖根之地。李唐王朝认定天下李姓的郡望皆为陇西。这些始祖文化在中国文化史上都具有极高的地位，李氏历史文化资源对于联络海内外约 1 亿李氏同胞的亲情，吸引全球李氏华人来甘肃寻根敬祖，促进旅游业的发展，促进祖国统一等方面均有重要的价值。②

　　陇东南区域以人文始祖伏羲作为"根"文化符号，在历史的进程中不断与其他文化融合，进而孕育发展出辉煌灿烂的华夏文明，其根祖文化内涵极其丰富。从上古时期伏羲、女娲文化，到庆阳周祖农耕文化、陇南礼县先秦文化，以及宕昌羌藏文化等都留下了大量的历史文化遗存、历史记载和神话传说，形成了以天水始祖文化根为核心，以陇东周祖农耕文化和中医药文化、陇南秦先祖文化和民族文化根等为主要内涵的文化结构形态。其历史文化脉络清晰，资源组团集聚分布，内容丰富而特质鲜明且拥有多文化的源头性、代表性和重大影响力，在我国华夏文明的起源、形成与发展过程中

---

① 陈春文：《甘肃文化是华夏文明八千年最好的例证》，《甘肃日报》2014 年 10 月 10 日。
② 李并成：《甘肃历史文化在中国文化史上的地位》，《陕西社会主义学院学报》2006 年第 2 期。

占有重要地位。①

世界上最古老的文明之一便是华夏文明。甘肃作为华夏文明的重要发祥地和东西方文明交流的重要通道，不仅参与谱写了华夏文明的光辉篇章，为华夏文明的形成和发展作出了重要贡献，而且是华夏文明不断走向辉煌的文化资源宝库。②

二 甘肃始祖文化现代产业开发

（一）资源开发与保护

1. 岐黄中医药文化博物馆

在庆阳市庆城县周祖陵森林公园内坐落着岐黄中医药文化博物馆，它是周先祖不窋教民稼穑之地，同时也是中医鼻祖岐伯的故里和中医学的奠基之作《黄帝内经》的发源之地，其文化积淀十分厚重，中华中医药学会授予庆阳市为"岐黄文化传承基地"。中医鼻祖岐伯的故里是甘肃省庆城县，岐黄文化的历史积淀厚重、内容博大精深、文化源远流长。岐黄中医药文化博物馆以五千年中医药发展历史为主线，它立足于庆阳本土，覆盖了全国杏林，总建筑面积为1.27万平方米，总投资9500余万元。

2. 大地湾博物馆

地处甘肃省天水市秦安县东北面的五营乡邵店村大地湾遗址的大地湾博物馆，距县城50公里，是中国著名的新石器时代的重要遗址。在大地湾遗址考古发掘出土的最具代表性的文物有315件，其中国家级珍贵文物有70件。博物馆的展览采用了简洁明了的设计风格，同时运用现代化的展示手段，完美诠释了古老的大地湾文明，重现了大地湾先民的生产生活情况，成功将科学性、艺术性、知识性和趣味性有机的结合起来。

大地湾博物馆位于甘肃省秦安县五营乡，是一座以全国重点文

---

① 姜丽：《甘肃陇东南寻根旅游客源市场开发策略研究——以天水伏羲庙景区为例》，硕士学位论文，西北师范大学，2018年，第30页。

② 陈自仁：《陵谷沧桑：八千年陇文化》，甘肃人民美术出版社2014年版，第4页。

物保护单位大地湾遗址为依托的专题性博物馆，博物馆占地44.89亩，建筑面积约3155平方米，大地湾博物馆于2011年12月开馆并免费对外开放。博物馆基本陈列以"文明序曲——大地湾遗址考古成果展"为主题。陈列区面积近1500平方米，展览根据建筑结构及空间特点划分为四个单元。陈列选用了大地湾遗址考古出土的具有代表性的陶、石、骨、角、蚌等文物及标本332件，运用地形沙盘模型、房屋建筑动画演示、彩陶文化墙、记录短片等辅助展品，描绘了约3000年间史前发展史的清晰脉络。整个展览充分展示了大地湾遗址考古发掘成果并探讨了其在中国史前文明进程中的重要地位。同时，整个博物馆在有限的整体空间内将序厅、展览、休息、纪念品售卖、报告厅等不同功能性空间有机组合在一起，使得空间布局合理。

3. 陇南大堡子秦墓遗址

以陇南大堡子秦墓遗址为代表的秦早期文化资源有着厚重的分量，在陇南礼县秦公大墓被发现后影响逐渐增大。其出土的大量秦早期的国宝级文物，充分的肯定了陇南礼县大堡子秦墓是秦人始国之地一说，同时也得到了学术界的广泛认可。早在2001年，国务院已经将大堡子山遗址及墓群列为了全国重点文物保护单位。大堡子山墓地的发掘，为进一步研究早期秦文化提供了重要的一手实物资料，同时也为该地区文物保护和文物的开发及利用创造了良好的基础。大堡子山遗址及墓群保护项目，是礼县的重点文物保护项目。大堡子山遗址及墓群由大堡子山遗址、秦公陵园组成，保护区内目前已探明的大堡子山城址总面积有25万平方米，大小的墓葬多达400余座，保护项目的实施使这些遗址和墓葬都得到了有效的保护。

4. 李家龙宫

收藏李氏族谱史料最全和数量最多的地方便是陇西的李家龙宫。近年来，陇西县有关部门在李氏文化史料的搜集挖掘、整理和研究工作上先后聘请全国30多位专家学者，编辑出版了《李氏文化研究》专辑共9集120多万字；相继出版了连环画《龙钟传奇》和《风云陇西堂》共2本2000册；研发了陇西李氏名人纪念册2套多达4000余册，整理、修正、编纂李氏谱牒共计724部，李家龙宫现在已经成为了世界上最大的李氏族谱收藏研究中心。[①]

（二）旅游产业开发

伏羲故里——天水，从2005年开始每年都举办伏羲文化旅游节，如今这里已经成为了海内外的中华儿女寻根问祖的圣地。伏羲文化在华夏文明祖脉文化中占据龙头地位，每年除官方的祭祀伏羲仪式之外，民间也有祭祀活动举行。公祭伏羲大典期间，邀请世界华人华侨及港澳台代表、海内外伏羲文化研究的专家学者等来羲皇故里参加寻根祭祖行专项活动，重点开展始祖文化类、论坛研讨类、文化艺术类、展览展示类、文化旅游类、宣传交流类及体育赛事类等活动助推天水伏羲文化旅游。举办方根据"围绕主题、突出重点、扩大影响、提升效果"的伏羲大典暨伏羲文化旅游节原则，举行了项目考察对接、招商洽谈、文化旅游精品推介及考察等活动，公演了《轩辕大帝》《麦积圣歌》《一画开天》《大秦文公》等优秀剧目，其中创办的《陇右讲堂》使天水伏羲文化旅游节的影响力日渐上升。

另外，由于始祖文化中女娲与伏羲联系密切，民间存在着很多女娲传说，对地域文化也有着极大的影响。天水市其他县区尝试推出了系列旅游产品，尤其成功的是秦安县女娲文化旅游节和清水县轩辕文化旅游节。

随着历届伏羲文化旅游节的成功举办，通过围绕伏羲文化与祖脉文化，天水市成功打造了"娲皇故里"陇城旅游景区。天水市以世界文化遗产麦积山石窟为核心地区，主推武山县水帘洞拉稍寺摩崖大佛的祈福游、清水县温泉养生旅游节、麦积区"水韵龙城"端

[①] 《陇西李家龙宫：世界最大的李氏族谱收藏中心》，2008年5月28日，中国台湾网，http://www.taiwan.cn/zppd/2pgc/200805/t20080528_650350.htm，最后浏览日期：2020年12月15日。

午龙舟赛、甘谷县大象山民俗文化旅游节等活动；在延伸文化链条的同时，在陇东南举办了"礼敬伏羲，万民祭祖"、"问道伏羲"中医养生保健、"传承文脉，见证文明"天水民俗文化展演、伏羲夜活动、伏羲工坊文化宴席品鉴等多种活动，形成了一系列的旅游产品。

在周祖农耕文化的庆阳，主要是以窑洞生活、享受农家乐的旅游为主。此外，各种面食的展示和体验也很重要，这些活动的目的是让游客体验其制作的过程，延长旅游的时间，进而全面展示先周文化，让人们更加充分地了解庆阳农耕民俗，体验农耕生活，真正做到延伸产业链，最终达到提升旅游质量的效果。庆阳香包是庆阳开发的品牌旅游产品，具有强烈的立体感、深刻的民俗风情和美丽的象征意义，可谓是民间艺术的瑰宝。①

定西市于每年的 8 月份会在李氏故里陇西县隆重举行以"恳亲、传承、联谊、发展"为主题的中国·陇西世界李氏文化旅游节暨全球李氏恳亲大会。届时来自海内外的李氏知名人士及世界各地李氏的宗亲代表，省内外的专家学者、大型文化企业的负责人，《人民日报》、中国新闻社、《中国旅游报》、香港《文汇报》、台湾大爱电视台及省、市新闻媒体和社会各界人士都会前来参加这次祭祖大会，同时也会开展世界李氏文化发展研究的交流。届时主办方会组织所有李氏宗亲到李家龙宫、李氏文化博览馆、威远楼、仁寿山森林公园、文峰中药材展贸城、文峰塔等景区（点）去观光游览。定西市目前已经开通了陇西李氏文化网站，同时完成了《李氏文化源流》《根叶情》等 6 部电视专题片的拍摄。从 1987 年以来，先后有甘肃省和国外的 80 多个李氏宗亲前来陇西寻根拜祖、投资置业。陇西李氏文化如今已成为用来展示定西的良好形象和发展定西的文化旅游的一个金色招牌和美丽名片。

---

① 蒲向明：《陇东南丝绸之路祖脉文化资源现实意义臆说》，《甘肃高师学报》2008 年第 1 期。

陇东南地区应该打造以始祖文化为主题的大景区，建立天水、平凉、陇南、庆阳四市联动协调合作机制，达到景区文化之间相互宣传与推广，一方面要突出自己的文化特色，另一方面更要合力打造祖脉文化连成片的旅游文化名片，一起融入到华夏文明传承与创新的建设之中去，一起发力让陇东南地区成为华夏文明的祖脉文化之源，让陇东南地区成为世界各地华人寻根问祖的圣地，让祖脉文化在国家"一带一路"建设中发挥出其独特的文化旅游品牌价值。[①]

[①] 蒲向明：《陇东南丝绸之路祖脉文化资源现实意义臆说》，《甘肃高师学报》2008年第1期。

第二篇

内容要素篇

第五章

人祖文化
——伏羲、女娲文化

第一节 伏羲、女娲文化概述

学术界对伏羲文化的研究首先是从伏羲传说的文献记载和民俗资料开始的，后来延伸到考古、民俗、哲学、文学、宗教、天文、地理等领域，经过长期的研究，已经基本明确了伏羲文化的概念。伏羲文化的概念有狭义和广义之分，从狭义上讲，它主要研究有关伏羲传说的文献资料、民俗传说，考证伏羲名号、功德、源流和传播等；从广义上讲，它以伏羲氏族创造的一切文化作为研究对象，它不只包含着伏羲生平及其实践活动的研究成果，而且包含着伏羲对人类的巨大贡献和深远影响，蕴含和体现着那个时代的特征，是形成远古时代中华民族所创造的精神文明和物质文明的总和。[①] 女娲文化起初源于古代的神话信仰，后来在传承中慢慢地演变成了集信仰崇拜、文学叙事、世俗生活、仪式活动和象征符号于一体的一种多元文化的形态。

伏羲是中华民族所敬仰的人文初祖，他一画开天，肇启文明，既奠定了中华文化的基础，也开创了卓越辉煌的伏羲文化。女娲既是始祖神又是创世神，是我国历史上一位卓越的女英雄，她和上古

---

① 李建成：《伏羲文化概论》，甘肃文化出版社2004年版，第44页。

神话中的神农、伏羲并列,被称为"三皇",是中华民族的人文初祖。虽然伏羲和女娲时代已经成为了过去,但其文化和精神却永远都不会成为过去,它将与时俱进,鼓舞着中华民族不断前行。伏羲、女娲文化以中华民族为基石,早已渗透到了中华儿女生活的方方面面。它拥有丰富的文化内涵和深厚的哲学底蕴,是中华传统文化的核心组成部分,对展示中华文化的起源和中华民族的形成,具有不可替代的研究价值,对于中华民族的演进与发展具有重要的推动作用。伏羲、女娲文化具有永不枯竭的亲和力、强大的感召力,是凝聚中华各族、孕育民族精神、进行民族智慧启蒙和推进民族走向繁荣的精神纽带。

第二节 伏羲、女娲文化的时间界定

伏羲在历史上并不是个默默无闻的小人物,伏羲传说也不是单独的神话故事,它是一个系统的体系,伏羲以及他所代表的群体也经过了漫长的时间洗礼。

在先秦文献中,伏羲所处的历史时期没有明确记载,一直到了汉代谶纬之术盛行,随着纬书的大量涌现,才逐渐出现了有关伏羲时代的各种说法。由于受到考古学学科规律的限制和专家学者对考古学材料的认识差异,目前学术界关于伏羲文化的时间界定问题上还存在着分歧,但大部分学者认同伏羲文化起源于母系氏族社会向父系氏族社会转化的过渡时期。《山海经·海内东经》中曾有记载:"雷泽有雷神,龙身而人头";在《帝王世纪》中也有:"有巨人迹,出于雷泽,华胥以足履之,有娠生伏羲……蛇身人首"之说;此外,在《竹书纪年》也谈到了:伏羲"以木德王,为风姓"。这些史书典籍中的记载,对分析伏羲时代的相关历史事件等提供了史料依据。我们可以从《帝王世纪》的史料记载来判断,得到伏羲的母亲就是华胥的结论,但是有个疑问也就随之出现了,文中谈到的"巨人"又是谁呢?而伏羲的长相是"蛇身人首",这又和雷泽的

"龙身而人头"的雷神相似,所以,"巨人"最可能指的是雷神。只是雷神来无影去无踪,这就使得伏羲之父成了一个谜题。这种说法岂不是很荒诞?但却折射出母系氏族社会人们只知其母而不知其父的历史事实。因此可把伏羲所处的历史时期判定为母系氏族社会。如果伏羲处于的时代是母系氏族时期,那他就该随其母即应该姓华胥。然而,他却改姓为风(参见《补史记·三皇本纪》),由此可见,伏羲不是华胥氏族。从神母游华胥洲被青虹绕而生伏羲的说法中,也说明伏羲是由蛇系氏族男子与华胥氏族女子而生的,故伏羲是蛇系或龙系氏族,且认蛇或龙作父,由此可判定伏羲是父系氏族社会的人。一方说伏羲是生于母系氏族时期,另一方又说伏羲是处于父系氏族时期,这两种观点显然非常矛盾。然而,矛盾恰恰是统一的前提。将这种自相矛盾的说法联系在一起,可以得出伏羲所处的历史时期为从母系氏族社会向父系氏族社会转变的过渡时期。此外,甘肃省天水市下辖秦安县大地湾原始村落遗址恰好处于这个过渡时期,在早期的墓葬中,女性享有比较高的社会地位(墓穴面积比较大、间隔距离相对较远、所处地势比较高、陪葬品种类个数也较多),表明当时还处在母系氏族社会,而在其晚期地层中出土的一件残陶祖是男性生殖崇拜的证据,表明当时已经开始了从母系氏族社会向父系氏族社会转变的过渡时期。[1]

相传女娲与伏羲兄妹成婚,共同繁衍了人类,女娲事迹大约与伏羲同时出现,在战国时期,已有这种说法。在长沙东郊王家祖山出土的楚墓,约为战国中晚期之交的墓葬[2],这个墓所出土的帛书,甲篇记载的是在天地尚未形成的时候,先有了伏羲和女娲两位神明,他们二人结为夫妇,生了四子。因此,在战国时期,可能同时存在着伏羲和女娲。

---

[1] 郑本法:《伏羲文化源头的三个问题》,《甘肃社会科学》2006 年第 6 期。
[2] 湖南省博物馆:《长沙子弹库战国木椁墓》,《文物》1974 年第 2 期。

第三节 伏羲、女娲文化的空间特征

伏羲诞生在成纪，相关的古籍记载有很多。《三家注史记三皇本纪》中记载："母曰华胥，履大人迹于雷泽，而生庖牺于成纪。"《帝王本纪》中记载："太昊帝庖牺氏，风姓也。母曰华胥，燧人之世，有巨人迹，出于雷泽。华胥以足履之有娠。生伏羲。长于成纪。蛇身人首，有圣德，燧人氏后，庖牺氏代之，继天而王，首德于木，百王为先。"① 伏羲氏的母亲华胥氏，踩了巨人雷神的脚印，怀孕十二年而生伏羲。古人把十二年称为一"纪"，故把伏羲的诞生地命名为成纪，而且将他诞生地的河流命名为成纪水。② 作为地名的成纪，一般是指秦汉以前的成纪，人们习惯上称古成纪为："羲皇故里"，其地域范围较大。据陈守忠考证，成纪这片区域，古时包括的范围非常大，现在甘肃的静宁、通渭、秦安、天水、清水、甘谷等县均为成纪地方。③ 这些地区都可以当做是伏羲氏最开始活动的地方。

陇城镇位于甘肃省天水市秦安县，距县城 45 千米，传说这里是女娲出生的地方。在《水经注》里面有记载说："秦安县城北面，山上有女娲祠，此地有风姓命名的风沟、风台、风莹等地名，娲皇、凤尾、龙泉等村名，传说女娲生于风沟，长于风台，葬于风莹。"④ 在风沟悬崖上到现在还留有一处深不可测的女娲洞，镇北门外还留有一口井，叫作龙泉，传说是女娲团土造人所用之泉。此地还有女娲村，娲皇故里碑等。

在甘肃的东部，广泛流传着女娲团土作人、炼石补天、兄妹成婚和伏羲画八卦、教民熟食、制俪皮嫁娶之礼的传说；与此同时，

---

① 司马贞：《三家注史记三皇本纪》。
② 郦道元：《水经注》。
③ 陈守忠：《甘肃史概论》，《甘肃史志通讯》1986 年第 3 期。
④ 郦道元：《水经注》。

还有很多与伏羲、女娲文化有关系的遗址遗迹,比如天水麦积区伏羲卦台山、龙马洞和伏羲陵等。在《明一统志》卷三十五《巩昌府·陵墓》中有记载:"伏羲陵在秦州北四十里,世传三阳寨娲牛堡有伏羲陵,旧有碑,断裂。"此外,秦安县有女娲祠、羲皇故里砖刻等;西和县有伏羲出生的仇池山、伏羲崖。天水的伏羲庙则是全国现存最大的用来祭祀伏羲的明代建筑群;甘谷县的白家湾乡古风台出土的有羲皇故里石碑、大象山有古伏羲坐像。①

第四节 伏羲、女娲文化的具体内容

一 伏羲文化的具体内容

伏羲文化历久弥新、内涵丰富,它渗透到了中华优秀文明的不同层面和关键领域,在很多的古籍中都有记载,对中华文明的发展起着推动的作用。

在物质生产方面,原始社会时期,由于自然条件恶劣,先民只能依靠粗糙的石器或骨制的工具来劳动,其中,采集便是主要的生产方式。伏羲通过"结网罟"和"养牺牲"的方式,带领原始先民从自然采集生活的时代,走进了农耕与狩猎时代,通过"观天象""制历算"进一步推动农业的发展。他教先民学会了捕鱼、驯家禽和狩猎,以此丰富了民众的食物来源,推动了生产方式的革新。

在《易传·系辞下》中有记载:伏羲"做结绳而为罟,以佃以渔,盖取诸离";《补史记·三皇本纪》中也写道:"伏羲结网罟从教佃渔,故曰宓牺氏。"之后又在秦安县大地湾遗址中发现了结网制绳的工具、纺轮坯和尖状锥,进一步印证了文献记载的真实性,天水市的甘谷、武山、秦安等地所盛行的纺织草编工艺,也是

---

① 汪受宽:《伏羲黄帝在甘肃考述》,《发展》2014年第7期。

伏羲先民首创结绳织网的重要见证。①《路史·后纪一》中记载伏羲"豢养牺牲，服牛乘马，草鞭皮蒙，引重致远，以利天下，而下服度"；在《尸子·君治》中写道："宓羲氏之世，天下多兽，故教民以猎也。"这些文献记载，足以说明伏羲领导先民结网捕鱼、驯家禽、狩猎的历史活动，有力地推动了生产力的发展。

《周易·系辞下》："古者包牺氏之王天下也，仰则观象于天，俯则观法于地，观鸟兽之文与地之宜，近取诸身，远取诸物。"《易乾凿度》："方上古之时，人民无别，群物无殊，未有衣食器用之利。于是伏羲乃仰观象于天，俯观法于地，中观万物之宜。"《补史记·三皇本纪》："太皞庖牺氏，风姓，代燧人氏继天而王……仰则观象于天……以龙纪官，号曰龙师。"《管子·轻重戊》："虙戏作造六峜以迎阴阳。作九九之数，以合天道。"《易稽览图》："天地开辟，五纬各在其方，至伏羲氏乃合，故历以为元。"从上述记载可看出，观天象、正农时，这是伏羲氏的一大发明，"农业的出现就是文明的根，文明的起源"。以观象而助耕殖稼穑，当为发展农业生产的重大突破。

《周髀算经》："伏羲作历度。"《路史·后纪一》注引《历书序》："伏羲推策作甲子。"又引《随志》："盖天者，周髀也，本庖牺民立……古时庖牺立周天历度。"《易通卦验》："伏羲方牙精作易，无书，以画事。"《春秋内事》："伏羲推列三光，建分八节，以爻应气。"《易坤灵图》："伏羲立九部，而民易理。"《广博物志》引《物原》："伏羲初置元日。"《三坟》：伏羲"命臣潜龙氏作甲历"。《汉书·律历志》："自伏羲画八卦，由数起。"郑玄《易赞》："易，一名而含三义。易简，一也；变易，二也；不易，三也。"《管子·轻重戊》："虙戏作造六峜以迎阴阳。作九九之数，以合天道。"伏羲依据日月的运行原则，同时结合农业的生产规律，首创了农历、制定了节气，这无疑是农业发展的需要和产物，人们开始

---

① 宋云芳：《天水地区伏羲文化研究》，《青海民族大学学报》（社会科学版）2013年第2期。

从事比较稳定且有规律的生产活动。农历节气的制定促进了农业生产的进一步发展。①

随着考古研究的不断深入，学者们在大地湾原始遗址一期地层中发现了两个灰坑，里边明显有用过火的迹象，这表明当时的人们已掌握了人工取火的方法。学界认为这是伏羲和其先辈们发现了以钻孔为主要方法的摩擦生火。关于伏羲钻孔摩擦取火这件事，古文献也有明确的记载，清代马骕记载先秦史事的《绎史·卷三》中写道："伏羲生成纪，迁徙陈仓""伏羲禅伯牛，钻木取火"。火的使用使人类文明向前迈进了一大步。

在政治制度方面，《左传》中记载："伏羲氏以龙纪，故为龙师而龙名。"而中华民族"龙"的徽号，便是由太昊伏羲氏赋予的。闻一多先生在《伏羲考》一文中指出，龙是由很多不同的图腾糅合而成的一种综合体，是一种混合图腾，是部落兼并的一种象征。龙图腾的形成，不但是中华民族主体血脉汇聚的象征，更是一种文化的奠基。《孝经援神契》："伏羲画地之制，凡天下约五千三百七十，居地五十六万四千五十六里"，《易纬·坤灵图》："伏羲立九部，而民易理"，《易通卦验》："伏羲方牙苍精作易无书以画事"，郑玄曰："宓羲时质朴作易，为政令而不书，但以画其事之形象而已。"《新语》："于是百官立，王道乃生。"伏羲设立管理者，分部而治，这是国家行政管理的最初形式，与原始社会以氏族、胞族、部落、部落联盟而形成的管理组织相比前进了一大步，为后代治理社会提供了借鉴。②

在伦理道德方面，《白虎通·德论》："谓之伏羲者何？古之时未有三纲六纪，民人但知其母不知其父……于是伏羲……因夫妇，正五行，始定人道……治下伏而化之，故谓之伏羲也。"《论衡·齐世》："宓牺之前，人民至质朴，卧者居居，坐者于于，群居聚处，

---

① 石朝江：《伏羲被尊为"三皇之首"应为信史》，《贵州社会科学》2015年第2期。
② 石朝江：《伏羲被尊为"三皇之首"应为信史》，《贵州社会科学》2015年第2期。

知其母不识其父。至宓牺时,人民颇文,知欲诈愚,勇欲恐怯,强欲凌弱,众欲暴寡,故宓牺作八卦以治之。"《古史考》:"伏羲制嫁娶以俪皮为礼。"《史纲评要》:"正姓氏,通媒妁,以重人伦之本,而民不始渎。"《帝王世纪》:"氏同姓不同者,婚姻可通;姓同氏不同,婚姻不可通";《左传》称"父母同姓,其出不蕃";《国语》说"同姓不婚,恶不殖也"。伏羲当上氏族首领之后,为了终止原始群婚子女只知其母而不知其父的状态,实施族外婚,规定了男娶女嫁的婚礼制度,打开了夫妻家庭制度的新世界,对中华民族种群的发展有着不可磨灭的重大意义,更是人类婚姻史上的一次重大变革。伏羲"制嫁娶,正姓氏"被后世的统治者继承并加以完善,形成了中国社会的基本伦理道德规范。于是,中华民族从伏羲正姓氏之始,逐步达成了近亲不婚的共识,从此产生了姓氏。"远禽兽、别婚姻"的符号就是姓氏,它标志着人类社会进入了文明时代。

在文化领域方面,伏羲造书契以代结绳之政,是人类思维的一大进步。中国文字萌芽的最早标志是伏羲画的八卦符号以及大地湾遗址发现的原始符号。

历史文献对伏羲造字也有记载,唐代司马贞《补史记·三皇本纪》讲到:"太皞庖牺氏始作八卦,以通神明之德,以类万物之情,造书契以结绳之政。"这是对伏羲创造符号文字的褒奖与肯定。清代文学家段玉裁确切的指出伏羲所做的八卦是文字创造的开端,他在《说文序》中讲道:"自庖牺以前庖牺及神农,皆结绳为治而统其事也。庖牺做八卦,虽即文字之肇端……"以上文献都承认并肯定伏羲氏造字之说,中国古文字的奠定基础就是伏羲符号文字。

此外,伏羲制乐创歌,《世本·作篇》:"伏羲作琴瑟。"《说文》:"瑟,庖牺所作弦乐也。"《广雅·释乐》:"伏羲氏瑟长七尺二寸,上有二十七弦。"《皇王世纪》:"太昊帝庖牺氏……作瑟三十六弦。"《世本》:"庖牺氏作瑟,五十弦。瑟洁也,使人精洁于心,淳一于行。"《史记》:"太帝使素女鼓五十弦瑟,悲,帝禁不止，故破其瑟为二十五弦。"《楚辞·大招》："伏羲《驾辩》，楚《劳商》只。"王逸注："伏羲，古王者也。始作瑟。《驾辩》、《劳商》，皆曲名也。言伏戏氏作瑟，造《驾辩》之曲，楚人因之，作《劳商》之歌，皆要妙之音，可乐听也。"由以上记载可知，伏羲发明了陶埙、琴瑟等乐器，创作了乐曲歌谣，给人们的生活带来了音乐。

在哲学思想方面，伏羲文化最重要的部分——八卦，可以说是伏羲留给中国传统文化最宝贵的遗产。《史记·太史公自序》《尸子》《易纬·乾凿度》《春秋纬》《尚书中侯·握河记》等文献对于伏羲始画八卦有一致的记载。近年来出土文物和遗迹亦是历史存在的有力见证，如天水伏羲庙内手托八卦的伏羲塑像、卦台山遗址、巩义伏羲台等。

学者们对于伏羲画卦的过程与意图产生了分歧，有人认为是为了对先民进行启发教育，有人则认为应用八卦可以进行占卜活动，还有的说是一种记事方式。那么伏羲是依据什么画的八卦呢？由于史料记载的多样性，目前也没有统一的结论，有人说受河图洛书的启发而画八卦，有人说听八方之气画出八卦，还有人说是受身边事物的影响或启发画出八卦。总的来说，伏羲创造八卦是在吸收先民智慧的基础上，考察了现有遗迹以及民俗风情，受到自然规律的影响，中间经过生产实践最后抽象所得。伏羲八卦代表远古时代思想影响深远，伏羲的八卦图形具有典型的中国特色，是传统文化的重要组成部分。自伏羲画八卦之始，后有文王的八卦、春秋时期的《周易》，八卦思维不断完善，它不仅仅是古代的占卜用书，更是古代人们对自身和生存环境的一种认识，其中贯穿的不仅是简单的图形符号或文字，更重要的是八卦当中蕴含着深刻的哲学思维理念以及数理原理，因而从伏羲画八卦到当今易学的兴起，历朝文人及思想家围绕八卦展开的研究数不胜数。这些研究不仅丰富了人们的思想认识，而且代表了古代社会的思想发展水平，是人们对于自然界及其自身所进行的抽象思维过程，换句话说它开创了人类的哲学思维,体现了古代先民的智慧。①

二 女娲文化的具体内容

（一）女娲造人

应劭在《风俗通义》中指出:"俗说天地开辟,未有人民。女娲抟黄土作人,剧务,力不暇供,乃引绳于泥中,举以为人。"大意是说天地刚开辟的时候,大地上并没有人类。于是女娲开始捏黄土做人。做累了,就随手拿起一根绳子,沾在黄泥浆里,然后往上一甩,星星点点的黄泥浆也变成了人。

（二）炼石补天

《淮南子·览冥训》中有记载:"往古之时,四极废,九州裂;天不兼覆,地不周载;火爁炎而不灭,水浩洋而不息;猛兽食颛民,鸷鸟攫老弱。于是女娲炼五色石以补苍天,断鳌足以立四极,杀黑龙以济冀州,积芦灰以止淫水。苍天补,四极正;淫水涸,冀州平;狡虫死,颛民生。"在远古时代,支撑天地四方的四根柱子坍塌,致使大地开裂,出现了天不能覆盖万物,地不能容载万物的现象。火势蔓延,水势浩大,凶猛的鸟兽也残害着百姓。于是,女娲通过冶炼五色石来补天,她砍断了海中巨龟的脚,用来做撑起四方的柱子,杀死了黑龙拯救中原,并且还用芦灰堵塞了洪水。终于,天空修补了,天地四方的柱子也重新竖立了起来,洪水退去后大地上恢复了以往的平静。凶猛的鸟兽也死去了,百姓又过上了安乐的生活。女娲补天的神话故事,是我国流传最广泛的神话传说之一,如今,甘肃天水除女娲补天的传说之外,还相传有女娲补天的五色石等。

（三）伏羲、女娲兄妹成婚,繁衍人类

神话传说中的女娲与伏羲是兄妹。《春秋世谱》中记载:"华胥生男子为伏羲,女子为女娲,故世言女娲伏羲之妹。"《风俗通

---

① 霍志军、吴云霞:《伏羲文化源流探析》,《天水行政学院学报》2011年第1期。

义》上记:"女娲伏羲之妹。"传说中,女娲团土造人之后,遇到一场洪水浩劫,黄土做成的人都淹死了,于是女娲与伏羲兄妹结合,再造人类。伏羲、女娲兄妹成婚,繁衍人类之神话,作为一神话原型,对我国后世的各种艺术形式产生了深远影响。大量汉代画像石多有伏羲、女娲蛇身人首的交尾形象。现已发现的最早的伏羲、女娲交尾图,是在南阳唐河发掘出的新莽时期画像石墓,南壁西侧柱刻有人面蛇身的伏羲、女娲呈现出了交尾状的图画,这表明在西汉的时候,伏羲女娲成婚造人的传说就已经深入人心。

（四）置婚姻

女娲是中华民族远古时代的圣母,《风俗通义》说:"女娲祷神祠祈而为女媒,因置婚姻。"《路史·后纪二》也说女娲"以其载媒,是以后世有国,是祀为皋禖之神"。女娲是中华民族的婚姻之神,俗称送子娘娘。中国民间习俗中,青年男女于高禖前祭拜便可以求得子嗣。在古代,甚至连天子与后妃也很重视此俗。《礼记·月令》记:"至之日,以太牢祠于高禖,天子亲往,后妃帅九嫔御。乃礼天子所御,带以弓韣,授以弓矢,于高禖之前。"女娲置婚姻,定嫁娶之礼,提高了远古时期人口的生育质量,有利于社会发展。[1]

第五节 伏羲、女娲文化的地位和时代意义

一 伏羲、女娲文化的地位

1942年,出土在长沙东郊王家祖山的楚墓,约为战国中晚期之交的墓葬[2],这个墓所出土的帛书甲篇,记载了中国迄今所见的先秦传世文献和出土文献中最系统、最明确的创世神话,它包含了伏羲、女娲、禹、炎帝等传说人物。其中,伏羲、女娲先天地而存

---

[1] 杜松奇:《伏羲文化研究》,中国社会科学出版社2013年版,第51页。
[2] 湖南省博物馆:《长沙子弹库战国木椁墓》,《文物》1974年第2期。

在，结为夫妇，生四子而开天辟地、通九州、安山陵、协阴阳、制定日月运行规则和历法，是典型的创世神话，同时也表明了伏羲、女娲是共同的创世英雄。①

伏羲是一位集创世神、始祖神和发明神于一身的中华人文初祖。唐代的司马贞综合前代的纬书，撰写了《补史记·三皇本纪》，正式为伏羲立传，标志着伏羲人文初祖地位的明确和定型。伏羲作为人文初祖，伏羲文化创造的内容几乎包括了远古时代人类生产、生活的方方面面，具体有结网罟、造甲历、设九部、制嫁娶、创礼乐、造书契、画八卦等内容，所以有人称"伏羲是一个非凡的文化英雄，而且是一位无与伦比的科技领袖，科学、文化、艺术、冶金、历法包括婚姻礼教等，所有的文明都沐浴过他神性的光辉。因此我们称伏羲为科学大神、文化大神、哲学大神、音乐大神、宗教大神。"

伏羲文化是中华传统文化形成的源头，是民族文化确立的一个象征，这种民族文化是人们在漫长的历史发展过程中选择和确立的。在传统的文化中，核心部分是儒家文化，而伏羲在儒家道统渊源谱系的人物中独占了鳌头。班固在《汉书·古今人表》记载：究极经传、品第人物，人分九等，其"上上"一等者即圣人，顺序分别是：伏羲—神农—黄帝—少昊—颛顼—帝喾—唐尧—虞舜—大禹—商汤—周文王—周武王—周公—孔子，这也就在国史层面上确立了伏羲开天圣人和人文源头的地位，成为了传统文化的主流意识，正如明代大学者胡缵宗在《太昊伏羲庙乐记》言："惟太昊继天以开物、以画卦、以造书契而立极也。故有伏羲，而后有神农、黄帝、尧、舜、禹、汤、文、武，而后有周公、孔子。有卦而后有《易》，而后有《诗》、《书》、《礼》、《乐》、《春秋》。有书契、有文字而后有典章、图籍。古昔圣帝明王，孰有若太昊者！"

伏羲三皇之首地位的奠定，是中华实现大一统的必然产物，其

---

① 杜松奇：《伏羲文化研究》，中国社会科学出版社2013年版，第103页。

伏羲文化也是中华实现统一的精神力量。伏羲同源一体的传说对国家的统一有着特殊的含义。秦汉之后的朝代在京师设有祭祀伏羲的祠宇，不管是汉族政权还是少数民族政权，都很推崇伏羲。以少数民族政权为例，北魏一朝，许多祭祀伏羲的寺庙都能在史籍中看到；金代诏命在秦州卦台山、河南陈州等地会定期地祭祀伏羲；元代诏命在全国范围内通祀三皇，兴建三皇庙；清代除了在北京的历代帝王庙祭祀伏羲之外，在国家层面对太昊陵的祭祀也一直持续到了清朝更替前的宣统二年。就拿民间来说，全国各地都有着各种各样的伏羲庙，其中，在黄河流域分布得比较集中，有50余处。伏羲传说的故事成千上万，在多个民族中都有传播。像西汉以来的伏羲女娲交尾形象画像砖、画像石、绢画300通（幅）之多，分布范围广泛，在新疆吐鲁番盆地唐代墓葬、吉林集安高句丽墓葬也很常见，这些都可表明伏羲是历史选择确立的中华民族的共祖，对民族的团结和统一有不可替代的作用。

在古史传说中，女娲是中华民族共同的始祖和圣母，与伏羲文化一样，女娲文化也是中华民族的本源文化和根文化之一。女娲捏土造人，创造了人类；炼石补天，拯救了人类；兄妹成婚，繁衍了人类；制定婚姻制度，教化了人类。正因如此，女娲才得到了中华民族的敬重与崇拜，也因此而被华夏的子孙公认为创世神和始祖。[①]女娲文化源远流长、历久弥新、内涵丰富，是史前文明和中华民族灿烂的传统文化，也是中国史前文明探源的重要探索对象。

二 伏羲、女娲文化的时代意义

从社会经济层面看，经济是社会存在和发展的基础，文化涵盖着社会创造。文化以经济为载体，经济以文化为精神。因此，弘扬中华民族智慧的伏羲文化任重道远，意义重大。特别是对黄河流域的甘肃天水等伏羲文化氛围浓厚的城市而言，伏羲、女娲文化是十

---

① 曹明权：《女娲文化研究》，湖北人民出版社2007年版，第50页。

分珍贵的文化旅游资源，为发展旅游业提供了便利条件，是"文化搭台、经贸唱戏"的名片。其中深入挖掘伏羲、女娲文化资源也是推动经济发展的新动力。

从政治文明层面看，伏羲、女娲文化以其深厚的民族特性及其传播的广泛性和深刻性，对于提高民族自信、文化自觉，增强民族凝聚力，团结国内外华人全身心投入到国家建设中，促进国家统一，增强对外文化交流，维护世界和平与发展等都具有十分重要的作用。"天人合一"的朴素思维是伏羲始创"先天易学"的核心，是中华文明的灵魂。因此，弘扬伏羲、女娲文化对于构建世界文化多样性、推动我国和谐社会的建设进程具有深远意义。

从文化软实力层面看，文化影响力和竞争力在当代已成为衡量各国综合国力的重要指标。因此需要通过多种途径展现中华文化的魅力，进而增强国家文化软实力。在五千年历史的长河中，中华民族创造了博大精深的精神文明，要使中华民族最基础的文化因素与当代社会相适应、与现代文明相协调，需要用人们喜闻乐见的方式来调动大家的积极性，提高参与度，继承传统、推陈出新、面向世界、博采众长从而弘扬那些超越了时空且永远富有魅力的精神文明。伏羲、女娲文化是我们的一项十分重要的历史文化资源，在目前新媒体纵深发展、各种思想文化相互激荡和社会主流意识形态受到冲击的情况下，加大传承和弘扬中华优秀传统文化的社会主义核心价值观的力度是当务之急。

当代伏羲、女娲公祭庆典仪式，因为融合了民间文化活动的有益、健康的成分，又增加了寻根祭祖、民族认同、文化论坛等既有利于民族团结、祖国统一，也让老百姓喜闻乐见、海内外华人向往的内容。例如，甘肃天水每年举行的公祭伏羲活动，既有传统的民间武术、夹板舞、羊皮鼓等非遗展示，又有古代祭祀伏羲的鸣钟、鼓乐、读公祭文、献爵、进酒、行礼等系列程序，再现了天水古代社会对伏羲的缅怀与尊敬；此外还增设了社会各界、港澳台同胞代表及海外华人代表向伏羲敬献花篮等现代内容。① 秦安是女娲的故土，故秦安女娲祭祀也流传已久，为了纪念、赞扬女娲的功绩，西汉以后，秦安陇城镇曾在镇内先后 5 次重建女娲祠。改革开放之后，当地集资在陇城镇原女娲庙遗址重建了一座规模较大的女娲庙。从 2006 年恢复公祭以来，每年农历三月十五日都会在女娲庙举行公祭和民祭合一的女娲祭典。②

从社会道德的层面看，随着社会转型的加快和西方文明的冲击，我们的社会和家庭结构也发生了改变，与此同时也产生了一些社会问题，导致家庭以及人际道德方面受到了冲击，进而遭到了破坏。因此，继承和弘扬伏羲、女娲文化有利于提高个人修养，强化社会道德意识。弘扬伏羲、女娲文化以教人敬祖重孝，讲善念，报本反始，不忘祖先。这是家庭、社会、天下安定和平的基石，是中国本源文化的价值。

从历史层面看，通过对伏羲、女娲文化的深入研究，使中国古代史研究向更深层次发展，填补了对中国远古社会研究的不足，有可能把中华文明史推向更早的年代，这更有益于加强人们对中国历史的认识。

从科学层面看，人类文明的启蒙就是伏羲画八卦所创立的符号系统思维，是一种具有"中国特色"的天文之学，是中国方法论体系的基础性成果，其蕴含的"圣人之道"是对天地人物相互作用的系统法则的认识、掌握和运用，是一种"极深研几"的科学智慧。伏羲、女娲交尾像，可以说是人格化了的太极图。太极图是八卦的基础，是中华民族特有的思考宇宙、思考人生的方式，它深刻地影响了华夏民族的思维方式。因此，弘扬伏羲、女娲文化对于今天我们的自然科学以及社会科学研究，对于揭露邪教异端、破除封建迷信等具有非常重要的现实意义。

---

① 杜松奇：《伏羲文化与和谐社会建设》，《天水师范学院学报》2013 年第 3 期。
② 何金玉：《浅谈秦安女娲祭典仪式及其价值》，《群文天地》2012 年第 7 期。

从生态文明层面看，伏羲、女娲文化包含善待自然、爱惜万物、人与自然和谐相处的价值取向，这些观念在今天这样一个生态危机严重的时代具有十分重要的价值。作为万物之灵的人类有着高度自觉的伦理知识，应有爱惜一切生命的大生命良知。只有具备人与自然和谐发展的生态观念，我们才能生活在有青山绿水的国家，人类才能得到更长远的发展。[①]

第六节　伏羲、女娲文化的精神特质

伏羲、女娲所处的时代是中华文明的肇启时代，他们为社会的发展进步做出了重大贡献，形成了伏羲、女娲文化独特的精神特质。主要有以下几点：

一　自强不息的进取精神

《古史考》称："伏羲氏始制嫁娶，以俪皮为礼。"《周易·系辞下》云："八卦成列，象在其中矣。"上古时期，自然环境十分凶险，陇右的先民仍生活在落后愚昧的时代，生产力水平极其低下，但是，先民们充分发挥自己的创造才能，在这片荒陋的土地上艰辛地生存和开拓，表现出顽强进取的开拓精神。正如晋·潘岳《伏羲赞》云："肇自初创，二仪氤氲。粤有生民，伏羲始君。结绳阐化，八象成文。茫茫九有，区域以分。"十分巧妙地阐释了伏羲文化中积极向上又自强不息的精神。"吾人苦兮水深深，网罟设兮水不深。吾人居兮山幽幽，网罟设兮山不幽。"伏羲氏一画开天、开天辟地的立基之作，足以使后人回忆起这段历史，促使人们饮水思源，忆苦思甜。

女娲是远古时期人类与大自然相抗争的典型，女娲补天传说反映了中华先民自强不息的奋斗精神和改造自然的坚强意志。

---

① 张展：《伏羲文化的内涵及其时代意义的提升》，《决策探索》2016年第5期。

二　为民解忧的民本精神

《史记·三皇本纪》云："伏羲结网罟以教佃渔。"《周易·系辞下》云：伏羲"作结绳而为网罟，以佃以渔"。也就是说，伏羲氏结绳成网，教先民们在陆地上网鸟狩猎、在水中捕鱼。这极大地改善了先民们的生存环境和生活条件，使人类获取物质生活资料的空间得到空前拓展，将原始的愚昧生活一下子推向了狩猎、农业、渔业并重的时代。

在先民们被巨大的自然灾害所侵害时，女娲运用自己的才能和勇气挺身而出，救万民于水深火热之中。女娲炼石补天、积灰治水的神话影响巨大，其为民解忧的民本精神一直为世人所景仰。

三　开天辟地的创史精神

传说女娲造人，另《说文解字》中也说："娲，古之神圣女，化万物也。"女娲不仅创造了人类，也是造物之神。

《周易·系辞下》曰："古者包牺氏之王天下也，仰则观象于天，俯则观法于地，观鸟兽之文与地之宜，近取诸身，远取诸物，于是始作八卦，以通神明之德，以类万物之情。"

这句话是说伏羲根据天地自然万物创立出八卦这种包罗万象又变幻莫测的宇宙模式。八卦中的乾卦象征天、坤卦象征地、震卦象征雷、巽卦象征风、坎卦象征水、离卦象征火、艮卦象征山、兑卦象征泽。在此基础上来推广，每一卦都可以有更多的象征之物。这当然是"通神明之德"与万物规律相契合而得出的。通过八卦的广泛象征，人们更可上知天文、下知地理，从而通晓、默契万事之奥秘。又《周易·系辞上》云："爻者，言乎变者也。"即变化原则，通过三百八十四爻的分布组合，便可以穷尽万事万物对立、运动、变化之规律，帮助人们更清晰、全面地认识世界，从而趋利避害。正如东晋王彪之云："悠悠羲皇，体尊神澄。而为而化，出道之疑。不知有姓，冥感自兴。因应之迹，画象结绳。"充分反映出伏羲作八卦对中华民族所做出的巨大贡献。东汉时王充曾说："《易》言伏羲作八卦，前是未有八卦，伏羲造之，故曰作也。"作，即是首创之意。伏羲始作八卦，标志着先民们的认识水平得到空前的拓展，使漫长的中华文明演进史在伏羲时代发生显著的质变，对自身的发展和社会的进步具有独特的意义。对立统一的阴阳八卦思想是人类智慧之灵光，构成了中华民族认识主观世界和客观世界的独特模式，是东方文化思维模式的标志之一，也是人类文明史上一个较高思维层次的具体呈现。这为中国古代传统的自然科学和社会科学的创立、形成和发展，提供了坚实的理论依据。即使在21世纪的今天，仍然焕发着生生不息、与时俱进的活力，伏羲的创史功绩，将永远铭刻在中华文明发展之史册。[①]

伏羲作为一位兼具历史和神话色彩的传奇人物，他是中国原始氏族社会由采集、渔猎经济向农牧经济发展的新石器时代的代表人物，女娲是中国古史体系中的创世英雄，伏羲、女娲文化作为中国传统文化的重要组成部分，它们代表着远古时代人民创造的物质文明和精神文明财富的总和，蕴含了华夏民族无穷的创造力。伏羲、女娲文化不仅丰富了华夏文明的内涵，而且以其特有的生命力，为中华文化源源不断地注入新鲜血液，成为华夏文明创新、发展的动力之一。伏羲、女娲文化被代代传承，使得伏羲、女娲在中国文化史上的意义更加鲜明。伏羲、女娲文化需要不断发展创新，这样才能被一代又一代华夏儿女所接受、所认同，这对当代和谐美好社会的构建具有重大意义。

---

① 霍志军：《伏羲文化的精神特质及其现代阐释》，《天水师范学院学报》2006年第4期。

第六章

医药始祖
——岐黄文化

《现代汉语词典》解释："岐黄"指黄帝和岐伯。岐伯传说是中医的始祖，是我国古代的著名医家，曾经出任黄帝的医官，后人尊称岐伯为岐天师。黄，指轩辕黄帝。《医源资料库》记载："岐黄"为岐伯与黄帝的合称。《辞海》："岐轩：岐伯，上古名医。"[1]《史记正义》曰："岐伯，黄帝太医。"《史记集解》注："岐伯，黄帝臣。"《史记·司马相如列传》："属岐伯使尚方。"[2]《汉书音义》曰："尚，主也。岐伯，黄帝太医，属使主方药。"据传，岐伯是上古时代神农炎帝至轩辕黄帝时期的一位伟大的医者，他将从伏羲、神农传承的早期医药养生文化，传给轩辕黄帝。《经史百家杂抄》曰："岐伯，黄帝臣。帝使岐伯尝味草木，典主医病与论医，更相问难，著素问、灵枢总为内经十八卷，为医书之祖。"[3]《甘宁青史略》云："又案岐伯黄帝臣，北地人，作军容之乐，见唐礼乐志……""岐伯，北地人，黄帝以人之生……及咨于岐伯而作《内经》。"[4] 黄帝令岐伯研究医药而创立经方，黄帝与岐伯君臣以问对答的形式著述了中医学的第一部经典《黄帝内经》。《黄帝内经》

---

[1] 夏小军：《岐伯汇考》，甘肃科技出版社2008年版，第97页。
[2] 李世峰：《领导藏书第三卷：史记》，延边人民出版社2001年版，第408页。
[3] 杨德祥：《岐伯与庆阳》，陕西科技出版社2003年版，第17页。
[4] 杨德祥：《岐伯与庆阳》，陕西科技出版社2003年版，第74页。

约成书于秦汉时期，其文简而意博，其理深奥有趣，其中详细记载岐伯精辟地回答了黄帝提出的 1000 多个问题。《黄帝内经》分为《素问》《灵枢》两个部分，内容以黄帝与岐伯的问答为主，每部分由 81 篇文章组成，共计 162 篇。《素问》中黄帝与岐伯的君臣对答文共有 61 篇，《灵枢》中有黄帝与岐伯的君臣问答共计 46 篇，其余篇目涉及到问答的有 5 篇[①]。《黄帝内经》的内容除了"医"国之道、"医"人之道、"医"病之道，还包括哲学、人类学、心理学等多种学科的思想。如今，人们用岐黄之术作为中医药学的代称，也体现了岐黄文化对后世的深远影响。

狭义来看，岐黄文化指岐伯与黄帝创立的中医药文化，也称为"岐黄之术"。从广义来看，岐黄文化指发祥于西北地区的、岐伯和黄帝创造的、后经历朝历代圣贤传承发展的和涵盖天、地、人三道的我国古代生命科学文化，包括医学、天文学、哲学、心理学、人类学等多个方面[②]。岐黄文化的天道包括宇宙文化、天文文化、气象文化、历法文化等；岐黄文化的地道包括地理文化、地形文化等；岐黄文化的人道包括医药文化、社会文化、心理文化、生物文化、人类文化、生态文化、养生文化、民俗文化等。

第一节 区域地理人文环境概况

岐黄文化的发迹可追溯至甘肃省陇东南，庆阳、天水、平凉一带。《辞源》："黄帝，古帝名……，咨于岐伯而作《内经》。""《素问·内经》等书，本作岐伯。"又："北地，郡名，（一）秦置，统甘肃、宁夏、庆阳、平凉、固原、泾川诸府州县之地，治义渠，古城在今宁县西北。（二）汉置，统甘肃、旧宁夏，庆阳

[①] 李金田、金华、金智生、夏小军、戴恩来、朱向东：《岐黄问答千载流芳——岐伯与岐黄文化的历史功绩》，《中国现代中药》2013 年第 3 期。

[②] 安定祥：《岐黄文化的内涵》，中国庆阳 2011 岐黄文化暨中华中医药学会医史文献分会学术会论文集，庆阳，2011 年 8 月，第 6 页。

二府之地，治马岭。"① 范文澜《中国通史》载："黄帝族原生居住在西北方。""居住在东南方的被称为夷族，居住在北方、西方的被称为狄族、戎族，居住在南方的被称为蛮族。黄帝族散布在中国西北部。仰韶文化的所在地，当是黄帝族的文化遗址。"② 上古时期，甘肃的气候适合人类生活，华夏的祖先就曾在甘肃活动，传说中的黄帝一族就是在此发展起来的③。在甘肃的庆阳等地，都有当年黄帝一族活动的遗址，仰韶文化等遗址的所在也证明了这点。

庆阳是岐伯诞生的地方，古往今来的许多文献都有这样的记述。清《庆阳县志·人物》载："岐伯，北地人，精医术脉理，黄帝以师事之，著《内经》行于世，为医书之祖。"④ 民国张维《甘肃省人物志·方术》载："岐伯，北地人也，黄帝与论医，有《素问》《内经》行于世。"《甘肃新志》载："岐伯生而神明，通脉理，黄帝以师事之。"⑤ 这是说，岐伯是我国北方地区的人，精通医术，黄帝尊其为老师，后著有《黄帝内经》，是中医药学的鼻祖。南宋郑樵《通志》载："古有岐伯，为黄帝师，望出安化。"《中国人名大辞典·附录·姓名考略》载："岐，（陈留风俗传）'岐氏，黄帝师，岐伯之后。'望出安化。"⑥《辞海》云："安化，旧县名，唐神龙元年（公元705年）改弘化县置，治所在今甘肃庆阳府，明洪武初年复置，1914年改为庆阳，历为庆州、庆阳府所治。"文中所提到的安化就是现在的庆阳，岐伯就是在庆阳出生，并在这里开始了他为人称道的一生。庆阳目前建有岐黄文化博物馆以纪念岐伯、黄帝的丰功伟绩。

庆阳也被认为是岐黄文化的奠基者黄帝的生老之地。《国语·

---

① 夏小军：《岐伯汇考》，甘肃科技出版社2008年版，第97页。
② 范文澜：《中国通史》，人民出版社1956年版，第16—27页。
③ 郭沫若：《中国史稿第一册》，人民出版社1976年版，第15页。
④ 夏小军：《岐伯汇考》，甘肃科技出版社2008年版，第175页。
⑤ 夏小军：《岐伯汇考》，甘肃科技出版社2008年版，第176页。
⑥ 夏小军：《岐伯汇考》，甘肃科技出版社2008年版，第183页。

晋语》中说:"昔少典娶于有蟜氏,生黄帝、炎帝。"有蟜氏,说的就是上古时期在桥山一代生活的华夏古老部落。《地理志》言:"桥山在上郡阳周县。案:阳周,隋改为罗川。"文中所说的阳周县,是如今的庆阳市正宁县。文中所说的罗川,是如今的庆阳市正宁县的故县城。而文中所说的桥山,就是正宁境内的子午山,也就是今天的子午岭。《列仙传》也说:"轩辕自择亡日与群臣辞,还葬桥山。"皇甫谧《帝王世纪》也说:黄帝"葬于上郡阳周之桥山"。《括地志》说:"黄帝陵在宁州罗川县东八十里子午山。"《庆阳府志·陵墓志》言:"在县城东子午岭旁有黄帝陵。"文中所说的县城东子午岭,就是如今的庆阳市庆城县城东的子午岭山脉。《华池县志地理志》言:"县内主要支脉有走马山、黄帝山、灯盏山……"黄帝山在华池县域内,黄帝山位于柔远河西侧、庙巷乡南山。据传这里是当年轩辕黄帝巡行之时的居所,所以命名为黄帝山[①]。可以看出,庆阳是黄帝本氏部落的所在地,是黄帝的出生和归老之地。

岐黄文化曾经在天水一带流传和发展,天水境内的齐寿山、轩辕谷、轩辕丘、轩辕庙等都可以探寻到黄帝活动的迹象。天水也曾被认为是轩辕黄帝的故里。郦道元《水经注·渭水》说:"南安姚瞻以为黄帝生于天水,在上邽(清水)城东七十里轩辕谷。"[②] 汉代易学家焦赣《焦氏易林》记载:"皇帝(黄帝)所生,伏羲之宇。兵刃不至,利以居止。"这是说黄帝出生在伏羲的故里,这里没有战争扰乱,适合生活。司马迁《史记·五帝本纪》:"黄帝居轩辕之丘。"[③] 晋·郭璞《水经》载:"帝生于天水轩辕谷。"《清水县志》载:"轩辕谷东南七十里,黄帝诞于此。"清代至民国期间,在清水县城西面有"轩辕故里"石碑竖立。这都说明岐黄文化曾经

---

① 高新民:《岐黄文化与庆阳远古文明》,中国庆阳 2011 岐黄文化暨中华中医药学会医史文献分会学术会论文集,庆阳,2011 年 8 月,第 11 页。
② 《水经注·渭水》。
③ 《史记·五帝本纪》。

在天水境内流传和发展。

　　岐黄文化也曾经流传到平凉，黄帝问道的故事就是在平凉的崆峒山发生的。黄帝问道的对象是广成子，广成子是传说中的仙人，《枕中记》中说道："广成丈人，今为钟山真人，九天仙王，汉时四皓。"司马迁《史记·五帝本纪》中提到，黄帝"西至于空桐，登鸡头"。①《史记集解》引韦昭语，空桐"在陇右"。这里所说的陇右就是甘肃东部的陇东地区。《史记索引》中说："鸡头，山名也。……崆峒山之别名也。"《史记正义》引《括地志》言："空桐山在肃州福禄县东南六十里。"又引《括地志》言："崆峒山，在原州平阳县西百里。"这里可以看出，文中所说的崆峒山、鸡头山，都指的是现在甘肃平凉境内的崆峒山。《庄子·在宥》载，黄帝立为天子十九年，闻广成子在崆峒之上，道法高深，遂先后两次前往问道，故有黄帝问道于广成子的传说。其中，一次问如何治理天下，另一次问如何修身养性。广成子曰："至道之精，窈窈冥冥，至道之极，昏昏默默。无视无听，抱神以静。"葛洪《神仙传》列广成子为上古仙人之一，记其"居崆峒之山，石室之中，黄帝闻而造焉"。广成子是上古时期第一个研究"道"文化的人，是人类历史上道家思想、养生思想、长生文化的人文始祖。平凉崆峒山黄帝问道，是岐黄文化与道家文化的交流，是中医文化和道医文化的碰撞。

　　岐黄文化除了在甘肃蓬勃发展，还流传至中原地区，例如河南新密市就与岐黄文化有着很深的渊源。河南新密除了有以具茨山、大隗山为主线的黄帝访观问道的系列遗址，还有以黄帝宫为中心的黄帝讲武备战遗址群，宫内石岩上有天然洞穴，名为"人祖洞"和"嫘祖洞"，嫘祖指的是黄帝的妻子。河南新密共有这样的遗迹五十多处。轩辕丘（古都寨遗址）也在河南新密，那里是黄帝安邦定国的地方。此外，河南新密还有天仙庙、天爷洞、神仙洞等黄帝活动

---

① 《史记·五帝本纪》。

纪念地遗址①。相传岐伯在黄帝的引领下来到中原腹地故都新密市，襄助黄帝开创基业，并在这里讨论中医学，留下了诸多遗迹和遗址。岐伯遗迹、纪念性庙宇主要有岐伯山遗址区、具茨山遗址区、摩旗山遗址区、李堂药王庙等。这都表明了黄帝和岐伯曾经在此地居住，岐黄文化得以发展壮大。

第二节 历史阶段性特征

岐黄文化，是与伏羲、女娲一脉相承的。岐伯是上古时期的一位医学家，他继承了伏羲和神农以来的医学、药学、养生文化，并将其传承给轩辕黄帝，从这里可以看出两种文化之间密不可分的关系。伏羲氏以龙为图腾，黄帝部族的轩辕氏也以龙为图腾，说明其有着相同的文化认同和信仰归属。郑樵《通志》云："伏羲有河图之应，而黄帝复受河图；伏羲命子襄作六书矣，而黄帝复命仓颉制文字；伏羲已造历律矣，而黄帝复有历律之作；伏羲作易矣，而神农黄帝复作《易》。"这是说黄帝将伏羲的成就进行了传承和发展。在伏羲文化的基础上，黄帝完善了官职、田地、屯兵、法治、行政、区划、礼仪、祭祀等多种制度，并实现了黄河流域的统一，逐步将势力延伸到江淮流域。岐黄文化也在这个过程中诞生，流传越来越广泛。

在历史上，岐黄文化的发展与中医药学的发展是分不开的。岐黄文化是中医药文化的源头，是中医药文化的根本，是中医药文化的灵魂。岐伯与黄帝以问答形式构成的《黄帝内经》，是岐黄文化的标志性典籍。这是一部关于人的生命的百科全书，是中医药学的奠基之作，是中医药学作为一个学术体系形成的最早的理论经典。此后，中医药学虽然历经传承和发展，人才辈出、流派纷呈，医学

---

① 郑观州、杨建敏：《岐黄文化源流追踪》，2014 中国民族医药大会会议论文，2014 年 11 月。

著作群星璀璨，然而追根溯源，后世的医药学者都是受到《黄帝内经》的影响，不断开拓创新，进而在不同的医药学领域有了自己的成就。汉代张仲景《伤寒论》自序："夫天布五行，以运万类；人禀五常，以有五藏。经络府俞，阴阳会通；玄冥幽微，变化难极。自非才高识妙，岂能探其理致哉！上古有神农、黄帝、岐伯……"①张仲景以岐伯为榜样，创造了很多药方和剂型，传承了岐黄文化。他撰写的《伤寒杂病论》在我国中医历史上影响巨大，因此，他被后人称为"医圣"。晋代皇甫谧《针灸甲乙经》序："黄帝咨访岐伯、伯高、少俞之徒，内考五脏六腑，外综经络、血气、色候，参之天地，验之人物，本之性命，穷神极变，而针道生焉。"②皇甫谧一生热忱于著书，以弘扬岐黄文化为己任，以先人所作所为要求自己，即使病痛在身依然不忘读书，终于成为了一代中医学大师。唐代孙思邈《备急千金要方》序："黄帝受命创制九针，与方士岐伯、雷公之伦备论经脉……余缅寻圣人设教，欲使家家自学，人人自晓。"③孙思邈一生悬壶济世，将《黄帝内经》的治病原则、思想和方法诉诸于临床实践，不断创新和发展岐黄之术，后将自己的行医经验和心得写成了传世巨著《千金要方》。宋·高保衡《〈重广补注黄帝内经素问〉序》："在昔黄帝之御极也，以理身绪余治天下，坐于明堂之上，临观八极，考建五常……，乃与岐伯上穷天纪，下极地理，远取诸物，近取诸身，更相问难，垂法以福万世。于是雷公之伦，授业传之，而《内经》作矣。"高保衡深受岐黄文化影响，将《黄帝内经》发扬光大，泽被后世。④历朝历代的中医药学家以《黄帝内经》为源，继承体现中华文化特色的岐黄文化血脉，不断发展中医药学。岐黄文化是中医发展的根系和宝库，岐黄文化的继承和发展使得中医药学历经数千年而不衰，以其别具一格

---

① 《伤寒卒病论集》。
② 《黄帝针灸甲乙经》。
③ 《备急千金要方》。
④ 《〈重广补注黄帝内经素问〉序》。

的优势延续着不朽的生命力,在世界传统医学中都具有重要的地位。

如今,岐黄文化滋养的中医药学已被全世界推崇和认可,关于人体生理、病理、病机、病因、治疗、诊断、施治以及养生、保健的理论和方法已经形成了完整的体系。新时代下的岐黄文化除了作为中医药文化的一部分,更是中华传统文化中的重要组成部分,受到越来越多人的重视。例如,岐黄文化关于以人为本、以人为贵的思想理念,不仅确立了医学研究中生命的重要性,而且在治国理政、安邦定国中有所运用;岐黄文化中尊师重道、以德为先的理念不仅适用于医学领域,而且适用于其他领域。当代的岐黄文化正在与时俱进,未来将不断完善和发展,在越来越多的领域创造价值。

第三节　主要内容

一　文物古迹、遗迹

1. 黄河古象化石

距今 250 万—200 万年的黄河古象化石是中国古生物发掘的重要成果之一,也是人们了解甘肃地区的古地理、古气候的珍贵资料,1973 年发掘于庆阳市合水县。

2. 环江翼龙化石

白垩纪环江翼龙化石属于远古时期遗迹,1978 年发掘于庆阳环县[1]。

3. 三件旧石器

包括石核一个,石片两个。据《庆阳地区志·文物》载,这三件旧石器是我国出土最早的旧石器时代文化遗物,1920 年发掘于华池县上里塬乡赵家岔洞洞沟[2]。

---

[1] 安定祥:《岐伯考证与岐黄文化研究综述》,中国庆阳 2011 岐黄文化暨中华中医药学会医史文献分会学术会论文集,庆阳,2011 年 8 月,第 12 页。

[2] 甘肃省庆阳志编纂委员会:《庆阳地区志第三卷》,兰州大学出版社 1998 年版,第 731 页。

4. 仰韶文化遗址

据《庆阳地区志·文物》载,仰韶文化遗址属于新石器时代遗址,分布呈现从南到北的地理特征,马莲河中下游的庆阳城至宁县政平一线最多。在发掘的 458 处遗址中,遗存最多、面积最大的是镇原县,第二是合水[1]。

5. 齐家文化遗址

据《庆阳地区志·文物》载,齐家文化遗址属于新石器时代遗址,庆阳地区目前已发现 180 处齐家文化遗址,合计 1939 万平方米[2]。重点遗址主要有柳树湾、高庄等。

6. 庆阳南佐遗址

庆阳南佐遗址是新石器时代的遗址,大约属于公元前 4000 年~前 2000 年之间。目前,庆阳南佐遗址有大型夯土台基 9 处,结构壮观,并出土了仰韶文化晚期的水稻。是泾、渭地区又一处具有很高研究价值的遗址。

7. 南原庙

据《庆阳府志》卷十九载,"岐伯庙在南原,今废"[3]。当年南原是岐伯庙所在地,在庆城县高楼乡庙塬村薛家咀,曾经是岐伯种植药草的地方。现址有窑洞 1 孔,彩色壁画在墙壁上随处可见,其中的一处岐伯石像现在已经丢失,有莲花石香盘摆在院中。每年的 2 月 2 日,村民会来到这里举行祭祀集会、求医问药活动。

8. 嘉会门外庙

据《庆阳县志》卷三载,岐伯庙在庆城县县城嘉会门外。[4] 嘉会门外庙位于庆城县城南关城南坛旁边,在当年的农机局院内,现遗址已被毁。

---

[1] 甘肃省庆阳志编纂委员会:《庆阳地区志第三卷》,兰州大学出版社 1998 年版,第 735 页。
[2] 甘肃省庆阳志编纂委员会:《庆阳地区志第三卷》,兰州大学出版社 1998 年版,第 747 页。
[3] 杨德祥:《岐伯与庆阳》,陕西科技出版社 2003 年版,第 16 页。
[4] 杨德祥:《岐伯与庆阳》,陕西科技出版社 2003 年版,第 16 页。

9. 三圣庙

据《庆阳府志》载，庆城县内建有供奉岐伯、鞠陶、公刘三圣的三圣庙，岐伯是三圣之中的首位，三圣庙遗址位于县城小南门，在当年的公交局院内，现遗址已被毁。

10. 圃寒洞

圃寒洞的位置在庆城县周祖陵公园岐伯圣景地域，这里曾经雕塑过岐伯像，后雕塑有张仲景、孙思邈像。每年的3月5日，人们在圃寒洞举行祭祀、求医问药活动。

11. 药王洞

药王洞在庆城县葛崾岘乡岐伯出生地青龙嘴下。20世纪80年代，药王洞内曾留有岐伯遇难渡命的壁画。每逢2月5日，村民会来到这里举行祭祀集会、求医问药活动。

12. 岐伯洞

又称仙人洞。岐伯洞遗洞保存至今，在西峰区肖金镇老山村老洞山。岐伯洞来源于民间传说故事，据传岐伯当年用仙果救助了一位老叟，其济世情怀被后世人们称赞。

13. 子午岭

子午岭是庆阳著名的一大山系，也称桥山。据《庆阳府志·地理》（山脉）记载，子午岭山脉是轩辕黄帝一族的发祥地，之后轩辕黄帝逐渐壮大，一统中原[①]。

14. 黄帝冢

据《庆阳府志·文物志》记载，轩辕黄帝冢在正宁县五顷塬乡，至今仍然保存完好。据《正宁县志》记载，黄帝冢在县东南湫头镇东北西头村的桥山，这里草木葱郁、一片碧色，山上有一座冢，旁边有一块写着"黄帝葬衣冠处"的石碑，此冢现如今仍在。

---

① 甘肃省庆阳志编纂委员会：《庆阳地区志第一卷》，兰州大学出版社1998年版，第266页。

15. 鸡头山

鸡头山由于形状酷似雄鸡报晓而得名，此山雄伟巍峨，屹立于群山之中。鸡头山在镇原县开边镇开边村。据《镇原县志》（道光版）记载，人文始祖黄帝曾经在崆峒问道之后，来到鸡头山[1]。黄帝之所以来到这里，除了有寻根问祖之意，也有为自己卜占生坟之意。据传两千二百多年前秦始皇也曾经登上鸡头山，祭奠轩辕黄帝。

16. 黄帝山

黄帝山在华池县域内。据《华池县志》（地理）记载，黄帝山在柔远河西侧、庙巷乡南山[2]。据传，这里是当年轩辕黄帝巡行之时的居所，所以命名为黄帝山。

17. 马蹄泉

马蹄泉在合水县蒿嘴铺乡陈家河村。据传，黄帝乘龙便是在这里，当年黄帝在这里以龙为坐骑，上天下地，堪称壮观。

二　民间故事传说与节庆习俗

（一）岐伯的传说

岐伯出生的地方是庆城县西南部的天子梁青龙嘴，其实就是现在葛崾岘乡天子村中的青龙嘴，它的遗址坐落于原青龙嘴的初级小学土窑洞里，青龙嘴在天子梁的东边，山梁呈东西走向，拥有非凡的气势和迷人的景色，这个窑洞样式的宅子依傍双峰峁，坐北朝南，面前视野辽阔，两侧是圆圈半包围的形状，下方是一层又一层的台涧地，台下又有一方清泉，清凉解渴，被称为"神水"。放眼望去，仿佛太极图一般。青龙嘴下面还建造了药王洞和药王庙。岐伯的祖先是姬姓，岐伯生于春月之时，当时出现奇异之天象。天子梁由于周先祖江山争夺的传说而得此名字，也被称作天子穴。

---

[1] 张辉祖：《镇原县志上册》，国华图书馆，第222页。
[2] 华池县志编纂委员会：《华池县志》，甘肃人民出版社2004年版，第79页。

岐伯年幼时便异常聪明，虽然在年少时期遭遇洪水以及母亲患了严重疾病等不幸，但岐伯并没有沉浸在悲痛中，反而萌发出学习医术的想法。后来，他救了一个从悬崖坠落的老人，其竟是一名叫作中南子的神医，真实的名字为僦贷季，岐伯就此拜老者为师，尝草药，治病救人；之后离开家乡，遇见了神农，又拜其为师傅，得到了神农的真传，故而医术愈发高明；偶遇了元始天尊之后，得到修身养性之术的指点，最终成为了大师级别的医者。

岐伯尝遍了百草，认识了药性，巧妙地治愈了很多疾病。比如利用败酱草治疗脓肿、通过益母草来治疗产妇在生产后的疾病、利用佩兰治疗瘟疫，经他手救治的人数不胜数。他还创造了通过香草来预防和治疗疾病的方法，成为了"香道"的创始人。

黄帝离开轩丘游历四方时，在崆峒的鸡头山上询问广成子，知晓了岐伯这位在桥山的著名医者，于是亲自来请教他，目的是解决民间百姓的疾苦，并且将他请回殿中，君臣一起提问作答，对医术药理进行研究。三年的探讨研究过去了，1000多个关于人道、天道、地道等领域的问题得到了讨论，仓颉将这些用文字刻在了野兽的骨头上，这就是后世流传的《黄帝内经》，岐伯也被黄帝尊为"天师"。

岐伯跟着黄帝在中原大地上驰骋，将蚩尤降服，治疗军队里的马病，驱散瘟疫；破解难阵，营救士兵；创建军乐，制造了军旗；既是军医，也是军师，帮助黄帝将华夏大地一统，还同黄帝一起去泰山祭天，为百姓祈福，拥有显著的功德。

黄帝在岐伯的帮助下创造了文字、音乐、天文、地理等自然知识以及社会文化，与此同时对养生和医道也进行了深入的研究，撰写了继《黄帝内经》之后的八部医书，这对我国民俗文化的繁荣具有重要的意义。

岐伯仙逝于秋月，举国上下十分悲痛，将其厚葬。自那之后，古北地郡建造了纪念岐伯的岐伯庙，还开凿了岐伯洞，将岐伯的神像牌位进行供奉，每年岐伯出生的日子和他去世的秋月，民间都会举办庙会，举行祭奠活动，将药方施舍，不间断地供奉香火。直到清朝时期的同治年间，庆城县药王洞等处仍然保持着举办庙会的习惯，形成了尊崇岐伯的民间习俗①②。

(二) 黄帝问道传说

远古时期的仙人广成子驾鹤来到了崆峒山，放眼望去都是枝林茂盛、深幽的峡谷以及环绕山峦的泾河与胭脂河，秀美风水，美不胜收，于是想就此住下修养。然而崆峒山的高度不够，难以将尘世的喧嚣隔离开来，故而影响了他的修炼。玉帝得知此事后，派二郎真君挑来了泰山的山石，将崆峒山的高度加高。二郎真君神力巨大，往来如飞一般，没多久就将崆峒山的高度加到了天庭需要的程度。最后挑来了两块像房子那般大的石头，但无法将之加上去了，只能丢下了山，这就是我们今天见到的"二郎石"。那么崆峒山被加高到了什么地步呢？只需见岩石峭壁上刻着的四个大字——"俯瞰五岳"，就不言而喻了。

自此崆峒山模样大变，高耸入云，群峰密布，布满了洞穴和奇异的石头，环绕蓝天白云。广成子在混元洞里居住，觉得孤独时就邀请自己的仙友赤松子来聊天，谈论仙道，切磋棋艺。广成子的玄鹤每天都听其论道，变为了一位仙童，侍其身边。仙师下棋对弈的时候，无需动手，棋子便随之而动。如今还有一块古老的青石形成的棋盘在山上，棋盘旁有一棵古松，身弯而立，被称作"观棋松"。传说这里是广成子和赤松子对弈之地。

山有仙则名。轩辕黄帝听说了广成子居于崆峒山的事情，于是不远万里，千里迢迢的来向其拜师求道。这位黄帝名轩辕，姓公孙，可谓不凡之人，是有熊国国君少典的儿子。他的母亲看见一道壮观的闪电绕北斗星划过，有感而怀孕，二十四个月之后在戊己日将他生下，黄帝有土德之瑞，由于土的颜色是黄色的，所以称为黄

---

① 安定祥、刘艳春：《岐伯考证与岐黄文化研究》，《西部中医药》2011年第8期。
② 《中国民间故事集成》全国编辑委员会、《中国民间故事集成·甘肃卷》编辑委员会：《中国民间故事集成：甘肃卷》，中国ISBN出版中心2001年版。

帝。还因为其在轩辕之丘居住，所以用其名字，以之为号。黄帝诞生就能说话，不仅聪慧机智，还谦虚好学、不耻下问，为了求得治国安民的方法，青年时期就立志要成为一个能云游四海、走访天下的人。此次前往崆峒山的时候，他已经四十多岁了，当国君已经二十多年，因此必不可免的摆出排场以彰显威仪。黄帝在大象的背上端坐，元妃嫘祖和女节则坐在木轮的大车中，跟随其后，除此之外还有文臣武将以及军士等一百多人。

有一天，车队经过泾河后停在山下。然而崆峒山的山峰险峻，没有能够通行向上的道路。黄帝在山下等候了很长时间也没有什么动静，不禁担心起来，问嫘祖说："难道是我心志不够真诚和坚定吗？为什么广成仙子不来见我呢？"嫘祖说："我们是从北斗星的东边而来，太阳升起前行，太阳落下才休息，来到了这斗柄之野，我们用来包脚的牛皮都被磨破了，如此怎能是心志不够真诚坚定呢！"女节接着说："让我们载歌起舞，也许仙师会下来看看。"黄帝点了点头同意了，继而将香草焚烧，烟气缭绕，群臣一边歌唱一边舞蹈，声音震彻山谷。

这时广成子和赤松子正在对弈下棋，玄鹤童子匆忙地来到洞里通报，用鸟语说"报告仙师，轩辕氏正在山下。"广成子早就知道黄帝此来何意，笑着说："这真是荒谬，不去好好地管理国家，却来到这里求仙。等我下去看看再说。"赤松子站起身向广成子告辞，广成子挥舞了一下拂尘，一只丹顶鹤就在他的身旁降落，他跨上去便飞出了洞，很多五颜六色的仙禽追随其后，叫声优美动听。广成子出现在云端，黄帝一众人等格外开心，皆跪地。黄帝极其敬重地说："弟子带着赤诚之心来请教，想询问何为至道？"广成子驾鹤在黄帝一众人等头上盘旋了三圈之后停在半空，意味深长地回答："治理天下的人，如果没有看到积云就希望下雨，没有待到秋天就渴望草木枯黄，怎么能懂得至道呢？"说完以后，扬了一下拂尘就飞远了，隐入云中去了。黄帝感觉怅然若失，望向崆峒山，想到广成子的话，心头不禁一阵酸楚，眼泪流了下来。后来，黄帝流泪的地方生出了一眼泉水，泉中的小石头剔透光滑，传说是那时黄帝的眼泪，后人将这生出的泉水称为凝珠泉或琉璃泉。

黄帝的感悟能力很强，回到国家后，就勤于朝政，选贤举能，心系百姓。在贤能之臣的辅佐下，建造宫殿，发明车船。嫘祖教会百姓养蚕，黄帝还根据自己的经验编著了《黄帝内经》。后来，在阪泉打败了炎帝，在涿鹿战胜了蚩尤，完成了天下一统。可谓是英明神武，战功赫赫。

贵为天子的黄帝还是想念广成子。在一百岁之际，他悄悄地离开了轩辕之丘，独自上山问道。途中遇到一名白发白胡子的长者，于是礼让其道。长者微笑着说："懂得谦恭，总能够求得真理，好呀！好呀！"黄帝赶紧说："请问，哪条是通向崆峒仙境之路呀？"长者打量了一下黄帝说："仙凡本无界，只在心上分，不惜膝行苦，一诚百道通。"说完就突然消失了。其实他就是赤松子，他担心黄帝难以放下架子，广成子拒绝授道于他，故意这样指点黄帝。

一路上，黄帝不断想着长者所述的内容，一直到把鞋底磨穿了，脚磨破了才明白，下定决心用膝盖代替脚掌，爬上崆峒山。山石像刀子般锋利，膝盖磨破出血，石子都被染红了。如今在通往崆峒山的途中还能够见到这样的石子，人们把它叫做"血儿石"。

黄帝又来问道的事情早就由玄鹤童子报告给了广成子。当黄帝用膝盖行走到山脚时，广成子立刻派金龙接他。他见到广成子后稽首拜之，向广成子请教修身养性以及长生不老之道，广成子回答："至道之精，窈窈冥冥，至道之极，昏昏默默。无视无听，抱神以静……"广成子说完又讲述了自己的修身养性之道，他已经一千二百岁，身体却还没有衰老。黄帝将他所述记在心里，感觉心中开朗很多，称赞广成子真是天生圣明之人，又拜了广成子之后离开。当天，从轩辕之丘赶来的群臣已经在峡口山头等待黄帝，其山后来被称为"望驾山"。

黄帝回国以后，荆山的高处昆台成为黄帝居住的地方，按照广成子教他的道理修身养性。在他一百二十岁的时候，命人将首山之铜拿来，在荆山下建造宝鼎。在鼎建成之时，设宴欢庆，突然天空中霞光万丈，有一条黄龙飞驰而下，元妃惊慌，黄帝则对其说："切勿惊慌，此乃天帝派来接我的龙。"然后驾龙背而上，元妃连忙拉住黄帝的袍服，跟着也上了龙背。传说当时黄帝、大臣等驾龙升天者达七十余人。后来黄帝乘龙升天的地方被称为"鼎湖"。李白曾赞叹说："黄帝铸鼎于荆山"，"骑龙飞上太清家"，"遨游青天中，其乐不可言"①。

第四节　价值与意义

岐黄文化作为中国传统文化大花园的一朵奇葩，已经传承和发展了数千年，不仅在过去沉淀了深厚的底蕴、指导了现在人们的生活方式，还将在未来继续绽放光彩。岐黄文化不仅包含着博大精深的医药学科知识，也包含着丰富多彩的自然科学知识，还蕴涵着独特的思想观和价值观。一代又一代的华夏儿女继承、创造、发展着岐黄文化，使得岐黄文化与时俱进、经久不衰。岐黄文化的价值概括起来有敬畏天地，天人相应；以人为本，崇尚生命；恬淡虚无，淳德全道；以和为贵，持中尚道；尊师重教，以德为先②。

一　岐黄文化的价值

（一）敬畏天地，天人相应

岐黄文化主张"天人合一"，提倡要保持人体内部与外部环境的和谐统一，这与中华传统文化中的思维方式和价值观念是相符的。《黄帝内经》中提到："天地合气，命之曰人""人以天地之气生，四时之法成"③。这是说医者在行医时不仅要关注患者发病本身的变化，

---

① 《飞龙引二首》。
② 安定祥、高新民、刘艳春等：《岐黄文化研究丛书——岐黄文化源流》，陕西师范大学出版社2011年版。
③ 《黄帝内经·素问》。

也要与外部环境相联系，观察外部因素对患者发病的影响。岐黄文化还提倡将"天人合一"的理念运用于养生之中，如"天食人以五气，地食人以五味"，就是说人体养生要结合天地运转规律，顺应外界环境对人体内部的影响。岐黄文化这样的价值观还指导着人们的生活方式，要谨存一颗敬畏天地之心，做到人与自然和谐相处。

（二）以人为本，崇尚生命

岐黄文化主张"以人为本"，提倡要对生命充满尊重，这与中国传统文化中的价值理念是基本一致的。《素问·宝命全形论》言："天覆地载，万物悉备，唯人为贵。"[1]《灵枢·玉版》言："且夫人者，天地之镇也。"[2] 这是说要尊重人、爱护人，生命是天地之间最宝贵的东西。岐黄文化要求医者在行医之时保持一颗以人为本的心，关注患者的患病之处的同时，也要关注患者的情绪、心理等。关注患者的生命意义和生命价值以及对患者的人文关怀和病症治理同样重要。这样的价值观念指导着人们的生活方式，甚至在治国理政中也有一定的应用。

（三）恬淡虚无，淳德全道

岐黄文化主张"恬淡虚无、淳德全道"，提倡保持平和心态与高尚的道德，这也是岐黄文化中的哲学思想。《上古天真论》中提及："中古之时，有至人者，淳德全道，和于阴阳，调于四时，去世离俗，积精全神……此盖益其寿命而强者也。亦归于真人。"[3] 这是说古时候有一位贤人，道德高尚、至淳至德，阴阳调和、心态虚静，不被外物私欲所迷惑，悠然自得，最后归于真人，这是他延年益寿的道理。岐黄文化中讲到养生要先养性，保持内心的安静和平和，崇尚淳厚的德行，不汲汲于外物，不恼怒、不怨恨，保持心情愉快、精神内守，方是大智慧。

---

[1] 《素问·宝命全形论》。
[2] 《灵枢·玉版》。
[3] 《上古天真论》。

(四) 以和为贵，持中尚道

岐黄文化中提倡的"执中致和"，是中医学的核心理念，至今仍然对临床中医学起着重要的思想指导作用。中医强调中和思维，适中是健康的生理状态，失中是疾病发生时的生理状态，执中是治病和养生的理念，致和是治愈病症的结果。天在上为阳，地在下为阴，人居"天地之间，六合之内"，要保持人体的适中，就要关注内外环境的统一，即强调人要适应自然的变化以调节人体自身。以和为贵、持中尚道，不仅是重要的中医学理念，也是重要的哲学思想，指导着人们的日常行为生活。

(五) 尊师重道，以德为先

岐黄文化非常看重对医者道德的培养。行医之人，如果没有仁爱之心，没有良好道德，有再好的医术都不能成为一个好医生。岐黄文化要求学习医术的人要保持良好的品德和高尚的道德，为医者在学习医术之时，不仅要扎实提升自己的医术水平，更要尊重师长，要注重修身养性，丰富自己的道德世界。在治病救人之时，要保持仁爱之心和高洁品性，设身处地为患者着想，不因患者的权势、地位和金钱等外物而影响治疗，对所有患者做到一视同仁，全心全意救死扶伤。岐黄文化中"以德为先"的要求有利于建立良好的医患关系，促进和谐社会的建设。

总的来说，岐黄文化是中国传统文化的重要组成部分，是中医药学的创举，是古代生命科学的闪光点，是中华民族道德精神的体现。岐黄文化诞生于人类与洪荒搏斗谋求生存的时候，是远古时期人类智慧的结晶，蕴含着深厚的文化内涵和人生哲理，指导着一代又一代的人们。因此，继承和发扬岐黄文化有着重要的价值和意义。

二 岐黄文化的意义

(一) 岐黄文化的医学意义

岐黄文化是中医药学的源泉。《黄帝内经》以岐伯和黄帝问答为基础，是我国医学宝库中现存成书最早的较为完备的一部医学典籍。它确立了早期中医药学科的理论体系，是后世中医药学发展的理论基础。《黄帝内经》把中医药学的原始、初级、零散的医疗实践经验进行整理，形成了一套完整的医学理论体系。《黄帝内经》强调养生，提倡预防重于治疗，主张执中致和，维护人体内部的和谐及人与自然的和谐[①]。这套理论体系是我国最早的较为完整的中医学理论体系，两千多年来，一代又一代的医学家正是在这套理论体系的基础上，不断探索、发展、创新，才有了如今较为完善的中医药学。在世界医学史上，遥远的时代曾经出现过许多种传统医学，如罗马医学、埃及医学、希腊医学等，但都没有在漫长的历史长河中得到完好的保存和发展，有的沦为民间医学，有的则像流星一样一闪即逝。只有传统中医学，历经岁月的沉淀和洗礼而经久不衰，不仅在中国医学史上有着重要的地位，而且在世界医学史上独树一帜，为世界人民的身体健康做出了巨大的贡献。

（二）岐黄文化的哲学意义

岐黄文化首创了远古时期的哲学思想，不仅对人体的生理和病理进行解释，而且归纳了保持健康和治愈疾病的某些科学规律，对人们的行为和生活有一定的指导意义。在岐黄文化的指导下，中医学建立了阴阳五行、经络脉象、病因病症、养生等学说，这些医学理论都与哲学思想一脉相承，反映了古代时期我国的朴素唯物主义和辩证法。《黄帝内经》的脏象理论就是讲用经络将六腑、五体、五官、九窍、四肢等人体全身的组织器官组成一个整体，从整体的角度看待人体病患问题，不仅要将人体内部看成一个整体，也要将人与自然看作一个整体。所有的事物都不是独立的，而是相互关联、相互影响的，因此不仅要整体地看待问题，也要辩证地分析问题，这是岐黄文化中所揭示的对立统一规律。所有的生命都是运动着的，是一个不断产生和发展的过程，这是岐黄文化中解释的运动

[①] 王庆其：《黄帝内经的现代意义》，2010 年 01 月 06 日，https：//max.book118.com/html/2017/0507/105052739.shtm，2020 年 12 月 15 日。

论规律。这些哲学思想不仅在中医学的方方面面得以应用,还被人们应用于其他领域,对其他领域也具有广泛的指导意义。

(三) 岐黄文化在现代社会治理中的意义

岐黄文化产生于远古时期,是当时人类智慧的结晶。直至现在,岐黄文化都对现代社会治理有着充分的指导意义,如适中、执中、致和等中和思维都被运用于现代社会的治理和管理之中。《灵枢·师传》云:"黄帝曰:余闻先师,有所心藏,弗著于方。余愿闻而藏之,则而行之,上以治民,下以治身,使百姓无病,上下和亲,德泽下流,子孙无忧,传于后世,无有终时,可得闻乎?岐伯曰:远乎哉问也!夫治民与自治,治彼与治此,治小与治大,治国与治家,未有逆而能治之也,夫惟顺而已矣,顺者,非独阴阳脉论气之逆顺也,百姓人民皆欲顺其志也。"① 这段君臣问答是说不论是治理国家还是治理家庭,不论是治理别人还是自治,都不能逆行而治,只有顺应客观发展规律,才能治理好②。岐黄文化中的这些道理,直到现在都仍然具有普世价值,其影响深远、意义重大。

(四) 岐黄文化在现代道德建设中的意义

岐黄文化中提倡众多美德,如尊重生命、尊重自然,不汲汲于欲望、知足常乐,洁身自好、修养品德等。这些美德与中华民族传统美德一脉相承,在新时代的道德建设中也有着重要的意义。《上古天真论》中讲到:"夫上古圣人之教下也,皆谓之虚邪贼风,避之有时,恬淡虚无,真气从之,精神内守,病安从来。"③ 这是说圣人教导众生,对于虚邪贼风要及时避开,内心要虚静平和,保持良好的心性精神内守,就无处得病。岐黄文化中关于道德建设的君臣问答还有很多,告诫人们要修身养性,莫痴欲望,这样的道德规范在现代社会仍然具有指导价值,有助于培养良好的学风、家风,对

---

① 《灵枢·师传》。
② 安定祥:《岐黄文化养生大论》,全国中医药治未病养生康复学术交流大会暨期刊图书编辑与信息专业委员会 2016 年年会论文,三亚,2016 年 12 月,第 81 页。
③ 《上古天真论》。

建设现代道德体系、创建精神文明社会都有很强的指导意义。

（五）岐黄文化在中华民族传统文化继承中的意义

岐黄文化是中医药文化中绝不可少的组成部分，也是中华民族传统文化中一抹亮丽的色彩。历经了几千年岁月的沉淀，岐黄文化积淀了丰富而深厚的文化内涵，形成了自己别具一格的特色。首先，岐黄文化是中医药学的精华之处和灵魂所在。其次，岐黄文化与其他中国传统文化源自一脉，共成一体。最后，岐黄文化也吸收了许多其他文化的内容，具体体现在哲学、人文与生命科学的有机结合。继承和发扬岐黄文化对弘扬传承中华民族传统文化有着重要的意义和价值。在当今背景下，文化的复兴显得尤其重要，文化是一个国家的灵魂、是一个民族的根本，只有文化复兴才能为实现中华民族伟大复兴提供不竭的动力。因此，继承和发扬传统文化是推动中华民族文化复兴的重要手段，这对传承中华民族传统文化和实现中华民族伟大复兴具有重大的意义。

第七章

华夏先民

——大地湾文化

古老的中华文明源远流长，一脉相承。如若想要探其源头，那就不得不深入一方名为秦安的土地。在这片广袤的土地上曾经遍布华夏先民的足迹。他们劳动、生息、繁衍，创造了古老文明，也为我们留下了这颗历史沧海中的明珠——大地湾文化遗址。它用无声的语言向世人讲述着一段湮没在岁月长河中的过往，也用它丰富的宝藏力证陇右大地是中华远古文明的发祥地之一。

第一节　概述

大地湾文化是以大地湾遗址为中心的史前文化，位于甘肃省天水市秦安县五营乡邵店村，是中国黄河中游最早也是延续时间最长的旧石器和新石器时代文化。因其所展示的远古文明时间跨度大、文化内涵丰富、特征鲜明，在原始建筑、艺术文化、农业起源等方面，均是中华文明源远流长和博大精深的典例，也是中华文明史上灿烂的一笔，故而被称为"大地湾文化"。它是先民们在黄河流域所创造的灿烂文明，是中华文化的起源之一。

大地湾遗址被誉为"黄土高原上的文化奇迹"，其发掘一开始就给人带来了令人瞩目的惊喜。如：发现了中国最早的彩陶，最早的旱作农业标本，最早的宫殿建筑，最早的绘画作品，最早的文字雏形，最早的陶制量具等。这是甘肃省境内挖掘规模最大、发现时间最为久远的史前文化遗址，据碳14测定，遗址距今8000—4800年，比著名的西安半坡、浙江河姆渡遗址都要早近1000年。正如二十多年来一直参与大地湾发掘研究的专家郎树德先生所感叹："大地湾是一座远古文化遗存的巨大宝库，而现在才只是打开了它的大门。"

第二节　时间脉络

根据勘测，大地湾文化遗址地层可以分为五期：即大地湾一期，仰韶文化早期、中期和晚期以及常山下层文化。

第一期即前仰韶时期的老官台文化，有的学者称其为大地湾文化。碳14测定年代距今7800—7300年（经树轮校正，下同）。大地湾一期文化遗存的发现是渭河流域迄今为止发现的年代最早的新石器文化，出土4座圆形半地穴式房址，368件陶、石、骨器[①]。更引人注目的是，在该地层中发现了两种农作物标本——黍种和碳化稷，这不但证实了大地湾是我国原始农业的发源地之一，而且将中国北方旱作农业的起源时间往前推了近一千年。它的发现为研究新石器时代文化的产生和发展提供了一批弥足珍贵的资料，一直被学术界公认为是黄河流域考古研究的重大突破[②]。

第二期即仰韶文化早期，碳14测定年代距今6500—5900年，与关中一带的半坡文化面貌大体相同。这一期遗存发掘范围广阔，遗存内含丰富。出土了房址156座，陶、石、骨器等3271件[③]。该时期石、骨器数量显著增多，并出现了大量彩陶，如圆底鱼纹彩陶

[①] 汪国富、李志钰：《黄土高原史前文明的一朵奇葩——大地湾遗址览胜》，《发展》2012年第4期。

[②] 张力刚：《试论大地湾遗址在中国史前考古上的六大之最》，《丝绸之路》2014年第18期。

[③] 汪国富、李志钰：《黄土高原史前文明的一朵奇葩——大地湾遗址览胜》，《发展》2012年第4期。

盆、人头形器口彩陶瓶等。与一期相比，该期制陶工艺有了长足进步，创造了大量极为宝贵的史前艺术珍品。更值得关注的是，这一时期出现了以广场为中心，房址呈扇形分布，周围壕沟环绕，平面为向心式封闭格局的氏族村落①。不仅比较全面地展现了早期的村落布局，而且第一次展现了村落在不同时期及时间段的变化历程，体现了社会结构的变迁。

第三期即仰韶文化中期，碳14测定年代距今5900—5600年，相当于豫晋陕交界区的庙底沟期。出土了房址19座，陶、石、骨器1688件。这一时期彩陶艺术达到了鼎盛阶段，大胆的尝试塑造出精美独特的造型，稚拙的线条拼接成天地万物的图案，无不体现出华夏先民的精湛技艺和对生活的热爱。这一期发现的考古资料虽然在丰富程度比不上二期与四期，但却是同期泾渭流域考古里面最具有系统性与全面性的。它的发现初步确立了甘肃仰韶文化中期的界定标准，在一定程度上拓展了仰韶文化中期的研究空间，这对于解决仰韶文化早中晚期的演变过程及西北地区各史前文化的关系等重大问题提供了准确可靠的依据②。

第四期即仰韶文化晚期，碳14测定年代距今5500—4900年，文化面貌与关中一带的半坡晚期接近，但有较强的地方色彩。这一时期由于农业的发展、人口的剧增，聚落迅速扩大到整个遗址。山坡中轴线分布着数座大型会堂式建筑，周围为密集的部落或氏族，形成众星捧月的格局，达到了大地湾文化遗址史前聚落的鼎盛阶段。聚落充分显示了先民总体规划的意识以及实施规划的卓越才能③。由于建筑技术的提高，该期房址彻底脱离了延续数千年的半地穴式窠臼，转变为平地起建，实现了居住形式的一大飞

---

① 张力刚：《试论大地湾遗址在中国史前考古上的六大之最》，《丝绸之路》2014年第18期。

② 汪国富、李志钰：《黄土高原史前文明的一朵奇葩——大地湾遗址览胜》，《发展》2012年第4期。

③ 郎树德：《大地湾遗址的发现和初步研究》，《甘肃社会科学》2002年第5期。

跃。另外，还发现了白灰地面上绘制的我国最早的绘画作品——地画。

第五期即常山下层文化，参照镇原常山遗址的碳 14 测定年代数据，距今 4900—4800 年，这是仰韶文化向齐家文化过渡性质的遗存，此期遗存处在遗址的最上层，或许因此而破坏严重。虽然出土文物不多，但这类遗存在渭河流域却是首次被发现，随后又在清水河沿岸和秦安县陆续发现了一批同类遗址。它的发现为探讨渭河流域仰韶文化的发展方向以及齐家文化的渊源提供了重要启示和新鲜资料[1]。

第三节　空间特征

大地湾文化集中分布于甘肃东部地区以及相邻的陕西关中地区，以渭河下游地区最为密集。

表 3-1　　　　　　　　大地湾文化地域空间范围（概）

名称	存留地域	主要历史遗迹	文化特征
天水西山坪遗址	甘肃省天水市以西 15 公里处的太京乡甸子村葛家新庄	大地湾文化窖穴 2 个，陶、石、骨器 60 余件	证明了大地湾文化前后两个发展阶段的存在与早晚序列；进一步揭示了大地湾文化向仰韶文化半坡类型演变的轨迹

---

[1] 汪国富、李志钰：《黄土高原史前文明的一朵奇葩——大地湾遗址览胜》，《发展》2012 年第 4 期。

续表

名称	存留地域	主要历史遗迹	文化特征
天水师赵村遗址	甘肃省天水市秦州区太京乡	大地湾文化第二阶段的圆形窑穴1个，陶、石器24件，有早期彩陶出土，其中的一件人像彩陶罐价值极高	天水师赵村第二期文化属于仰韶文化半坡类型，大致相当于大地湾第二期文化，而第三期则属于仰韶文化庙底沟类型，与大地湾第三期文化相似
秦安王家阴洼遗址	甘肃省秦安县五营公社袁庄大队	出土的器物分为生活用具、生产工具和装饰品三类。陶器以红陶为主。纹饰有指甲纹、戳刺纹、绳纹、凸弦纹等。装饰品有陶环、骨管、蚌壳等	遗址的主要堆积属于仰韶文化。遗存又分为两类：第一类型相当于仰韶文化半坡类型，和大地湾二期文化相似；第二类型接近于仰韶文化的宝鸡北首岭上层遗存
武山西旱坪遗址	甘肃武山县洛门镇西南	出土器物以灰陶为主，有石斧、石刀、石镰等生产工具	说明大地湾文化的分布范围已接近渭河上游，是截至目前考古发现的大地湾文化中最西端的一个遗址
华县老官台遗址	陕西省华县城西南，主要分布在陕西、甘肃省境内的渭河流域	聚落和房屋面积均较小，房屋多为圆形半地穴式，居住面为硬土面。窑穴有圆形、长方形、袋状、不规则形等。墓葬形制多为长方形竖穴土坑。石器分为打制和磨制两种。陶器多为红褐色。纹饰以绳纹最常见	基本特征是经济生活以旱作农业为主，渔猎、采集经济占相当的比重

续表

名称	存留地域	主要历史遗迹	文化特征
宝鸡北首岭遗址	陕西省宝鸡市金陵河西岸	发现房屋遗址50座，窑穴75个，陶窑4座，墓葬451座，出土各类文物6000余件。出土的彩陶钵、鹅蛋形三足罐和双联鼎等陶器色彩独特	北首岭下层类型和大地湾一期类型分布在同一地域，但北首岭下层类型晚于大地湾一期类型

一 气候条件

今天的秦安处于温带大陆性气候和亚热带气候的过渡地带，气候温和，四季分明。渭河上游和西汉水上游≥10℃年积温在2000—3400℃，年降雨量在400—650毫米，最适宜喜温凉干燥的黍、粟和油菜等作物的生长[①]。不仅现在如此，史前时期也是如此。在大地湾一期发现的犀牛骨为亚热带种，可知在距今8000—7000年，该地气候远比如今温暖湿润，因此适宜的气候为黍、粟和十字花科的油菜的生长提供了十分优越的自然条件。另外，暖湿宜林、宜农的气候环境也是先民可以从事狩猎及发展旱作农业不可或缺的重要因素。

二 地形条件

秦安是典型的黄土梁峁沟壑地区，高低错落，域内遍布山丘。与以沟塬地貌为主的陇东黄土高原相比，秦安所处的渭河上游和西汉水上游地形地貌复杂多样。这里既有土石中山，又有黄土丘陵；不仅有串珠状的河谷盆地，还有阶梯状的黄土台地。尤其是有河谷阶地这样的独特地形，为原始农业的的发展提供了便利条件。黄土台地地势高、排水良好、结构稳定、不易受洪水威胁，有利于营建

[①] 苏海洋：《论大地湾一期文化与中国农业起源的关系》，《西北农林科技大学学报》2009年第6期。

房屋，并适合长期居住；同时，又因河谷阶地背倚大山，面临河水、沟溪，不但有取水的便利，而且宜于采集、狩猎和捕鱼[①]。很显然，这对于先民来说是一处宜居宜农的理想之地。

三　土壤条件

高阶地有着深厚的黄土覆盖（占葫芦河流域总面积的70%以上），在《尚书·禹贡》中曾提到："厥土惟黄壤，厥田惟上上。"以现代科学的眼光来看，黄土也是一种优质的农业土壤，它不仅具备土壤腐殖层、淋溶层、淀积层的分层特征，还具有其他优点：如土体疏松多孔、分布均匀、土层深厚。不要小看这些特点，它们对于原始农业的萌芽和发展至关重要[②]。首先，因为这里的土质疏松多孔，所以在制作工具困难的原始农业时代，仅仅用简易的工具（如石斧、石铲）就能清除草莽、松土播种。其次，正因为土层分布均匀，所以才会大大增加播种成功的概率。土层深厚这一点就更不用说了，如果黄土只有薄薄一层，那么很快就会触到基岩层或是肥力消耗殆尽，那么人们就无法长时间定居在同一片土地上，更不用说发展农业文化了。

另外，除了黄土层，还分布有质地疏松、土层深厚、保水性高、土质干燥的黑垆土。低阶地则广泛分布有土层深厚、质地疏松、土质肥沃的草甸褐土和淤灌土[③]。

所以本区河谷阶地是最宜从事旱作农业的地方，也因此成为了西北黄土高原旱作农业的摇篮。

四　植物区系条件

渭河上游和西汉水上游处于东亚、中亚和喜马拉雅物种的交汇

[①] 苏海洋：《论大地湾一期文化与中国农业起源的关系》，《西北农林科技大学学报》（社会科学版）2009年第6期。

[②] 《中国国家地理》甘肃专辑（下），2016年2月，第39页。

[③] 苏海洋：《甘青宁新地区石器时代遗存的地理分布及其自然背景》，《天水行政学院学报》2008年第2期。

中心，在全新世大暖期，这里还是北亚热带物种的分布边缘。这里是一个动植物基因库，有孕育家庭畜养业和旱作农业的条件，是探索农业起源中值得关注的地方之一[①]。

五　社会条件

清水河谷作为陇右的交通枢纽，具有十字路口的重要作用。正因如此，本区从史前无陶时代就能吸收南部森林区与北部草原区古人类的生产经验和生活特点，从而逐渐发展到定居有陶时代的河谷农业文化。值得注意的是，清水河谷东部虽有略近南北走向的陇山（北段主峰六盘山），将陇中黄土高原分成陇东和陇西（陇右）。但在汭河和庄浪河间、汧河和张家川间以及清水河与牛头河间有低矮的分水岭，海拔都不到 2000 米，对于东西交通的阻隔作用不大。自旧石器时代起，就有从事游牧和狩猎的古人类，从陇东的泾河上游谷地越过这些山口向西达清水河谷地。在森林稀少，幽静安全而近水源的清水河阶地上逐渐定居下来，从事佃、渔、畜牧生活，为发展早期旱作河谷农业奠定了初步基础[②]。

第四节　文化内涵

一　农业文化

大地湾作为新石器时期的象征，其主要代表是农业文化。在大地湾一期地层中出土的两种农作物标本黍种（俗称糜子）和碳化稷，最早引起了人们的关注。

因为此前考古发现北方标志性农作物是距今约七千年的粟，但是大地湾的发现将北方旱作农业的产生时间提早了约一千年，不仅如此，还表明了北方最早种植的粮食是黍和稷，其次才是粟。除此

[①] 苏海洋：《论大地湾一期文化与中国农业起源的关系》，《西北农林科技大学学报》（社会科学版）2009 年第 6 期。

[②] 冯绳武：《从大地湾的遗存试论我国农业的源流》，《地理学报》1985 年第 3 期。

之外，还发现有石器、骨器、角器等农业生产工具，石器多为打制和磨制，这说明此时农业已有一定的技术基础。凭借大地湾文化遗址中出土的古老的黍种和生产工具，使得今天的人们得以推演七千八百年前先民们为生活做出的努力。那时候，地球气候开始变化，一直以狩猎和采摘果实为主要食物来源的部落面临食物供应短缺的大问题。也许是一次偶然的播种，也许是一次主动的尝试，大地湾的先民们种下了一粒黍种。随着黍种的生根发芽，中国旱作农业的萌芽在这片大地上长开了。从此，大地湾一带的部落得以繁衍生息，这些先民们依靠劳动的技术把握住了自身的命运，也成为这一时期黄河中上游先进生产力的代表。

从大地湾遗址出土的考古资料分析，大地湾发达的农业不仅表现在耕作上，还表现在家畜的饲养上。在大地湾的前仰韶文化阶段，种植黍的同时，猪和狗的饲养也已经开始。在墓葬和地层中出土了不少猪狗的幼年个体骨骼，有的灰坑中堆放的猪骨个体达几十头之多[1]，可见其畜牧业的发展程度。同时，也反映出农业生产的发达与粮食作物的储备之多，否则是难以饲养家畜的。人类最早饲养的主要家畜之一就是猪，它是农业文明的标志。

二 建筑文化

一个时代的建筑可以说是一个时代的文明载体，烙印着不同的文明与进步印迹，从不同的建筑上可以看到不同时代的精彩故事。而中国的建筑可以说是一篇从古至今的长篇故事，久到要从史前时期大地湾说起。

在大地湾仰韶晚期文化遗存中，出土了F400、F405、F901三座大型房基遗址，其中F901是保存最为完好的一座，被专家们形象地称作"原始人民大会堂"。这是目前我国史前时期建造面积最大、工艺水平最高的房屋建筑。这座复合式建筑由前厅、后室、左

---

[1] 汪国富：《大地湾遗址的文化内涵与开发前景》，《西北史地》1996年第2期。

右"侧室"以及门前棚廊式建筑组成，布局规律、中轴对称、前后呼应、主次分明。整座建筑高度在 6 至 7 米，大约为今天的二层楼房。其前厅面积约为 131 平方米，后室面积约为 54 平方米，再加左右各宽 4 米的侧室和门前宽 7 米的棚廊式建筑，总建筑面积约 420 平方米。厅室内设有 16 根半凸的附墙柱和室中的 2 根直径为 0.87 米的大撑顶力柱，正门内有一残塌高出地面的灶台，底径 2.6 米，正门两侧相距约 3 米处，各开一高于地基的门，可能起通行兼采光的作用。四周的墙中间用 142 根小柱子加固围墙，在东西侧墙偏后各开一高于地基的通向两侧室的门，内连侧室。前部门棚为较大的棚廊式建筑，长度与主室相近，宽达 7 米，共有三排大力柱支撑，特别是最外一排大力柱下，均采用较大的青石块作为柱基石[1]。同时，在主室所有木柱子周围都有采用防火措施的痕迹，这是中国最原始的消防实例。

更为神奇的是，F901 和 F405 两座房屋居住面的建造都使用了与现代水泥极为相似的建筑材料。F901 地面颜色呈青黑色，表面坚硬平整有色泽，外观极似现代的水泥，用铁器敲击，可以发出与现代混凝土地面相同的清脆响声，而且其做工考究，使表层基本处于同一水平线上。F405 地面颜色呈青灰，从侧面剖开看，下面是砂子、石粒混合层基础，上面是厚约十五公分的以人造黏土陶粒为集料、料礓石烧制的水泥为胶结材料的混凝土，最上面是一层厚约两公分的加浆饰面[2]。这些精湛的建筑技艺反映了当时的建筑水平已达到了惊人的程度，充分说明原始社会已经产生了建筑艺术。

三　彩陶文化

《周书》记载："神农耕而作陶。"传说炎帝神农氏时代，人们因农业生产发展的需要而制作了陶器。炎帝的故事虽还没得到确切

---

[1] 汪国富：《大地湾遗址的文化内涵与开发前景》，《西北史地》1996 年第 2 期。
[2] 文秋：《新石器考古的空前发现——大地湾遗址》，《兰州学刊》1986 年第 4 期。

考证，但陶器却正是于新石器时代为了改善生活而发明的器具。如果说火的使用，让人类开始了食用熟食的生活，那么陶器的诞生就是改革了食物的烹饪方式和储存方式。先民们用它来汲水、烹饪、储藏等，极大地改善了人们的生产和生活方式。

彩陶是新石器时代文化的主要内容之一，大地湾一期的彩陶将中国彩陶文化产生的时间上溯到距今八千年至七千年间，是中国最古老的彩陶之一。大地湾遗址已出土陶器四千余件（陶片不计），其中有彩陶五六十件。几千件陶器中，从质量方面看，有夹砂陶、泥质陶；从颜色方面看，有红陶、灰陶、彩陶；从制作方法方面看，有手工捏制的、模具敷泥法制作的、转轮制作的；从体积方面看，有大、中、小；从形状方面看，有圆底盆、尖底瓶、三足钵、三足罐、圆底碗、四足鼎、平底釜、条形盘等；从陶器外观纹饰来看，有绳纹、线纹、附加堆纹、凹凸弦纹、刻纹、齿状压纹等[1]。值得一提的是，这些彩陶上的绘画图案多样、纹路清晰、独具特色。早期的纹饰以绘有变体鱼纹和斜三角纹、平行线纹的图案为主，中期的纹饰是以半圆纹、变体鱼和鸟相结合的花纹为主；晚期的纹饰以变体蛙纹、二方连续旋纹为主。彩陶的颜色主要有红色、黑色、紫色、白色等，这些元素构成了大地湾彩陶文化独有的特色。

在陶器中，还有几件全国少有的彩陶器，现为甘肃省博物馆一级藏品：其一是圆底鱼纹彩陶盆，制作正规、图案精美、线条流畅；其二是人头形器口彩陶瓶，造型独特，口做圆雕人头像，披发、前额短、发整齐下垂，五官清秀，鼻、眼均雕成空洞，口微张，两耳各穿有一小孔，头顶圆孔做器口，腹以上施浅淡红色陶衣。造型以人头像和抽象的线条相结合，颇具特色；其三是彩陶壶，此壶长颈、鼓腹，盖为圆钮覆碗状，呈盘形，故称盘口长颈彩陶壶，壶高18.6厘米，表面饰黑色微斜向直线图案，线条简朴大

---

[1] 文秋：《新石器考古的空前发现——大地湾遗址》，《兰州学刊》1986年第4期。

方，不事雕凿，此壶贵在器形特殊，亦为一件珍贵的彩陶。

先民们用一件件陶器给我们留下了一封封来自远古的信件，记录了他们的岁月，向我们低诉着远古的生活以及人们对生活的热爱，对美好的向往，对未知的探索。而这些陶器无论是在造型上还是在装饰上，都体现了大地湾先民们高度的创造力和无穷的智慧，这为之后陶器的发展奠定了一定基础。

四 绘画

在大地湾遗址编号为 F411 房屋遗址的居住面上发现了一幅地画。地画东西长约 1.2 米，南北宽约 1.1 米，是用炭黑作颜料绘制而成的。地画中画有人和动物图案。画面正中绘一身躯宽阔、姿态端庄、好似男子的形象。他两腿交叉直立，仿佛行走的状态，左臂向上弯曲到头部，右臂下垂内曲，手中好像握着棍棒一样的器物；左侧的人物，头近圆形，身躯狭长略微弯曲，细腰，胸部突出，明显地表现为女性。其两腿也是相交直立，仿佛在行走，右臂弯曲上举至头部，左臂下垂，手中也似握器物之状。地画下部略向左上方，绘一斜形黑线长方框，框内画着两个头向左的动物，左边的一个头接近圆形，头上方有一只向后弯曲的触角，身躯呈椭圆形，头上有三条触角形弧线呈扇形分散，长条形身躯上有弧线斑纹，身躯的上侧有向不同方向弯曲的四条腿，身躯的下侧有四条向前弯曲的腿。在人物图案的左下方，还绘有一反"丁"字形的图案。据考古测定，这幅地画距今约 5000 年，是迄今所知我国最早而且保存完整的绘画作品[1]。

目前，对于地画的含义，有多种说法：有的认为地画所表现的是供奉牺牲以祭祀祖神的祖先崇拜活动，有的认为是驱鬼的巫术仪式，还有的认为是原始狩猎图。但这些说法都共同反映了人们当时的生活习俗及宗教信仰。这表明当时的人们在长期的生活和社会实

---

[1] 张忠尚、王建祥：《大地湾遗址与中国古代文化》，《甘肃社会科学》1993 年第 1 期。

践中，已积累了非常丰富的素材，具备了一定水平的绘画技艺①。这对于研究中国绘画起源和原始社会的绘画技艺有着重要的学术价值。

五 文字

除了精美的陶器、古朴的地画，更重要的是在大地湾一期彩陶钵口沿内和部分彩陶片的内壁中发现了十余种红彩符号，在大地湾二期仰韶文化半坡类型圆底彩陶钵口沿外的黑色宽带纹上发现了十几种刻画符号。目前发现有十余种，由直线和曲线构成，形状有竖道、箭头形、近X形、水波状和植物状等纹样。这批介于图画和文字之间的符号，早于甲骨文，早于陕西半坡和山东大汶口陶器象形文字1000多年。它们颇像仰韶文化半坡类型中的刻画符号，这说明半坡类型的刻画符号不是突然产生的，似乎存在一定的继承发展关系②。

关于大地湾彩陶器的刻画符号，有专家认为，从纵向来看，由彩绘符号到刻画符号，是依据由少到多、由简到繁的规律发展的；从横向来看，当时散居的氏族曾经使用一些共同的记事符号，而我国的文字就是由记事符号发展而来的③，这不禁让我们想要深究其内涵。郭沫若先生在世时，虽然陶器、骨器上的刻画符号已有出土，但大地湾文化还尚未被发现，郭沫若认为其"意义至今虽尚未阐明，但无疑是具有文字性质的符号……可以肯定的说就是中国文字的起源，或者中国原始文字的孑遗"。

我们知道，汉字是中华文化的载体，它不仅承载了我们几千年的灿烂历史文明，而且也是人们进行沟通和信息交流的重要手段。它打破了语言空间与时间的限制，做到了"传于异地，留于异时"，

---

① 汪国富：《大地湾遗址的文化内涵与开发前景》，《西北史地》1996年第2期。
② 汪国富：《大地湾遗址的文化内涵与开发前景》，《西北史地》1996年第2期。
③ 甘肃省文物考古研究所：《秦安大地湾——新石器时代遗址发掘报告》，文物出版社2006年版。

用一个个字符为我们重新勾勒出时间那头的画面。而大地湾陶器刻画符号的发现，为研究中国古代文字的形成和发展提供了新的材料。

六　度量衡器

在 F901 遗址出土了一组我国最早的陶制器具，还有几件骨匕形器上的等距刻度，都是最早度量衡的实物佐证，将我国度量衡实物史提前了近 4000 年。这套古量器，主要有条形盘、铲形杪、簸箕形器、四把深腹罐。其中条形盘的容积约为 264.3 毫升；铲形杪的容积约为 2650.7 毫升；簸箕形器的容积约为 5288.4 毫升；四把深腹罐的容积约为 26082.1 毫升。可以看出，簸箕形器约为铲形杪的 2 倍，铲形杪约为条形盘的 10 倍，四把深腹罐约为铲形杪的 10 倍。为了与古量名称贴切，研究人员在其相应容量的名称上冠以升、斗、斛之称谓，即"条升、杪斗、四把斛"。这套古陶量器的发现，为研究我国古代分配制度和度量衡史等，提供了非常珍贵的实物资料①。

七　社会文化

在对大地湾考古资料的整理中，我们可以从多处发现大地湾先民已进入了父系社会。

其一，考古工作者发掘出两百多处房屋遗址，他们按照这些房屋遗址的形制复制了大地湾先民们的居所。这些房屋虽然低矮粗陋，却表明这里的先民们逐步拥有了家与财产的概念，他们曾经在这里演绎着最早的家的故事。在大地湾遗址的一处墓穴里埋葬着一个成年男人的遗骸，经考古学家鉴定死者享年 50 多岁，遗体周围散落着一些陶罐和器皿，表明那个年代因为农业的普及，部落得以摆脱饥饿，人们的生活资料已经有了剩余。于是，部落先民们开始

---

①　汪国富、李志钰：《大地湾文化遗址的价值》，《发展》2012 年第 3 期。

脱离群居，修建了以家庭为单位的私密空间。这一时期，婚姻关系开始固定下来，父系权力开始取代母系，以男性为核心的家庭得以产生。其二，在一只陶瓶残存的上半部，瓶颈处转圈雕塑着三个人头像，一个是有大胡子的男人，一个为披着长发的妇女，另一个为一小孩。可以说，这也是原始社会家庭组合体形式的一种反映。其三，地画的内容也反映出当时社会一种组合和性质。地画中具有男性特征的人物形象居中，处以主导地位，再一次说明大地湾仰韶文化晚期的社会已由母系氏族进入到了父系氏族阶段。由此可推测，大地湾社会组织的转变为部落—氏族—家族—家庭。

八　精神文化

埋葬制度是人类社会文明发展到一定时期的产物。大地湾一期文化的居民死后是按当时的葬俗进行埋葬，并有一定的埋葬制度。它反映了当时人们的社会伦理意识、宗教信仰等方面的内容。

大地湾发掘的七十多座墓葬，基本上全为长方形竖穴土坑墓。墓坑一般都伴有随葬品，且多置于死者左侧的方形随葬坑中，随葬器物组合多为葫芦瓶、圆底钵、夹砂罐等。墓向有东西向和南北向，头向以西向为主，由此可推测他们是根据西方为日落方向，认为西方是人们魂魄归宿之所，以为人死后都要去那里继续生活。儿童埋葬多使用大型陶器做葬具，即瓮棺葬。做瓮棺盖的陶器多为钵底上穿有小孔的陶钵，以为灵魂可以从此出入。这反映了当时真实存在的灵魂崇拜。

另一方面，当时居民虽然生产力水平不高，生活条件也十分恶劣，但仍有较丰富的精神文化生活，有追求美丽的需要，他们制作简易而素雅的装饰品来装饰打扮自己。在遗址中发现有骨珠、陶环和石饰等。骨珠形似算盘珠，通体磨光，横剖面呈半圆形。陶环质地为泥质灰黑陶，横剖面呈三角形。这些装饰品均可系绳穿挂，连成串链，可挂在胸前或脖子上，或佩戴于腰间，或戴于手腕上[①]。这些装饰品极大地丰富了先民们的精神世界，展示了先民们对美的追求与探索。

第五节 地位及意义

人与生俱来就有一种对未知的好奇，我们从哪里来？我们到哪里去？远古的人们怎样种出第一粒粮食？他们怎样看待生死？他们怎样探索自然？生命的秘密又是什么？

而岁月的沉积，似乎让我们发现了一些过往的蛛丝马迹。

大地湾文化在中国考古史乃至世界考古史上都有着重要的地位。大地湾的作物种子、建筑、陶器和绘画等遗迹和遗物，都是目前所知的全国之最，可以说它们在当时的历史条件下也属于领先的地位，直接影响周围地区，并向全国辐射。正因为有了这些才能使后世的文化得以发展进步，使中国开始走入文明时代。而大地湾遗址作为史前聚落遗址，时代最早、历时最长、文化内容齐全，揭示了黄土高原史前聚落发展的特征和过程，反映了原始社会的基本情况，是我国聚落考古中极为难得的实例。它对研究仰韶文化和早于仰韶文化的类型，特别是对研究仰韶文化的源流和马家窑文化的关系，即文化起源上的一元和多元的问题[②]，都具有独特的研究价值。

很长时间以来，黄河流域辉煌灿烂的仰韶文化被看做是中华文明唯一的摇篮，并且认为是仰韶文化翻开了中国原始社会研究的第一页。但随后，比仰韶文化更早的一些史前遗址的发现，使人们意识到，中国的史前文化有着更久远的历史，这其中就包括甘肃秦安的大地湾文化。大地湾文化的出现对我国原始文明的推动和发展具有独特的意义。可以说，在很长一段时期内，大地湾都是我国远古

---

① 谢端琚：《甘青地区史前考古》，文物出版社 2002 年版。
② 张忠尚、王建祥：《大地湾遗址与中国古代文化》，《甘肃社会科学》1993 年第 1 期。

文化的中心之一，对其周围区域产生着深远持久的影响。从旧石器时代开始，渭河流域就有远古人类生息繁衍，这一时期人们的生活方式是以渔猎和采集为主。后来由于气候环境的变化，人们不断迁移、不断探索新的方式来获取不同食物用于填饱肚子。也正是在此时，原始农业开始萌芽，相应地，依赖于农业的家畜饲养业也正式开始发展。大地湾文化就是在此时拉开了历史的帷幕，先民们也开始演绎着一幕幕笼罩在炊烟与火光中的生活图景。

农业起源一直是一个颇为重要却又充满争议的课题。近年来，我国对稻作农业起源的研究取得了一系列令人瞩目的成果，但北方旱作农业的起源研究发展较为缓慢[1]。可喜的是，在大地湾发现了黍种和碳化稷，可谓是"柳暗花明又一村"。这为研究中国农业的起源与发展提供了翔实的资料，也进一步证明，大地湾是中国农业文化的起源地之一。正因为这已成型的农业，人们有了充足的食物，才使他们得以定居，使他们开始探索更好的生活。因此，陶器的样子开始多变，陶器上的纹饰更为精美复杂，房屋也从地穴式变为平地而起，甚至出现了F901这样的宫殿式建筑。不得不说，每件新事物的生成都有它的必要条件，因为先民有生活需求所以需要发展农业、制作陶器和修建房屋。反过来，又因为有了不愿舍弃的田地、易碎的陶器和不能搬运的房屋，才让人们想安定下来。也许历史就是在这样环环相扣的因果条件中向前行进着，让我们沿着它的线索一点一点解开谜团，探知过去，寻找华夏文明的起源。

另外，因为大地湾文化与史料记载的伏羲部族，在活动时间、范围上有很大的接近，所以，学术界也经常把伏羲文化与大地湾文化这两者结合起来研究。伏羲文化与大地湾文化在时间与空间上都是重叠的，它们可能是相互影响的，可能是同一个远古文化的两种不同的表象与形态[2]。可以说，它们的出现为研究中华文明的起源

---

[1] 郎树德：《大地湾遗址的发现和初步研究》，《甘肃社会科学》2002年第5期。
[2] 甘肃省哲学社会科学规划办公室：《甘肃文化是华夏文明八千年最好的例证》，《甘肃日报》2014年11月10日第11版。

提供了一种新的思路。

第六节　现代阐释

一　文化旅游开发

大地湾遗址不但拥有多项"中国之最"，而且还被学术界评定为 20 世纪中国百项考古大发现之一。为了更好地保护大地湾文化遗产，也为了让更多人了解大地湾文化，如今大地湾遗址已重新规划，建成了博物馆、遗址复原馆和宫殿遗址馆三个部分，可以让大家近距离触摸历史，知晓祖先故事。

大地湾博物馆于 2011 年 12 月 31 日正式开馆，该馆以"文明序曲大地湾遗址考古成果展"为主题，分为发掘保护、岁月痕迹、陶风彩韵、光华永续（天地伴眠）四个单元。该馆充分利用现代化的展示手段，比较细致全面地诠释了古老的大地湾文化精髓，重现了大地湾先民的生产生活情况，将科学性、艺术性、知识性、趣味性有机结合，使观者从中获得启示和丰富的远古文化知识。

大地湾遗址不但具有非凡的学术价值，还具有独特的旅游价值，其保护利用工作一直是"一带一路"文化建设的重要支点之一，也是甘肃省华夏文明传承创新区建设的重要内容。同时，我们也希望以大地湾为窗口加快打造秦安大地湾文化品牌，并联合伏羲庙、麦积山石窟、胡氏民居等周边特色旅游资源，来进一步宣传甘肃文化旅游，以此吸引八方来客。

二　精神文明建设

1988 年 1 月，国务院公布大地湾遗址为全国重点文物保护单位。1994 年 12 月，中共甘肃省委将大地湾遗址确定为甘肃省爱国主义教育基地。大地湾遗址是华夏民族智慧与勤劳的结晶，每一件遗物或是每一处遗迹，都体现出大地湾先民的聪明才智和与大自然顽强拼搏的奋斗精神，我们要通过了解大地湾先民创造的灿烂远古文化，振奋民族精神，增强民族凝聚力，树立民族自豪感，把全省人民的爱国热情引导和凝聚到建设中国特色社会主义伟大事业上来，努力把甘肃省建设成文化强省。

陇山依旧磅礴，陇水依旧潺潺，大地湾也依旧在这里。只是经过千年时光的冲刷，我们再也看不到那远古的火种，也听不到先民们的嬉笑怒骂，只能从残存的遗迹中推测出他们的故事。但毋庸置疑的是，曾经辉煌的大地湾文化永远不会被掩盖，它就是一本史前时期的历史教科书和地下博物馆，以不容争辩的事实阐明甘肃省为中华文明的孕育、肇启做出了不朽的贡献。

千年的文明延续着华夏民族的精神血脉，告诉我们从何而来；千年的文明创造的每一件文物都是文化，时代的印记告诉我们将走向何处。我们的华夏文明就如那陶器一般，取之于泥土，却淬火而生，而那火光永远不灭，指引着我们在未知领域努力探索，在已知领域重新发现，生生不息。

第八章

农耕初兴
——周祖农耕文化

第一节 周祖文化概述

周朝时中原族体统称"华夏族",秦朝实现统一后开始渐渐实现"车同轨、书同文、行同伦",华夏族成为了稳定族体;汉代以后"汉族"称谓开始实行,自此以后便由其代替。周王朝立国八百余年,大封王族血统诸侯,被秦朝所灭以后,产生了诸多姓氏,周王室血缘族裔成为华夏族主体,称之为"大周",因此,大周泛指与周王室有血缘关系的姓氏族体[1]。

周祖[2],指周代立国之前居住在豳(古地名,在今中国陕西省彬县,旬邑县西南一带)的十余世农业始祖。今天的甘肃庆阳就是当初的"北豳",因为地处古"豳城"的北面,所以被称为北豳。因此北豳是中华农耕的故土,是中国农耕文明的发祥地之一。

周民族是一个以劳作种植庄稼为主的古老民族。《史记·周本纪》云:"不窋末年,夏后氏政衰,去稷不务,不窋以失其官而奔戎狄之间。不窋卒,子鞠立。鞠卒,子公刘立。公刘虽在戎狄之间,复修后稷之业,务耕种,行地宜,自漆、沮度渭,取材用。行

---

[1] 马大正:《中华民族从多元到一体》,《中南民族学院学报》(人文社会科学版)2000年第2期。

[2] 周祖,是指周代立国之前居住在豳地的十余代农业始祖。

者有资,居者有畜积,民赖其庆。百姓怀之,多徙而保归焉。周道之兴自此始,故诗人歌乐思其德。公刘卒,子庆节立,国于豳。"①朱凤瀚先生认为"周人的世系与历史事迹自不窋时起,即独以姬姓族为主"。《国语·周语》曰:"我先王不窋用失其官,而自窜于戎狄之间。"②《括地志》云:"宁、原、庆三州,秦北地郡,战国及春秋时,为义渠戎国之地,周先祖公刘、不窋居之,古西戎也。"③齐思和先生认为:"不窋则殆系真人,其名字怪异,显非华族。周人亦承认其居于戎狄之间,则其原为夷狄可知。"④ 宁、原、庆三州,也就是今天的甘肃庆阳、平凉以及宁夏固原、陕西北部和咸阳等地。可见,这里的"戎狄之间"就是今陇东庆阳一带。庆阳是古代戎狄民族居住的地方,而庆州弘化县现在为甘肃庆城县。

不窋居住在庆阳,他开垦荒地,种植作物,教当地人民如何种植和收割农作物,而且还在庆城东南三里的地方修建了"不窋城"。于是周族部落在今陇东一带,开始了数百年"陶复陶穴以为居,于貉为裘以御寒"⑤的定居生活。不窋死后被葬于庆城东面三里处的山巅上,后世书有"周祖不窋氏陵殿"。《大清一统志》云:"宋不窋墓在府城东三里。"⑥ 明朝人李梦阳也曾写过"庆阳亦是先王地,城对东山不窋坟"的诗句。⑦

从不窋"奔戎狄"到"公刘处豳"、庆节"国于豳",大多数周人都生活在古豳的土地上,他们成为庆阳地区最早的粗耕农民。在这过去的十余世数百年间,周祖及其人民的足迹遍及陇东各地,一些风俗和传说也因此被记录和传承下来。乾隆《庆阳府志》引旧志云,"不窋,后稷之后,值夏德衰乱,窜居北豳,即今之庆阳也。

---

① 《史记·周本纪》。
② 《国语·周语》。
③ 《括地志》。
④ 齐思和:《西周地理考》,《燕京学报》,1936年,第30期第76页。
⑤ 《甘肃通志》。
⑥ 《大清一统志》。
⑦ 郝润华、吴娱著:《华夏文明之源·河陇人物:李梦阳》,甘肃教育出版社2014年版。

子鞠陶,孙公刘,俱历世为兹人"。① 今天镇原县境内所说的"教民稼穑墩",相传是当初不窋教当地民众种植收割农作物、筑墙的地方;庆阳的"狼乳沟",是群狼哺育周先祖的地方;华池县的"天子坳",被认为是公刘狩猎的地方。还有安化县(今庆阳县)南的"不窋庙",城南二十里的"周祖花园",因周祖养鹅而得名的"鹅池洞",安化西南八十里的"公刘庙",县城北关的"周行宫",周老王筑城的"手拍墙",庆城龙泉坡上的"天子冢",宁县的"公刘邑",以及兴盛千年仍具规模的"老公庙会",周穆王庆阳祭祖的"憩栖台","周老王坐庆阳龙脉斩断"的古老传说等都说明北豳庆阳是先周数王的生息之地,至少也曾培育过不窋、鞠、公刘等三代的农耕祖先。

关于"周祖居庆阳"的历史在地方史志中也有相当丰富的记录。明清的《庆阳府志》② 都有"庆郡启自古豳",庆阳为"姬姓经理之邦"、周祖"无国窜戎原""陶复尚遗风""黄土千年尚属周"的记载。此外,从文物发掘看,《甘肃古文化遗存》云:"在甘肃东部的渭河、泾水、西汉水等流域发现周文化遗址57处,说明周祖活动在甘肃境内仅限于东部地区。"③《庆阳地区文物概况》一文指出,在甘肃东部庆阳地区地下发掘出多达67处的周文化遗址,其文化层也十分丰富。特别是西峰巴家咀、合水师家庄出土的乳状三足夹砂绳纹陶鬲、灰陶方折肩罐等典型先周器物,都证明先周之民曾长期生息繁衍于北豳庆阳。虽然这个时代的学者仍然质疑周祖"奔"庆阳的路径、生息的时间及周氏系等,但周祖居庆阳已经成为一个无可争议的历史事实。

---

① 《庆阳府志》。
② (明)傅学礼、(清)杨藻凤:《庆阳府志》,甘肃人民出版社2001年版。
③ 《甘肃古文化遗存》。

第二节　区域地理人文环境概况

庆阳市东边和陕西省延安市相连接，南边与咸阳市和甘肃平凉市相连接，北边与榆林市及宁夏盐池县相邻，西与宁夏固原市接壤。庆阳市属黄河中游内陆地区，介于东经106°20′至108°45′与北纬35°15′至37°10′之间。由于地势呈现东、西、北三面隆起，中部和南部相对低缓，因此又被称为"盆地"。

D. O. Henry 认为农业起源的条件可划分为两部分，分别为必要条件和充分条件，必要条件包括采集植物、细化加工、存储等方法的发展演变在潜在物种间可能出现遗传与生理学上的变化等，充分条件主要是各地区不同的生态环境系统[①]。很多事物之间的联系是非常复杂的，如采集者与不同地区的生态环境之间，很多地区农业出现的时间是有差异的，可能是因资源的短缺、人口的增加、低风险的危机以及人类与植物的协同演变发展等因素造成的，因此，只有满足了两个条件后，各地才可能出现农业。

一　特有的黄土高原土质

"尽管气候干旱，黄土高原地区仍是中国新石器文化的摇篮。"[②] 土壤研究结果表明，近100万年以来不断堆积的结构疏松的黄土，不仅"便于原始方式的开垦及作物的浅种直播"，而且"具有垂直的纹理，有利于毛细现象的形成"，从而"可以把下层的肥力和水分带到地面，形成黄土特有的土壤自肥现象"[③]。美国地质学家 Raphaelpumpelly 指出，中国的黄土"它的肥力似乎是用之不竭

---

① Henry, D. O., "Considering a Universal Cause for Agriculture". From Foraging to Agriculture. The Levant at the End of the Ice Age. Philsdeophy: Univ. of Pennsylvam Press, 1989, pp. 228 – 230.
② 何炳棣、马中：《中国农业的本土起源》，《农业考古》1984年第1期。
③ 唐燮军、潘朝辉：《中国农业的本土起源及其三大模块》，《贵州文史丛刊》2003年第1期。

的"。正如 Ferdinand von Richthofen 所说，这种属性部分归因于黄土的厚度和结构，部分是由于雨后盐分通过毛细管吸附腐烂的草茎留下的管道输送到地面区域，部分原因是风不断地从内地带来新鲜的土壤。几千年来，在中国辽阔的土地上，虽然实际上并没有多施肥料，但收获却一直不断提高，这个事实说明了土壤的自肥能力。①

庆阳地形复杂多样，属黄河中游黄土高原沟壑区，从地理环境来看，周祖居豳时陇东庆阳的森林和草原极为茂盛，植被非常好，气候比现在温暖湿润，被开垦的黄土地较少，水土流失也不严重，科学家从土壤的角度分析，当时黄土土壤是未经风化或者只有微弱的风化，黄土颗粒内的矿物质尚未溶解流失，保有较高的肥力，有利于农业生产。然而从雨水和气候的分析来看，处于第四纪黄土堆积期的气候是干燥性的，从公元前 5500 年到前 2000 年正处于全新的黄土堆积期内，气候干燥。② 而降雨通常比较集中，有时是旱期，有时是涝期，当时又缺乏灌溉知识，因而在关中、晋西南、陇东等地都种植粟这种抗旱能力强的作物作为主要生产作物。

二 适宜的气候和良好的灌溉条件

在不同的历史时期庆阳的气候变化经历了寒冷、温暖、干燥和潮湿的多种变化。庆阳在全新世中期（距今 8000—3000 年）气候温暖，并进入新石器时代，特别是距今 7000—5000 年的仰韶文化时期最为温暖，年平均气温接近 2 摄氏度，降水也较今多 100—200 毫米，气候为亚热带暖热潮湿气候；距今 5000—4000 年的龙山文化时期，庆阳气候逐渐变得干冷，环县余家沟的黄土剖面可以证明；距今 4000—3000 年的夏商时期，庆阳比龙山文化时期更冷，但它仍然比今天更加温和湿润。③

水利是农业的生命线，良好的水利灌溉是农耕社会存在的基

---

① 何炳棣：《中国农业的本土起源（续）》，马中译，《农业考古》1985 年第 1 期。
② 刘东生：《中国的黄土堆积》，科学出版社 1965 年版，第 103 页。
③ 王元林：《泾洛流域自然环境变迁研究》，中华书局 2005 年版，第 26、190 页。

础。诚如钱穆先生所言："只有中国文化，开始便在一个复杂而广大的地面上展开。有复杂的大型水利系统，到处都有灌溉区域可以为农业种植提供保障，各个区域之间都是相互隔离且独立存在的，生活在这个独立区域内的居民，一方面能够得到理想的种植区域，另一方面四周的天然屏障能够达到他们的安全需求。这样丰富的资源以及合适的自然环境极适合古代社会文化之酝酿与成长。"① 例如马莲河、蒲河、洪河、四郎河及29条较大支流和上百条较小支流等。其中马莲河全长375公里，流域面积1.9万平方公里，其中庆阳境内流域面积1.7万平方公里，占泾河流域面积的89%；蒲河为庆阳境内第二大河流，全长175公里，其中庆阳境内132公里，年径流量2.34亿立方米等②。据记载，历史上庆阳有宁县的龙池、正宁的冉峪湫、环县的南湫等较多湫池，后来因为地形变动，湫池被破坏，如今这些湫池早已不复存在。现区内有镇原县的太阳、翟池、白马三大湫池。

三 地理环境的边缘性

庆阳有各种各样的地形，有山地、川地、平原、森林、河谷等交错分布，这种有多种生态系统分布的地方，具有一种"边缘效应"。③ 由于"边缘地区温度，湿度和土壤性质的明显过渡特征导致了具有复杂的动物类型和丰富的过渡植被的出现，因此是各种食草动物的集中分布区域"。它决定了该地区物种丰富、食物丰富，可为人类生存提供基本的粮食安全，是农耕文化起源和发展的最佳地理环境。在庆阳发现的大量新石器时代遗址证明，远在7000—5000年前居住在这里的人们就在捕鱼、狩猎、驯养畜禽的同时发展原始农业。他们以磨制的石斧砍倒丛林荆棘，用石铲垦荒下种，用

---

① 钱穆：《中国文化史导论（修订本）》，商务印书馆1994年版，第2—5页。
② 王元林：《泾洛流域自然环境变迁研究》，中华书局2005年版，第26、190页。
③ 王飞：《区域地理环境与先周农耕文化研究——以甘肃庆阳为例》，《农业考古》2012年第4期。

石刀收获禾穗，用石磨去皮磨粉，用陶罐煮食禾谷和畜禽，开始了刀耕火种式的农耕活动。其中潘坪阳仰韶文化遗址出土的石刀、石斧等磨制石器，陶纺轮、陶钵、陶甑、直壁缸、殉葬猪等陶器充分说明其经济是以农业为主兼以渔猎为基础的综合经济。[1]

四 地理景观的围合和尺度效应

《国语·周语》云："昔我先王世后稷，以服事虞、夏。及夏之衰也，弃稷不务。我先王不窋，用失其官，而自窜于戎狄之间。"[2]《史记·周本纪》也记载"不窋末年，夏后氏政衰，去稷不务，不窋以失其官而奔戎狄之间"。[3] 唐《括地志》云"宁、庆、原三州，秦北地郡，为义渠戎之地，周先祖不窋、公刘居此"。[4]"不窋故城在庆州弘化县南三里，即不窋在戎狄所居之城也。"[5] 这里提到的宁、庆、原三州就是今天的甘肃庆阳、平凉以及宁夏固原、陕西北部和咸阳等地，不窋故城即今庆阳县城。唐代的弘化县就是今天的庆城县。《元和志》载"不窋墓在顺化县东三里"，《大清一统志》亦云"宋有不窋墓，在庆阳城城东三里"。[6] 以上所有都表明夏商时期，周先祖不窋在丢掉夏朝农官职位以后，率领族人"奔戎狄之间"，即迁移至今天的庆阳庆城县城，教人们稼穑，延续了十几代人的安定昌盛，开创了华夏农耕文化的先河。[7]

庆城县周边是大量的山区，这种地理环境的围合效应，给逃到这里的周族一种安全感。对原本从事农耕的周族来说庆城县周边环

---

[1] 甘肃省庆阳地区博物馆：《庆阳地区文物概况（第二集）》（内部资料），甘肃省庆阳地区博物馆1983年版，第12页。
[2] 《国语·周语》。
[3] 《史记·周本纪》。
[4] 《括地志》。
[5] 《史记正义》引《括地志》。
[6] 《大清一统志》。
[7] 苗红：《基于文化生态学的庆阳农耕文化与区域环境关系研究》，博士学位论文，兰州大学，2007年。

境无法使这个农业部落长期生存下去。"周族在这里生活三代"①"公刘时，把生活大本营迁到董志塬前原核心区的宁县庙咀坪"，庆阳地区气候和降雨量南北差异很大。北部干旱少雨，以宁县为中心的南部地区海拔较低，气候温暖湿润，年降雨量较多。公刘迁到豳邑（今宁县），不仅在气候上更适合农耕，而且在景观的围合效应上更具安全感。在此立国则是一个军事上相对安全的独立王国。东南部山水阻隔，华夏政权统治势力难达于此，即使能到达，也有被消灭的危险。西北部戎狄族虽大且多，但分散独立，经济文化落后，在公刘时期尚未形成核心力量。宁县庙咀坪提供了天然的固若金汤的都城条件。他们想进攻，可以下关中，两百公里的路程三五日就可到达；如果想撤退，可以退回庆阳山区，军事回旋余地很大。公刘实现了这一战略目的，他们在此生活了 500 年②。在此期间，周族开创了华夏农耕文化的先河。周族选择庆阳而非其它地区作为其部落的居住地，可以说是周族对该区域独特地理环境的一种利用。

第三节　历史阶段性特征

夏商时期，周先祖不窋、鞠陶、公刘带领族人迁徙到戎狄民族居住的豳地，以农业为立足之本，孕育子孙，代代相传。《史记·周本纪》曰："不窋末年，夏后氏政衰，去稷不务，不窋以失其官奔戎狄之间。"③"不窋卒，子鞠立。鞠卒，子公刘立。公刘虽在戎狄之间，复修后稷之业，务耕种，行地宜，自漆、沮度渭，取材用。行者有资，居者有畜积，民赖其庆，百姓怀之，多徙而保归焉。周道之兴自此始，故诗人歌乐思其德。"④

---

① 于俊德、于祖培：《先周历史文化新探》，甘肃人民出版社 2005 年版，第 39 页。
② 于俊德、于祖培：《先周历史文化新探》，甘肃人民出版社 2005 年版，第 36 页。
③ 《史记·周本纪》。
④ 《史记·卷四·周本纪》。

在先周的谱系中不窋、公刘都具有非常重要的地位,而且为周人的不断扩张与壮大做出了非常重要的贡献。不窋曾在夏朝的时候是一位农官,在丢官之后带领族人到了戎狄居住的地区,他们不仅保留了周人的生命力,而且将中原夏族已经成熟的农耕技术带到了农业滞后甚至还未形成农业生产的豳地;不窋的孙子公刘在豳地居住期间建立了属于先周人民自己的军事力量,并开创了一农业军事强国。经过三代周人的努力创业,最终使北豳(狭今庆阳,广今整个陇东地区)成为中华农耕文化的发祥地之一。

根据历史记载,周祖不窋曾生活在戎狄之地(即今天的庆阳地区),这决定了不窋以及生活在这个地区的子孙后代在先周发展史上占有一席之地——带领族人,改变和利用仍处于荒置原始状态的豳地的自然条件,伐木除草,开垦荒地,发展农业生产,最终建邦立国。

三代周人在今庆阳地区融合发展了传统种植、养殖、狩猎等生活方式,形成了方式多样、内容丰富的农耕文化,这正是其"窜身戎狄而不恤其志",坚持因地制宜、开荒耕种以及融入游牧文化的巨大贡献,形成了"以农耕为主并融合林、猎补农的综合性农牧经济,体现出较为成熟的庆阳农耕文化特色"。

周氏族在不窋、鞠陶、公刘三代的带领下居住在庆阳,开展农业,形成北豳农耕文化的三部曲。从避开乱世迁徙到庆阳开荒垦田艰难创业,到融合游牧文化形成富有豳地特色的综合农牧产业,再到建立独立强大的农业军事国家,最终使北豳(狭今庆阳,广今整个陇东地区)成为了中华农耕文化的发祥地之一。

一 周先王不窋奔庆阳,开创黄土高原农耕文化的先河

《国语·周语》韦昭注:"不窋失官,去夏而迁于豳,豳西接西戎,北接狄也。"[1] 这说明,豳地即戎狄居住的地方,不窋迁戎狄

---

[1] 《国语·周语》。

的地方也就是豳地。那么豳地具体在哪个方位呢？唐《括地志》云："宁、原、庆三州，秦北地郡，为义渠戎之地，周先祖不窋、公刘居此"，"不窋故城在庆州弘化县南三里，即不窋在戎狄所居之城也"。①这里所说的宁、原、庆三州就是今天的甘肃庆阳、平凉以及宁夏固原、陕西北部和咸阳等地，不窋故城就是今天的庆城县城。唐代的弘化县就是今天的庆城县。清顺治和乾隆年间分别编修的《庆阳府志》均记："庆阳乃《禹贡》雍州之地，周之先后稷子不窋所居，号北豳，即今庆阳也。子鞠陶，孙公刘，俱历世为兹人。"②清代乾隆年间编修的《甘肃通志》载，在庆城县东十里地多花木，古称花坡，相传为"不窋遗园"。明代大文学家李梦阳在《秋怀》一诗中有"庆阳亦是先王地，城对东山不窋坟"的诗句，这一切都表明，不窋去庆阳是真实可信的。不窋迁徙到戎狄居住的地区后，大力发展农业生产，实行"陶复陶穴"，这与内蒙古游牧产业的自然条件是不符的。所谓"陶复陶穴"就是挖一个洞穴，然后将这个洞穴改为窑洞，这在内蒙古是无法办到的。有的学者认为还有奔武功之说。这种观点已经流传了很长时间，并且在历史教科书中多次出现过，连大历史学家翦伯赞先生也说，"大约在夏殷之际，这个种族便进了陕西，相对地定居于渭河河谷"。后稷所封的邰地武功就在渭河河谷，也就是说这里本来就是周族的所封之地，他从武功奔到武功，奔来奔去仍在老家，这个"奔"显然没有意义。还有一种说法，认为公刘从武功杜水奔豳地，这就从根本上否定了周族举迁至庆阳的事实。假如公刘的祖父早就从武功迁到戎狄北豳，那么他的孙子按理应该是出生在北豳，他也肯定不可能再从武功迁至豳，故可以确定的说周祖迁戎狄的地方就是北豳，也就是春秋时期的义渠戎国之地，唐朝时的宁、原、庆三州之地③。

《国语·周语》说，不窋到达戎狄居住的这个地方后，"不敢

---

① 《括地志》。
② 《庆阳府志》。
③ 路笛：《试解周人先祖的历史存疑》，《西北史地》1998年第3期。

怠业，时序其德，纂修其绪。修其训典，朝夕恪勤，守以敦笃，奉以忠信，奕世载德，不忝前人"①，也就是说，不窋带领部下迁徙到戎狄居住的地方后，不敢荒废祖业，常常砥砺自己的德行，继承祖先的业绩，维护他们的教导和典则，时刻勤勉有加，以敦厚自守，以忠信自奉，在立德立业上比前人做得更出色。这是我们可以看到的对不窋窜戎狄之后所从事的活动和取得功绩的记载。以上也都是周祖迁至庆阳后所取得的丰功伟绩，在政治、经济、文化、为人处事等方面深刻的见解，以及对周祖所做的事情进行的肯定和正面评价。

北豳原来是一个游牧区，所以被称为北荒。因为是北荒之地所以被称为北地，同时又是北地之北，中国历史上将北方称为朔方。那时，草原上生长着茂盛的牧草，山坡沟里尽是茂密的森林，森林里生活着众多的野兽，以狼、野猪、豹、山鹿为最多。豳者，山中之野猪也。在北豳之前，这里又称北狄，也即姬姓犬戎氏所居之地。狄人养犬用火比较早，他们常在家门口点上一堆火，拴上一只狼狗，以防野兽侵袭。狄人基本上每家每户都会饲养猪，因为养猪是他们家庭的象征。不窋原本是夏朝时期的一位农官，他的家族一直以来都以种植农业为主要生产生活方式，他的家族都长期在邰地从事农业生产，所以到北豳后，他所做的第一件事就是教民稼穑，大力发展农业生产。他定居在以庆城为中心的地区后，继承历代后稷之业，辛勤创业，使原来由戎狄经营的畜牧区逐步发展为以农业为主的农牧区。他把农业生产放在一切工作的首位，不耽误农时进行生产活动，使农业得到发展和提高。他首先开辟了庆城县东部和西部两川的土地，并让居民进行耕种；将关中地区的耕作技术和经验传播到北豳地区，并且自己带着家人居住在当地，亲自耕种田地。除了教人们种植庄稼外，他还提倡养猪、养羊、养鹅、种花和种植树木。清《庆阳府志·山川》记有"花坡在府东 10 里，他有

---

① 《国语·周语》。

牡丹、芍药、荼蘼诸花，奇葩夺目，香气袭人，世传为不窋遗园"。世人之所以将他称为周先王，是因为他开了黄土高原农耕文化的先河。儿子鞠陶主政后，联合当地戎狄民族，将畜牧、农业一起抓起来，种植、养殖、狩猎同时并举，迅速推动了北豳经济的发展。《甘肃通志》记载，庆阳府"好稼穑务本业，有先王遗风，陶复陶穴以为居，于貉为裘以御寒"。① 在合水有"务耕作事樵采，人无逐末，依然古风"的记述。在合水县九站文化遗址中，我们不仅发现了谷物，还发现了用于纺织的工具。《汉书·地理志》云：安定、北地"以射猎为先""《诗》言，农桑衣食之本甚备"。这些古风都是从先周时期开始的。

二 周先祖公刘大展农耕，始兴周道

继鞠陶之后的公刘是周先祖来庆阳后的第三代领导人，可以说他是土生土长的庆阳人。公刘对农耕文化的发展和创新起着至关重要的作用。他创建了古豳国，变废为宝，将荒地开垦为耕地，造福当地人民，开创了农耕文化。更进一步说，"公刘虽在戎狄之间，复修后稷之业，务耕种，行地宜，自漆、沮度渭，取材用，行者有资，居者有畜积，民赖其庆。百姓怀之，多徙而保归焉。周道之兴自此始，故诗人歌乐思其德"。② 对于公刘在豳地的贡献，今天我们可以用两句话来概括，即：扩大疆域，统一豳地；大展农耕，始兴周道。

公刘继承父业后，就开始向南迁移，扩展疆土和治理范围，使得周族原先在北豳开拓的农耕事业得以更大的发展。《庆阳府志》记："夏桀二十二年公刘迁豳。"③《诗经·大雅·公刘》中有"逝彼百泉，瞻彼溥原。乃陟南冈，乃觏于京"④ 的诗句，记述了公刘

---

① 《甘肃通志》。
② 《史记·卷四·周本纪》。
③ 《庆阳府志》。
④ 《诗经·大雅·公刘》。

向南迁徙的经过。诗中有关环境的内容同庆阳的地形是一致的。比如"陟则在巘，复降在原"，是说公刘从川里上山，上到山上却又像降到了平原上，这是陇东黄土高原的基本地形和独特的地貌特征[①]。公刘带领人从庆城县所在的川道上到大原上，又站在大原上望见了南冈，认为这里是个很好的地方。南冈在什么地方？便是今天宁县的庙嘴坪，古时候被称为公刘邑，也是后来建立豳国后的都城。

关于公刘的迁徙，历史上有许多不同的说法。其中最主流的说法是北迁叛逃，而不是南迁向前发展。《中国上古史》说："公刘从邰迁豳。"东汉经学家郑玄在注释《诗经·公刘》时说："豳者，公刘自邰而出所徙戎狄之地名"，这就是说公刘是从今天的陕西迁到豳地的，一句话全盘否定了不窋、鞠陶在北豳创业的历史事实。后来许多人照搬照抄，比如北大中国文学史教研室选注的《先秦文学史参考资料》中就有"公刘从邰迁豳"之说，并进一步解释说："公刘遭夏之乱，乃避中原之难，迁民于豳。"《李亚农史论集》还把公刘迁豳视为"被迫而迁""是整个部族的逃亡、流浪"。[②] 以上观点实际都来自《史记·刘敬传》中"公刘避桀居豳"这句话。2000年8月由岳麓书社出版的《诗经》在《公刘》一诗的解释中也说："豳，在今陕西旬邑西，公刘率周人从邰迁到此地。"[③] 此可以看出一些错误的观点始终是在流传的，既然周祖很早以前就举族搬迁至北豳，北豳既是周祖和他儿子去世的地方，又是其孙子公刘生长的地方，那么公刘什么时候又去了武功（邰）呢？如果没在武功（邰），那么他就不会北迁至北豳，公刘率领族人举族搬迁不是为了逃跑，而是为了拓展领土获得更好的发展。

对于古豳国地理位置历史上颇有争议。豳就是夏朝时期所谓的戎狄民族交汇的地区，而先周时期的豳国、春秋时期的义渠戎国以

[①] 《史记·刘敬传》。
[②] 《史记·刘敬传》。
[③] 《诗经》，岳麓书社2000年版。

及秦汉时期的北地郡都曾在这个地区留下了不可磨灭的印记。我们在翻看宁县的建置史时不难发现豳地这个名字曾反复出现过。北魏太和十四年（490年），将设在宁州的班州改名为彬州；太和二十年（496年），因古豳国曾在这里建立遂将彬州改称为豳州；西魏废帝二年（553年），根据抚宁戎狄的涵义将豳州改称为宁州；隋大业元年（605年），将宁州改称为北地郡；大业三年（607年），将北地郡改称为豳州；大业八年（612年），又将豳州改称为北地郡；唐武德元年（618年），改北地郡为宁州，并将原北地郡辖县新平、三水二县析出，另改置为新彬州，郡治新平，即今彬县，这也就是彬州名称南移的过程。在此之前，旬邑被称作是三水，彬县被称作是新平，还从未被称作是彬或豳。古代的旬彬地区（如班彪《北征赋》）便是今旬邑和宁县，唐代以前，宁州一直都是豳地的政治中心，故唐代以后豳州确切地说只是豳地内的一小片区域。位于正宁县文化馆中的宋代承天观碑文上记录有"豳土分疆，乃公刘积德之地"等语句，由此也证明正宁、宁县均为豳地。除《周本纪》中所记录的公刘发展农耕种植事业的事情外，《诗经·公刘》对此也给予了很高的评价和赞颂。一是说，忠诚于周民的好公刘，没有安居享福，而是致力于划分疆界，不断增加耕地面积，将收获的粮食存储起来。二是说，忠诚于周民的好公刘，常常下到田野进行察访，不仅走到平原还走到山上，百姓看到以后会觉得非常安心踏实，公刘得到人们的拥护和爱戴。三是说，忠诚于周民的好公刘，信步来到泉水边时，望到前面宽广的平原，登上高原时，望到南边的山冈，发现这里是个好地方，于是便迁至南冈。四是说，忠诚于周民的好公刘，带领族人迁徙到新京城后，宰猪斟酒，宴请群臣，众人推举公刘当了君长。五是说，忠诚于周民的好公刘，率领百姓和军队在宽广的豳地上一起进行开垦耕种，并一起收获屯粮。六是说，忠诚于周民的好公刘，举族搬迁至豳原后，在这里安定建国，老百姓也在河岸两边盖房居住，呈现出国泰民安、民康物丰的一番景象。渭河支流呈现出树枝状，容纳了北岸的千河、漆水、泾水、洛水等，由于地理环境等因素，没有形成一个独立的文化区，而是由若干文化亚区所组成①。

(一) 黑河文化区

碾子坡遗址和墓葬都是在黑河流域经过的地区发掘的，同时挖掘出来的还有殷墟二期的铜器，这个商代时期的遗址是截至目前为止在泾河流域发掘出来面积最大的一处遗址，对先周文化概念的理解不同，其具体内涵也就不同，但仍然可以看做是一个独立的文化遗存②，特别是遗址的中、晚期墓葬更应该如此。

(二) 达溪河文化区

达溪河文化区位于达溪河流域的灵台郑家山③，在这里有商代墓葬，出土了铜鼎、陶鬲等器物。曾被发掘的麟游园子坪遗址④，拥有显著的陶器文化特征，被命名为"园子坪文化"⑤，据推测很可能是古密须人的遗存，这一文化区内也包含着达溪河及其支流。

(三) 三水河文化区

位于三水河的支系旁的旬邑崔家河遗址，有先周遗址和墓葬被发现，墓葬中有铜鼎、簋、陶鬲（又被称作瘪裆）以及车马器、兵器、贝饰、卜骨等，另外有白灵寺、木嘴、转角等遗址⑥与郑家坡文化应属同一系统⑦。但由于所处地理环境的差异以及文化背景的不同，所反映的文化面貌也会有一些差异，不过从整体上看，应属郑家坡文化范畴。

---

① 刘军社：《水系·古文化·古族·古国论》，《华夏考古》1996年第1期。
② 中国社会科学院考古研究所泾渭工作队：《陕西长武眼子坡先周遗址发掘记略》，《考古学集刊》(6)，中国社会科学出版社1989年版。
③ 刘得祯：《甘肃灵台两座西周墓》，《考古》1981年第6期。
④ 田仁孝、张天恩、雷兴山：《碾子坡类型刍议》，《文博》1993年第6期。
⑤ 刘军社：《试论岸底遗址的分期及其相关问题》，《周秦文化研究》，陕西人民美术出版社1998年版。
⑥ 曹发展、景凡：《陕西旬邑崔家河遗址调查记》，《考古与文物》1984年第4期。
⑦ 曹发展、景凡：《陕西旬邑崔家河遗址调查记》，《考古与文物》1984年第4期。

（四）泾河上游文化区

泾河上游出土有时间较为久远的高领袋足鬲①。这一地区还有时间较晚并且被命名为"安国类型"的寺洼文化遗存②。崇信于家湾发现有商代墓葬③，出土铜器有鼎、簋、戈等，其中一戈为三角援，一侧下端平齐，形状有些奇怪，有点像是扰戈的胡被折断的情况。陶器中的鬲有高领袋足鬲、联裆鬲，联裆鬲的数量、形态较多，其中宽沿、束颈、斜腹鬲颇具特点。在上述描述中，位于黑水河文化区中的一小部分碾子坡遗址与三水河文化区中的文化遗存最为相似，也是对于公刘安定在豳这一猜测最可能的证据，但始终没有得到统一认可。

三 修建窑洞，实行定居，为农耕创造了条件

周先祖到庆阳后，大力实行"陶复陶穴"，即利用可筑窑的有利条件，大挖窑洞，改善居住条件，实行定居。只有定居，才能开展农业生产。这一壮举是周祖与其子率领人们一起完成的，古人又称其为鞠陶。《诗经·大雅·绵》说周人举族搬迁至岐之前，"陶复陶穴，未有家室"。④ 周人举族搬迁至岐以后，《史记·周本纪》云：太王古公亶父贬戎狄之俗，而"营筑城郭家室"。⑤ 这也由此说明窑洞是庆阳地区人们居住的主要形式之一，庆阳市位于黄土高原地带，大部分区域都被黄土厚厚覆盖，黄土层非常的厚实，因此周先祖根据这样的地理环境条件修建了窑洞，其主要特点就是安全稳固、方便修建、冬暖夏凉等，从古至今一直在延续相传，成为庆阳市山区居民最主要的居住形式。历代有如惠登甲赋诗曰："远来君子到此庄，休笑土窑无厦房；虽然不是神仙洞，可爱冬暖夏天

---

① 乔今同：《平凉县发现新石器时代遗址》，《文物参考资料》1956年第12期。
② 甘肃省博物馆：《甘肃文物考古三十年》《文物考古工作三十年》，文物出版社1979年版。
③ 刘军社：《水系·古文化·古族·古国论——渭水流域商代考古学文化遗存分析》，《华夏考古》1996年第1期。
④ 《诗经·大雅·绵》。
⑤ 《史记·周本纪》。

凉"，用古诗词来赞扬窑洞的优点。自从人们修建了窑洞，村落便开始兴起，很多游牧民也开始安定居住，象征着人们经济生活水平的进步。

第四节　主要内容

一　古迹、遗址

（一）周祖陵

位于庆阳市庆城县东山处的周祖陵，因周祖的陵墓在山顶而得名。早在夏太康年间，周先祖带领族人举族搬迁至今庆阳地带，周族人到了这里以后，便开始教给人们开垦种植技术，形成和发展了先周农耕文化，周先祖去世后被安葬在庆城东山上，后世修建庙堂以供祭祀，被誉为"华夏周祖第一陵"[1]。后来为祭祀周祖，政府便建立了周祖陵景区，景区内花草树木茂盛，现在被评为国家4A级旅游景区、国家级森林公园、国家重点文物保护单位、国家中医药文化宣传教育基地。

（二）公刘庙

坐落于西峰区温泉乡刘家店西庄庙嘴村的公刘庙，地势较为平坦，环境优美，花草树木及溪流围绕四周。周先祖的儿子鞠陶继承父业，始终坚持发展农业生产，并修建窑洞供人们居住，之后鞠陶其子公刘继位担任部落首领，组建周族的军队，既发展农业又建立军事武装。古时的公刘庙植被生长繁盛、环境适宜、气象雄伟[2]。后来因为经历战乱，建筑几经被毁，很多建筑都被严重破坏甚至已经被全部拆除，但公刘的丰功伟绩依然被人们牢记在心，深受人们的敬仰和爱戴。从1988年起民众开始自发捐资修建和维护公刘庙，现已建成好几处建筑，总面积达200多平方米。每年农历三月十

---

[1]　甘肃省人民政府研究室：《发展》2015年第3期。
[2]　张多勇、马浩夺：《周先祖公刘迁豳与公刘祭典的几个问题》，《黄河科技大学学报》2017第6期。

八，都会举行盛大的庙会，殿内香火缭绕，逛庙会的人络绎不绝，达万人之多。

（三）九站遗址

位于合水县蒿嘴铺乡九站村的九站遗址属寺洼文化，主要包括遗址区和墓葬区，总面积达 10 万平方米。但是由于战乱破坏、自然风化等原因导致遗址区破坏相对比较严重，有灰坑和居址暴露在断崖处，还有大量夹砂、泥质红及灰陶片散布在地表层。

1984 年发掘出 705 平方米的遗址，发掘的竖穴土坑墓多达 80 余座，并且有 700 多件土陶器、铜器、石器、骨器等被发现。陶器主要有鬲、豆、钵、壶、簋、马鞍口双耳罐及深腹罐等，多为夹粗砂素面陶，质地松散，陶器表面一般都是黄色或褐色，火候偏低且不均匀。另有各种青铜器、石器、骨器等。九站遗址对于研究寺洼文化具有非常重要的价值。

（四）不窋城

不窋城是周人先祖不窋所居之地。周人始祖后稷的儿子周祖不窋，离开邰（今陕西武功县境）带领族人举族搬迁至豳，子承父业。由于当时夏朝的孔甲帝"好鬼神，事淫乱，夏后氏德衰，诸侯叛之"，导致政治混乱，民不聊生，于是周祖因看不惯当时的朝堂不作为便放弃官职，带领族人来到北豳（今庆城一带）。当地的居民大多以游牧生活为主，周祖在此定居以后，便开始发展农业生产，并将耕种技术教授给当地民众。同时，还修建了供人们居住的窑洞，于是当地居民便开始纷纷修建窑洞定居生活。不窋在发展农业的同时也注重养殖业和畜牧业的发展，推动了周族早期的经济发展，周祖也因此受到了人们的敬仰和爱戴，人们便修建了不窋城。

不窋城遗址在今庆城县城东南 3 里处。据《庆阳府志》记载："周祖遗踪，即府城东山周祖不窋所居也。高阜平衍，远眺俯览，城郭山川豁然在目，遣怀寄兴者可以发幽思而宣湮郁。"[1] 历经战乱

---

[1] 《庆阳府志》。

的破坏以及时间的冲刷，存在于今庆城东南 3 里处的不窋城遗址遗迹只剩下断壁残垣。

（五）周旧邦木坊

位于庆城县城南街的周旧邦木坊，高约 10 米，柱之上部五层半拱叠涩镶砌，负托坊顶，顶部瓦有屋脊，檐下正中镶匾，匾面楷书"周旧邦"三个大字。明弘治十八年，庆阳知府、前监察御史郝镒修建。清光绪辛巳年，知府倭什铿额重修。光绪二十八年知府庆霖又再一次修建。

二 故事传说及民俗节庆

（一）公刘在庆阳的故事

夏后氏政治衰败，政府不作为，因此周祖便辞去官职，带领族人从陕西邰举族搬迁至今庆阳一带。那时庆阳一带主要居住的是戎狄的少数民族，在此之前他们主要是以游牧生活为主，周祖带领族人在这里安定居住了以后，便开始发展农业种植，带领人们开荒耕种、圈养牲畜、种植花草树木等，还根据庆阳的地理优势修建窑洞以改善人们的居住条件。周祖去世以后，其子鞠陶、孙公刘先后继承周祖留下的事业。

当时的戎狄民族主要以畜牧为生，公刘在继承祖辈留下的农耕事业后，寻找新的谷种、制造农业生产工具、教授人们种植技术、开荒扩土等，他还经常下到田间地头察看人们的种植、收获情况，耐心讲解、替民众解决困难，件件事他都替人民打算，所以人民都十分爱戴他。

那时庆阳文化初开，在庆阳这块土地上，有不少的民族居住过，一些奇风异俗，以及各种可惊可愕的现象，经过人们添枝加叶的流传变得非常奇怪。相传有一年夏天，庆阳地区下了场很大的暴雨，发生的洪涝灾害淹没了很多庄稼还摧毁了许多房屋，使当地很多居民的生命安全受到威胁。洪水一直在上涨甚至严重到要淹没整座城市，受苦受难的人们纷纷都去寻求公刘的帮助，公刘见情势危急便自制了个竹筏亲自去察看灾情，顺着水漂流到庆阳城东南两河交汇的地段，发现这里有一条像巨龙一样的山横卧在河流中阻挡了奔腾的河水，因此引发洪水。了解清楚原因以后，于是公刘选带了十几名强壮的当地居民前去挖山，为了赶快减轻洪水对人们造成的灾害，人们昼夜不停地挖，废寝忘食的劳作，但是暴雨丝毫未见减弱，导致洪水越来越严重，眼看就要淹没整座城市了，全城的老百姓拿出自家的猪羊跪求上苍可怜可怜他们。一天夜里公刘打了一个盹，突然梦到有位白胡子老头朝他缓缓走来说道："不怕千刀万刀，就怕南山羹草，若要龙脉断裂，芦苇必须斩削"，说完之后便离去了，公刘恍然梦醒，发现虽然是一场奇怪的梦，但是仔细揣摩老人的话语似乎又有些道理，于是便挑灯到南山查看一番，发现在南山顶上长着一棵独特的羹草，将其拔下，用它的小锯齿割断山梁上的最大棵芦苇，顷刻间山洪就奔流而下，也印证了老者的话[①]。人们高声呼喊着："龙脉斩断了！""龙脉斩断了！"

　　随之天也渐渐放晴了，洪水也慢慢退了，当地老百姓也因此避免了一场浩劫，为了庆祝劫后余生，人们纷纷开始张灯结彩，焚香设案，以此表达心中的喜悦。百姓们为了表达心中的喜悦以及对公刘的感激之情，便将公刘抬起，一次又一次地抛向空中，人们开心地歌唱着、欢呼着，到处都充满着欢快的气氛。水逐渐消退以后，公刘立马让人们开始开垦种植，静候来年的大丰收，不久人们就看到满山谷麦的盛景，百姓们丰衣足食。公刘去世以后，人们认为他一定是升天做神仙去了，便为他修建庙宇以纪念他的丰功伟绩，每逢佳节，当地百姓都去庙宇祭祀，祈求来年的谷物大丰收。

　　那条被公刘挖断的山梁被人们称为"斩断山"，现在那座山仍然笔直的矗立在那里，人们常常会打趣道："如果不相信你可以亲自去看看，斩断山那边河里的石头都是被龙血染成的红色的。"

[①]《公刘的故事》，2013年2月25日，百度文库，https://wenku.baidu.com/view/04886-46d783e0912a2162aaf，最后浏览日期：2020年12月7日。

(二) 崇德思想

周祖农耕文化的一大特征就是崇德，这也是我国传统文化的魂。周祖敬仰天地，敬畏自然，同时也会从大自然中获取一些东西，与其他民族友好相处，互敬互爱，有着典型的人文特点。《国语·周语》载："（不窋）不敢怠业，时序其德，纂修其绪，修其训典，朝夕恪勤，守以敦笃，奉以忠信，奕世载德，不忝前人。[①]"这种厚道忠诚、信用处理事务的道德规范为时人所尚，也效仿"上含淳德以遇其下，下怀忠信以事其上"。[②]公刘子承父业以后一直是不断地发展农业生产，拓宽疆域，使当地百姓过上了安居乐业的好日子，积德行善，受到人们的敬仰和爱戴。[③]后期遇到敌人侵袭时，为了避免给当地居民带来伤亡和灾难便毅然决然地率领部队从豳地离开而"止于岐下"。周祖始终在传承和发扬中华民族传统美德，因此也影响着陇东地区的人文历史，庆阳当地的人们从古至今也一直在秉承着周祖的"崇德"文化。

(三) 窑洞文化

周先祖率领族人迁移至庆阳地区后，根据当地的自然地理环境条件开始修建窑洞，不仅当地居民开始居住窑洞，一些军事要地也开始修建窑洞。由于窑洞有冬暖夏凉、修建方便、安全牢固等优点，以至于先周时期窑洞遍布整个陇东高原地区。经过人们的改造和完善，窑洞的样式开始变得各式各样，有崖庄院、地坑院、半明半暗的半地坑院等[④]。据史料记载，窑洞的使用截止到中华人民共和国成立已有四千多年的历史。目前，窑洞仍然是庆阳当地农村的主要居住形式之一。庆阳的老百姓自从修建了窑洞便渐渐放弃了以前居无定所的游牧生活，开始接触和学习种植、养殖等劳作方式，

---

① 姚自昌：《周祖农耕文化的内涵品质、地域特点及流传影响》，《陇东报》2005年第3期。
② 姚自昌：《周祖农耕文化的内涵品质、地域特点及流传影响》，《陇东报》2005年第3期。
③ 张大可：《史记全本新注》，三秦出版社1997版，第51—78页。
④ 《周祖对庆阳经济和文化的影响》，2007年1月4日，人民网，http://culture.people.com.cn/GB/22226/76436/76503/5245328.html，最后浏览日期：2019年11月13日。

人们安居乐业、生活富足,由此推动了庆阳地区经济文化的发展。窑洞作为庆阳地区独特的建筑文化,至今在人群中仍流传着一些关于窑洞的故事、传说和风俗习惯等①。

(四)重礼习俗

在周祖农耕文化中人们是非常重礼的,当地人在婚丧嫁娶等一些重要事件中都会注重这一传统礼俗,这一礼俗会细致到每一细微之处,由此也制约着人们的为人处世方式。岁时节令中,春节的祭祀,清明的寻根,四月初八的祭虫,端午的香包,十月初一的寒衣,冬至的祭祀,等等,都寄寓着礼的文化成分。在家庭伦理中,讲究家和、父严、母慈、子孝、媳贤、女贞、兄弟友爱、妯娌和睦、尊老爱幼、长少有规。庆阳的敬老也有文化的因子,当地人们是不庆祝六十大寿的,即使父母健在,也不会祝寿。在各种祭祀中也有很多的礼数要求,在相对重大的祭祀中习俗、礼数更是多到惊人,并且每个项目中都有各种不同的礼规、礼法、礼俗②。所以,在庆阳地区,民间几乎处处有规,无处不礼,真可谓礼仪之邦。

第五节 价值与意义

中国传统文化兴起、发展的社会基础主要依靠农业生产,也由此形成了独具特色并得到传承发扬的农耕文化。即使到现在,农耕文化中对自然规律的认识以及利用土地、气候、水等资源的精髓对现在农业生产种植仍具有非常重要的意义和价值。③

一 农耕文化在农业发展中的意义

从古至今国民经济的基础都是农业生产,人们的衣食住行都离不开农业生产,农业生产是生存之本,是其他物质生产部门与一切

---

① 彭波:《浅述庆阳周祖农耕文化的渊源及其影响》,陇东学院历史系。
② 王长生:《正宁民俗》,甘肃人民出版社2003年版,第220—236页。
③ 夏学禹:《传承弘扬农耕文化留住我们生活的根》,《休闲农业与美丽乡村》2014年第7期。

非物质生产部门存在与发展的必要条件，是支撑整个国民经济不断发展与进步的保障，是整个社会稳定和谐的前提条件，农业的发展进步直接影响和制约着其他行业发展进步的水平。周祖不窋对此也有很深刻的认知，后稷说："古先圣王之所以导其民者，先务于农。民农非徒为地利也，贵其志也。民农则朴，朴则易用，易用则边境安，主位尊；民农则重，重则少私义，少私义则公法立，力专一；民农则其产复，其产复则重徙，重徙则死处而无二虑；舍本而事末则不令，不令则不可以守，不可以战；民舍本而事末则其产约，其产约则轻迁徙，轻迁徙，则国家有患，皆有远志，无有居心；民舍本而事末则好智，好智则多诈，多诈则巧法令，以是为非，以非为是①。"

二　农耕文化在社会治理中的意义

为了加强对农耕的管理，周祖设置了严密完善的层级农耕管理部门和官员，就周人农耕等一切活动加强指导和管理。这一现象主要在《礼经》中反映出来，《礼经》其实是一本非常重要的管理学书籍，其中的《周礼》主要介绍的是关于农耕管理，如机构设置、人员分配、职责明确等方面②。故后稷说："是故天子亲率诸侯耕帝籍田，大夫士皆有功业。是故当时之务，农不见于国，以教民尊地产也。后妃率九嫔蚕于郊，桑于公田。"③

《周礼》中关于农耕管理的方面按照社会要求对国人进行细密的分工安排，并按照人岗匹配的原则将合适的人员安排在恰当的行业及工作岗位上，让所有的人各在其位、各执其事、各尽其责、各干其事、齐力配合、相互监督，为的是实现国泰民安，老百姓安居乐业、生活富足等④。

---

① 《吕氏春秋》，岳麓书社1993年版，第647—648页。
② 吴点明：《周祖农耕文化思想探究》，《甘肃社会科学》2009年第6期。
③ 《吕氏春秋》，岳麓书社1993年版，第648页。
④ 吴点明：《周祖农耕文化思想探究》，《甘肃社会科学》2009年第6期。

三 农耕文化在环境保护中的意义

周祖先民在长期的生产生活中总结出很多关于种植、养殖等方面的劳动经验，同时也设置了相关农耕管理部门和制度。

如"草人：掌土化之法，以物地、相其宜而为之种"①。为促进农业生产的可持续发展，周祖注意在以往农业生产的基础上根据实际情况合理利用土地，只有这样才能有收获。后稷在日常耕作生活中也总结了一些可靠的经验，他说："凡耕之大方：力者欲柔，柔者欲力。息者欲劳，劳者欲息。棘者欲肥，肥者欲棘。急者欲缓，缓者欲急。湿者欲燥，燥者欲湿。"②即农业生产要注重因地制宜、合理利用，不可任意使用、肆意破坏。通过精耕细作，合理利用农耕资源，保护环境和地力，实现今天意义上的"集约型经营"，以提高单位面积产量。只有这样农业才能得到更好的发展，造福于人们。

四 农耕文化在祭祀、礼俗中的意义

周祖先民非常注重各种礼俗以及祭祀活动，尤其是在农耕活动中，如后稷说："有年瘗土，无年瘗土。无失民时，无使之治下；知贫富利器，皆时至而作，竭时而止。是以老弱之力可尽起，其用日半，其功可使倍。"③古时候人们祭祀主要是为了在农耕及收获时祈求来年风调雨顺、获得丰收，同时，占卜是为了警示人们要敬畏自然、保护自然，遵循大自然的规律合理开发利用；而仪礼是为了规范农耕等一切活动，维护宗法社会和农耕活动秩序，保证天地和人类以及人与人关系之和谐不乱，行为之正规适宜。总而言之，祭祀是周祖开展农耕等活动之行为范式，依祭祀导民农耕（导行）；《仪礼》是周祖先民根据大自然的规律和准则规范人们的种植行为。

---

① 《周礼·仪礼·礼记》，岳麓书社1989年版，第44页。
② 《吕氏春秋》，岳麓书社1993年版，第650页。
③ 《吕氏春秋》，岳麓书社1993年版，第650页。

这些祭祀、礼俗也充分表现了周祖先民对农业生产的重视及发展过程。

从古至今几千年来，农耕文化一直从未间断，是中国人民生产劳作的实践精华，并不断得到传承和发扬。位于黄土高原地带的庆阳地区凭借着不断堆积的深厚黄土地成为农耕文化的发祥地之一，并使农耕文化得到发展。农耕文化的形成也是周祖先民在农业生产生活中日积月累的见证，随着农用工具的演化发展、耕种技术的娴熟以及劳动人民的辛苦耕作逐渐形成了农耕文明，这也是承载着先辈们开拓精神的"活化石"[1]。

周祖先民在庆阳发展了农耕文化，历经千年，黄土高原上错落有致的农业景观是农耕文化的见证，农业生产的发展并没有造成庆阳地区出现水土流失的现象，反而发展得经久不衰。

周祖农耕文化早已成为庆城人重农务本、发展农业经济之"魂"，从而又衍生为在当今时代背景下全方面发展经济的强劲社会动力，充分反映出今天的人们借助"周人之兴"的历史经验来增强他们的现代文明的智慧，这就是庆阳人时代精神的真实写照。周祖农耕文明的形成也体现了庆阳一带人们踏实肯干、辛勤努力、重农务本的精神，这样的精神也是当代人们所需要学习、借鉴和传承的，是当今时代精神的写照，是中华民族复兴之魂。[2]

---

[1] 夏学禹：《传承弘扬农耕文化留住我们生活的根》，《休闲农业与美丽乡村》2014年第7期。

[2] 《庆城农耕魂》，2015年5月4日，兰州新闻网，http：//www.lzbs.com.cn/，最后浏览日期：2020年1月7日。

第九章

创业兴邦
——陇南秦祖文化

第一节 秦祖文化概述

秦祖文化是秦人在其特定的历史环境中所创造的共同区域文化，它随着秦族的发展而不断丰富，是我国政治文化和法治思想的典范，是中华民族宝贵的历史文化遗产和文明成果。

秦文化的"分布区域有一个自西向东、由小到大的发展过程"[①]：西周时期它仅仅局限在渭河上游、陇山以西的河谷地带，即今甘肃东南部的天水、礼县一带，春秋战国时期扩散至整个关中地区，战国中晚期以后上升为统治文化，开始遍布于全国。甘肃省境内的秦文化遗址主要分布在西汉水上游流域、渭河上游及其重要支流牛头河流域。一般认为早期秦文化主要指的是公元前677年秦德公居雍以前的秦文化。甘肃早期秦文化就是指分布在甘肃东南部天水市和陇南市，从商代晚期到春秋早期，秦族或秦族统治下受秦族文化影响的族群所创造的物质和精神文化的遗留。

东周时代，在中原文化重心地区以外，以往被视作边缘地方的政治势力迅速崛起，形成了《荀子·王霸》所谓"虽在僻陋之国，威动天下，五伯是也""齐桓、晋文、楚庄、吴阖闾、越勾践，是

[①] 刘国芳：《对甘肃早期秦文化统筹开发的思考》，《天水行政学院学报》2015年第4期。

皆僻陋之国也，威动天下，强殆中国"的形势。中原周边地方的兴起，使得政治格局发生了变化，并使中原文明有渐次衰颓的趋势。①"五伯"或称"五霸"，有的说法是包括秦穆公的②。李学勤将东周时代列国划分为七个文化圈，即中原文化圈、北方文化圈、齐鲁文化圈、楚文化圈、吴越文化圈、巴蜀滇文化圈和秦文化圈，并进而指出，"夏、商和西周，中原文化对周围地区有很大影响，到东周已减弱""关中的秦国雄长于广大的西北地区""在与东方半隔绝的情况下，秦国自行发展，形成具有本身特色的文化"。对于"秦文化的传布"，李学勤强调，"秦的兼并列国，建立统一的新王朝，使秦文化成为后来辉煌的汉代文化的基础"③。"秦文化自然有区域文化的含义，而早期秦文化又有部族文化性质同时又是体现法家思想深刻影响的一种政治文化形态，也可理解为秦王朝统治时期的主体文化和主导文化。"④

公元前3世纪，秦人的成就突出体现了华夏民族推进历史文明的时代精神。秦文化对中国历史进程产生了久远的影响，从某种层面和意义上说，形成了永久的影响。

《史记·秦本纪》记有：秦人之祖"非子，居犬丘，好马及畜，善养息之。犬丘人言之周孝王，孝王召使主马于汧渭之间，马大蕃息"。犬丘，即今甘肃省天水市到陇南市礼县一带，"礼县大堡子山出土的秦公葬器已经证明了这个史实"⑤。秦祖非子一族在陇地过着游牧生活，以擅长养马而受到周孝王的赏识，赐姓嬴。因"在西戎，保西垂，西垂以其故和睦"，被周天子封于秦（甘肃省清水县秦亭附近），号称秦嬴。西垂，即今甘肃省的陇东地区及秦安一带；西戎，则是与秦人不断争斗的西部少数民族之概称。史籍所

---

① 王子今：《秦文化的时代意义和历史影响》，《河北学刊》2013年第4期。
② 王子今：《秦文化的时代意义和历史影响》，《河北学刊》2013年第4期。
③ 李学勤：《东周与秦代文明》，文物出版社1984年版，第175页。
④ 王子今：《秦文化的时代意义和历史影响》，《河北学刊》2013年第4期。
⑤ 陈宗立：《我国早期秦文化考古取得重要成果——确认秦始皇的祖先陵在甘肃礼县》，《光明日报》2006年11月18日第2版。

刊，嬴秦的始祖伯益生活在尧、舜、禹时代。"古籍文献表明，早期嬴秦人一方面经常处于流动无定的徙居之中，另一方面则又始终与夏、商、周王室保持着相当紧密的联系。"① 他们的活动似乎总是以王室所在地为中心。秦人在西土的祭祀，也可以看出其根系来源。

秦人由西向东，顽强奋进，历经大规模的扩张，终于击败了东方强国，统一天下。

2012年8月，在兰州召开的"早期丝绸之路暨早期秦文化国际学术研讨会"上，梁云提交的论文认为早期秦文化大体可分为前、后两个发展阶段，前者主要为西周中期，以清水李崖遗址为代表，其遗存可称之为"李崖型"；后者为西周晚期至春秋早期，包括甘谷毛家坪、礼县西山和大堡子山，以及关中西部的一些春秋早期遗址，其遗存被称为"西山型"。早期秦文化经历了从"李崖型"到"西山型"的转型，这其实是一个向周文化靠拢的"去商化"的过程。②

2014年12月，"秦与戎：秦文化与西戎文化十年考古成果展"由早期秦文化项目组在北京大学赛克勒考古与艺术博物馆举办，梁云作的"早期秦文化的三个来源"的学术报告中，认为早期秦文化的构成因素可分为三类，分别来源于商文化、周文化和西戎文化。

2016年5—11月，赵化成在台北故宫博物院举办的"秦俑·秦文化与兵马俑特展"讲座中指出，李崖遗址发掘揭示了秦人、秦文化东来；早期秦人西迁后首选的落脚点可能在李崖，之后又迁徙到礼县。③

同年，梁云的文章指出"西汉"，"西汉水上游西戎势力根深蒂固，与秦人激烈对抗，以至于西犬丘这一支秦人后来被灭族；而

---

① 陈更宇：《早期嬴秦人生活方式的探索》，《文史哲》2009年第5期。
② 梁云：《论早期秦文化的两类遗存》，《西部考古》2014年第7辑。
③ 赵化成：《秦人来源与早期秦文化的考古学探索》，中国台湾故宫博物院·嬴秦溯源·秦文化特展，台北：故宫博物院出版社2016年版，第286—293页。

牛头河流域属于西戎分布的空白区或势力薄弱区,使清水秦邑的秦人能从容发展,在周王朝的支持下终于伐破西戎,得以在陇右立国"①。

第二节 区域地理人文环境概况

一 秦人发祥地

大约在商末周初,陇南境内又迁来一个新的民族,即秦族。秦族,属嬴姓,其族源出于东方的东夷系统。据史书记载,秦人和殷人都是我国东方的氏族部落,"玄鸟"(即燕)是他们共同的图腾。大约很早时,他们是一个部落,后来才分为两族。根据传说,秦族人的原始祖母名为女修,有一天女修正在纺织,忽然发现有只燕子落到自己的院子里,生下一个卵就飞走了。女修走出屋子,随手捡起燕卵就吞吃了,没想到从此就怀孕生了一个儿子,取名叫大业。大业成年后娶了一个叫女华的姑娘做妻子,生下的儿子叫伯益。伯益聪明能干,曾经跟随大禹治理洪水。因治水有功,大舜就赏赐伯益姓嬴,并给他选了一名姚氏美女做妻子。从此,嬴族就开始兴旺起来。

夏王朝时期,秦人祖先大约活动在孟诸泽一带(今河南商丘以北到山东曹、单一带的沼泽地区)。因此,在秦惠公时,秦人与蜀人争夺汉中之地,蜀人便骂秦人为"东方牧犊儿"。

前1600年,商汤灭夏时,秦人祖先费昌"去夏归商,为汤御,以败桀于鸣条"(《史记·秦本纪》)。因为在灭夏的过程中嬴姓氏族立有功劳,所以商王朝建立之后,嬴姓氏族也就成为统治阶层,其上层人物大多成为显贵。"自(商王)太戊以下,(秦)中衍之后,遂世有功,以佐殷国,故嬴姓多显,遂为诸侯。"(《史记·秦

---

① 梁云:《论早期秦文化与西戎文化的关系》,(中国台湾)《故宫文物月刊》2016年第398期,第22—29页。

本纪》)

大约到殷商末年，嬴人的一支在其首领中潏率领下随商王西征戎羌，进至渭水中游后奉命屯守，遂营建城邑，定名为"犬丘"（在今陕西兴平县南）。"在西戎，保西垂"，他们守卫着商王朝的西部边疆。这时的"西垂"，并非地名，而是指商朝的西部地区，即今陕西省关中地区。纣王帝辛在位期间，崛起于岐、丰之地的周人四处攻伐，扩充势力。牧野一战，纣王"前徒倒戈"，兵败自焚，商朝灭亡，就在纣王众叛亲离、周人攻城掠地时，中潏这支嬴人据守的"犬丘"也为周人攻占。中潏之孙恶来被杀，他们被迫离开"犬丘"，沿渭河西进，以避周人锋芒。最后迁移至渭河以南、远离周人中心的西汉水上游地区，即今陇南市礼县东部一带。这使得其保持了相对的独立，为以后的发展壮大奠定了基础。嬴人在这里修建了城邑，仍名"犬丘"。后来，人们为了区别于原"犬丘"，称其为"西犬丘"，有时也记作"犬丘"。

西周初年，又有一支嬴人迁到了"西垂"。周武王伐纣，灭了殷商，留居在东方地区的嬴姓民族也随着殷人一起成为周人的奴隶。前1025年，纣子武庚起兵反周时，这些嬴姓民族也趁机反叛。《逸周书·作雒》载："三叔及殷东徐、奄及熊盈以畔。""盈"，即"嬴"，"徐""奄"两国也是嬴姓。周公奉成王之命东征，历时三年，始平息叛乱。叛乱平息后，周人将被俘的"顽民"或充作奴隶，或迁离故土，嬴姓人也在迁移之列。他们中的大部分沿着黄淮流域流向西方，在长途跋涉中，有部分嬴姓人中途停留下来，在当地定居、繁衍，但绝大部分被迁往当时周人的西方边境地区——"西垂"，在这里，他们与原替殷商保西垂的中潏后代合在一起，势力大增，秦人在西方的崛起，即自此始。

周孝王时，嬴族人的后代非子在西犬丘一带为周王朝养马，很有成绩，"马大蕃息"。西犬丘人将此事告知周孝王，周孝王十分高兴，便召其到今陕西千河、渭河交汇地区养马。西犬丘，范围大致在今天水、礼县、西和交界地带。其城邑所在地有多种说法，有人认为西犬丘城邑在今礼县盐关一带；有人认为在礼县红河镇岳费家庄附近；也有人认为在西和县长道镇一带。这三地虽然具体地方不同，但都在礼县东部。近年来，在礼县城东大堡子山、圆顶山一带发现秦公大墓和贵族墓群。有学者认为，系秦仲、秦庄公或秦襄公、秦文公之墓。此山当为《史记·秦本纪》中"西山"无疑，则此可证，西犬丘、西垂宫当在大堡子山以东的长道、永兴一带。

由于非子替周王室养马有功，周孝王便把秦地（今清水县境内）封给非子，让他再接续嬴氏的庙祀，号称秦嬴。从此，"秦"就成为这部分嬴姓族人的称谓。同时，也让仍居住在西犬丘的大骆的嫡子成承继大骆的职位（成是非子的同父异母兄弟，申侯的外孙），继续掌管西垂事务。

前842年，周厉王荒淫无道，众叛亲离，西戎也乘机反叛，灭了居住在西犬丘的大骆之族。周宣王即位后，以非子的后代秦仲为大夫，讨伐西戎，收复西犬丘，最终又被西戎所杀。秦仲共有五个儿子，长子名叫示其，后追封为庄公。秦仲死后，周宣王召见了他们五兄弟，给了他们士兵七千人，再次征伐西戎，终于打败了西戎。因原居住于西犬丘一带的成的一支被西戎所灭，故将西犬丘也归其所有，这样，庄公所辖之地除了原来的秦地外，还有了西犬丘之地。周宣王又封庄公为西垂大夫，继承了其父秦仲的封爵。

秦庄公设都邑于西犬丘，并建造了宫室，因其官职为西垂大夫，所以其宫就命名为"西垂宫"。《说文解字》释："宫，室也。"自此后，秦襄公、秦文公都居住在西垂宫。

二 礼县的历史沿革

秦人的发祥地——礼县，在陇南文化历史研究中占据着十分重要的地位。礼县位于甘肃省东南部、陇南市西北部，属长江流域嘉陵江水系西汉水上游；东临天水市、西和县，西接宕昌县、岷县，南与武都区相邻，北与武山县、甘谷县接壤。礼县历史悠久，早在5000多年前就已存在人类文明，出土于礼县石桥镇高寺头的仰韶文化遗址中的众多石、陶、骨器，经研究测定都是5000多年前的氏族公社时期的用物。

关于西垂，在《史记·秦本纪》中记载，"非子居犬丘""庄公居其故西犬丘""襄公立，享国十二年。初为西畤。葬西垂。生文公。文公立，居西垂宫。五十年死，葬西垂"。经过对大堡子山遗址的考证，西垂也就是西犬丘，即礼县大堡子山周围一带，是秦人称霸中原的起点。三国时期，东北部秦州汉阳郡西县隶属于魏，西南部武都郡武都县隶属于蜀，至今依然保留着三国战场遗址——祁山堡。唐时，东北部先属山南西道成州的汉源、长道二县，后属陇右道秦州长道县，西南部分属陇右道成州上禄县及宕州良恭县。盐官城曾为党项马邑州治所，隶属于秦州都督府。五代时，东北部属陇右道秦州天雄、雄武节度使所辖的长道县，西南部没于吐蕃。北宋时，东北部属长道县，西南部属大潭县，两县先属秦凤路之秦州，后改属岷州。南宋时，仍为长道、大潭两县地，但改属利州西路的西和州所辖，盐官以东地域属天水郡（州级建制，治所在今天水镇）辖治。元朝时，东北部的长道县地域并入西和州。明初承元制，洪武四年（1371年）置"礼店守御千户所"，隶属于岷州卫，属陕西都司；洪武十五年（1382年）改隶秦州卫，属仍旧。成化九年（1472年）割秦州19里置礼县，属巩昌府所领的秦州管辖，原"千户所"与县并存不废。清朝时，顺治十六年（1659年）裁撤卫所十百户，将巩昌卫、文县所、西固所归并礼县统辖，属巩昌府。雍正六年（1727年）改属秦州。1949年8月17日礼县解放，隶属于武都专区，1955年10月划归天水专区，1985年7月又划归陇南地区。

第三节 历史阶段性特征

一 秦文化发展的时间性脉络

秦文化发展的时间性脉络可分为四个阶段：一是西周时期到秦

襄公建国前，是秦文化发起的萌芽期；二是从秦襄公建国到秦献公徙都栎阳，是秦文化的发展期；三是从秦献公徙都到秦统一前，是秦文化的繁荣期；四是秦统一后到秦末，是秦文化的鼎盛期。

（一）第一阶段——萌芽期

早期的秦文化渊源可以追溯到西周时期，上限即公元前11世纪初，下限到公元前771年。在大约两个半世纪的时间内，秦人处于原始社会后期，并开始向阶级社会过渡。这一时期的秦族，在周的西北边陲与戎狄杂处，繁衍生息，社会经济主要为畜牧业和农业，属于畜牧农耕社会。《史记·秦本纪》中说伯益"佐舜调训鸟兽"，伯益之后秦人祖先的事迹都与畜牧、狩猎有关，如费昌、孟戏、仲衍等都是以善"御"而驰名，"恶来有力，蜚廉善走"还有一些资料记载恶来能"手裂兕虎"（晏子春秋）。从而得知，秦人祖先的生活与游牧、狩猎是分不开的。"游牧、狩猎是（早期秦人）经济生活主要内容"[1]"经济形态是农牧兼营"[2]。从毛家坪、清水李崖墓葬情况看，其陶器要素及屈肢葬除外的葬制要素均表现出与殷、周文化强烈的共性。而秦人社会中采用屈肢葬的低等级人群，应为当地的西北土著。此时的秦文化既具备殷周文化要素又吸收了戎狄文化要素，这种双重性是其社会结构的重要特征。

（二）第二阶段——发展期

这一阶段是指春秋至战国初期，是包括从秦襄公建国到献公迁都栎阳这段387年（公元前770—前383年）的历史。这是秦国奴隶制国家建立、发展到逐渐衰亡的历史时期。这一时期的秦文化属于奴隶制意识形态的文化。

公元前770年，在西周王朝覆亡的过程中，秦襄公因救周和护送平王东迁有功，被封为诸侯，"赐之岐以西之地""襄公于是始国，与诸侯通使聘享之礼"。据文献记载，周文化圈中心东迁至洛

---

[1] 林剑鸣：《秦人早期历史探索》，《西北大学学报》（哲学社会科学版）1978年第1期。
[2] 雍际春：《论天水秦文化的形成及其特点》，《天水师范学院学报》2000年第4期。

阳一带后，秦人逐渐进入关中地区，在这里形成了自己独特的秦文化圈，并与周围文化圈开始交流融合。公元前762年，秦文公迁都于汧渭之会（今陕西省宝鸡县境内），筑城邑，建国都。公元前714年又迁都平阳（今陕西省眉县阳平镇）。公元前677年秦德公迁都雍城（今陕西省凤翔县），在此居住294年之久。直到公元前383年，秦献公迁都栎阳（今陕西省栎阳镇）。自襄公建国至献公迁都的387年间，秦占有西周故地，大量吸收周文化与周遗民，通过维持与周王室及关东诸国的关系，秦公一族保持了其在统治集团内的权势与威望。这使秦文化获得飞跃的发展，使秦成为雄踞于西方的强大的奴隶制诸侯国，社会秩序及全体社会成员的共同价值体系逐渐形成，进一步丰富了秦文化的内容，促进了秦文化的迅速发展。

（三）第三阶段——繁荣期

这一阶段是从秦献公迁都栎阳到秦统一前，时限是公元前383年—前221年，共162年的时间。这一时期主要是奴隶制崩溃，封建制确立，以至秦统一全国前的重要历史时期，当然也是秦文化繁荣、昌盛的发展期。

到秦献公、秦孝公时加快了社会变革的进程，献公元年（公元前384年）"止从死"，二年"徙都栎阳"，七年"初行为市"，十年"为户籍相伍"。公元前356年和公元前350年，秦孝公通过商鞅先后两次实行以"废井田、开阡陌，实行郡县制，奖励耕织和战斗，实行连坐之法"为主要内容的变法改革。即废除旧的世卿世禄制，制定军功爵，依军功授田宅；废除奴隶主的土地所有制，承认土地的私有和买卖；重农抑商，奖励垦荒；编造户籍，实行什伍连坐法；统一度量衡；建立中央集权的封建政治制度，厚赏重刑，一断于法；焚诗书，禁游学，要做官必须习律令、拜官吏为师等。这一系列大刀阔斧的改革，宣告了奴隶制的结束，大大促进了经济、文化和科学技术的发展，使秦国国富兵强。

公元前350年，秦孝公将国都从栎阳迁到咸阳。《史记·商君列传》载:"作为筑冀阙宫庭于咸阳,秦自雍徙都之。"这是一次具有重要战略意义的迁都,此次迁都对于秦后来大一统时代的到来产生了积极作用,同时也为大秦文化的发展壮大奠定了坚实基础。秦国奖励耕战,发展生产,并加强与山东六国的交往,招徕三晋地区的人到秦国垦荒,网罗六国人才,吸收六国文化的积极因素,从而使秦文化的内容不断丰富和发展,出现了繁荣昌盛的局面,为秦并吞六国、完成统一大业奠定了基础。

(四)第四阶段——鼎盛期

这一阶段指的是秦王朝建立到覆灭,即秦王朝时期的秦文化(公元前221—前207年),这是秦文化的鼎盛时期。

秦国先后消灭了韩、赵、魏、楚、燕、齐六国,结束了中国自春秋以来长达500多年的诸侯割据纷争的局面,于公元前221年建立了中国历史上第一个君主中央集权国家,即秦朝。秦始皇统一全国后,实行了一系列巩固统一、加强中央集权的措施。如把秦国的文字加以整理使其规范化,并作为全国通行的文字,废除与秦文不合的六国异形文字;把秦的度量衡作为标准器颁行于全国;废除六国货币,把秦的半两钱作为全国的通行货币;以秦律为基础,统一法律;在全国实行郡县制等。这样就使秦文化传布到全国,秦文化发展达到鼎盛期,是中国古代文化发展史上的一个高峰。

二 秦文化的空间特征

秦文化在空间分布上有一个自西向东、由小到大的发展过程:起初它仅仅局限在甘肃东南部的天水一带,春秋战国时期发展壮大,后扩散至整个关中地区,战国中晚期以后上升为统治文化,开始遍布于全国。

从文献记载及考古研究来看,关陇是秦文化的发祥生息之地,嬴秦文明发祥于甘肃陇南地区,发展成熟于关中地区。西周晚期到春秋早期,秦人势力从陇东西汉水上游、渭河上游、泾水上游地区逐渐扩大到关中一带，秦人政治地位的提升与军事力量的增强，促进了秦文化特征逐渐形成，并发展成为区域内的强势文化，在建立诸侯国"秦"之后，不断进取，从无名走向强大，开创了中国历史上第一个统一的封建王朝，也开启了绵延2000余年的"中华帝国"。

关于秦人的来源学界有两种截然相反的意见，"一种意见认为秦人的祖先是东夷族，后逐渐迁徙于西方的戎狄之间；另一种意见认为秦人是西戎的一支"[①]。这两种意见，谁是谁非，目前尚不易作出明确的判断，然而根据文献和考古资料，在殷周之际，秦人已生活在今甘肃东部一带，这一点是确凿无疑的。前几年，甘肃省文物工作队及北京大学考古系的同志，在甘肃省天水地区的甘谷县毛家坪和天水县的董家坪，发掘了西周时期的秦文化遗存。毛家坪发掘的秦墓葬有31座，其中属于西周中晚期的墓葬有12座；"另发掘居址二百平方米，遗迹有灰坑、残房基地面等。根据地层堆积共分为四大期，年代从西周早期一直延续到战国中晚期"[②]。

秦，考其地名在今天的甘肃省，清水的秦亭附近，《史记集解》徐广曰："今天水陇西县秦亭也。"《史记正义》引《括地志》云："秦州清水县本名秦，嬴姓邑。〈十三州志〉云秦亭，秦谷是也。周太史儋云'始周与秦国合而别'，故天子邑之秦。"由此可知，秦发祥地是天水郡陇西清水县的秦亭，这里土地肥饶，适宜耕种。

据《史记·秦本纪》载，殷商末年，秦先祖"在西戎，保西垂"。到西周中期，秦因功被"分土为附庸""邑之秦"（今甘肃清水县）。《史记·秦本纪》中记载，"好马及畜，善养息之。犬丘人言之周孝王，孝王召使主马于汧渭之间，马大蕃息""分土为附庸，邑之秦"。周孝王时，秦人祖先非子因为给西周王朝养马有功，被封邑在秦（今陕西宝鸡市东），号秦户嬴。公元前821年，秦庄公

[①] 刘军社：《秦人吸收周文化问题的探讨》，《文博》1999年第1期。
[②] 袁仲一：《从考古资料看秦文化的发展和主要成就》，《文博》1990年第5期。

攻破西戎，定居西犬丘。春秋早期，秦致力于伐戎，收复周故地。公元前770年，秦庄公的儿子秦襄公护送周平王迁都洛邑，平王念其有功，便封其为诸侯，并将岐西之地赐秦（今关中西部以西至陇东南），秦国从此迅速崛起，政治重心也从陇东南东迁到关中一带。公元前762年，秦文公迁都于汧渭之会（今宝鸡陈仓区内），筑城邑，建国都。公元前714年，秦宪公又迁都于平阳（今陕西省宝鸡市陈仓区阳平镇）。公元前677年，秦德公迁都雍城（今陕西省凤翔县城南），在此居住达294年（另一说是327年）。公元前659年，秦穆公上台，招揽人才，重用百里奚、孟明视等人，经数年秦晋战争并不断扩大战果，收服了十二戎国，开地千里，遂霸西戎。秦献公二年（公元前383年）将都城从雍城迁到栎阳（今西安市临潼区栎阳镇一带）。秦孝公十二年（公元前350年），从实行商鞅变法开始，又将都城从栎阳迁到了咸阳（今陕西咸阳市东10公里处）。秦孝公商鞅变法取得成功，使秦的国力大为增强，为秦的后续发展开辟了道路。秦惠文王（嬴驷）持续和深化了商鞅之变法，其在位时灭义渠国，消除了北方游牧民族侵略隐患，吞并了巴、蜀，增强了秦国主体实力，并于公元前325年改"公"称"王"，改元为更元元年，成为秦国第一位王。秦昭襄王（嬴稷）在位时重用白起等猛将，攻破了楚国都城郢都，获取楚国半壁河山，进一步增强了秦国主体实力。秦始皇（嬴政）采纳李斯"王者王天下"的想法，采取远交近攻的策略，最终于公元前221年荡平宇内，完成华夏一统，秦文化至此开始遍布全国，鼎盛一时。

第四节　主要内容

一　文物古迹、遗址

在不断东进崛起的过程中，从甘肃礼县大堡子山遗址及墓群、到秦雍城遗址，再到秦栎阳、秦咸阳遗址与秦始皇陵等，甘肃陇南作为秦人早期的发祥地，留下了一系列地上、地下的珍贵文物。

(一) 文物古迹

文物是指具体的历史物质遗存，其具有历史、艺术、科学价值。几千年来，生活在陇南的各族人民不断地开发建设陇南，用自己的勤劳和智慧，创造了丰富多彩的物质财富和精神财富。散布在陇南各地的遗址古城、祠庙古建、石窟碑刻等众多文物古迹，是秦人、氐人、羌人和汉、藏、蒙、回等陇南各族人民在各个历史时期社会实践的结晶，犹如颗颗璀璨的明珠，熠熠生辉。这些文物古迹，既是古代陇南各族劳动人民在推动陇南社会发展中艰苦行进的足迹，也是中华民族古代灿烂文化的组成部分。

1. 秦公簋

秦公簋，1919年出土于今甘肃礼县红河乡王家东台。因该地当时属天水管辖，因此，国内外学者一般都笼统称其出土于天水西南乡。

秦公簋为当地农民挖掘而得，初为横河（今红河）乡"聚源当"作废铜收集，后被陕西关中一张姓古董商发现，贩运至兰州。因无识货者，被南关一商肆购去置于厨房中盛装残浆。后被一识者发现，以高价收购，遂声名鹊起。甘肃督军张广建以权势将秦公簋据为己有，离任时带至天津，后辗转运至北京。1923年，著名学者王国维见到后，以为稀世之宝，为其跋文，公之于世，遂名扬海内外，许多学者纷纷前来观赏，并著文研究。1935年，张广建后人以2000块大洋的价格将此物卖给冯公度，冯公度随后又将其捐赠给北京故宫博物院。秦公簋现珍藏于中国历史博物馆，是先秦时期最著名的青铜器之一。

簋（读guǐ），古代食器，也作礼器用。秦公簋口径18.5厘米，足径19.5厘米，高19.8厘米，盖、器身均为青铜制作，饰蟠螭纹，纹饰繁缛细小，双耳作兽首形状，整体美观，制作精致。尤为珍贵的是盖、器身都有铭文，盖上有53字，全器共104字，上、下合为一篇完整的文章。内容大致是说其先祖承受天命，已传至12代，征伐有功，威名显赫，蒙先祖庇荫，秦公受封，招纳人才，抚育百姓，国力强盛，为缅怀先祖功德，特铸作此器，以尽祭祀之礼，云云。根据铭文内容，学者们一般认为制作者当为秦襄公，与在大堡子山秦公墓中发现的壶、鼎都属同一时期。

另外，在簋盖和器身内还刻有铭文。器身刻有"西元器一斗七升奉"八字，盖内刻有"西一斗七升大半升盖"九字。其中的"西"字引起学者们极大的兴趣。据王国维考证，"西"即秦人早期都邑西垂、西犬丘，也即汉代陇西郡西县，其地望就在秦公簋出土的天水西南一带。由此引发了对秦人发祥地的研究和争鸣，一时轰动海内外。

近年来礼县大堡子山发现秦公大墓及出土大量带有铭文的青铜器物，进一步证实了王国维的推论是完全正确的。秦公簋的铭文不仅有重要的史料价值，其文字书法在中国书法史上也占有重要位置。铭文在字体结构、笔法上都与众不同，整体风格疏密有致、布局大方，打破了西周以来铭文密集规整的布局格式。除此之外，秦公簋的器身和盖上的铭文均由印模在制范上打制而成，这在古代青铜器中是极其罕见的。

2. 秦公壶

李学勤、艾兰（英国伦敦大学亚非学院）《最新出现的秦公壶》载（《中国文物报》1994年10月30日）：今年夏天，一对秦公壶出现在美国纽约，高52厘米，通体覆盖绿色薄锈。壶口横断面为圆角长方形，盖上设捉手，捉手壁饰窃曲纹，盖缘饰吐舌的两头龙纹。器长颈，颈饰波带纹，两侧有耳，耳上饰螺形角的兽首垂环。颈腹之间，以一道弦纹宽带为界。腹下方膨出，面饰大蟠龙纹，有若干龙蛇纠结盘曲。低圈足，饰窃曲纹。器口内壁有铭文，两行六字：秦公作铸尊壶。秦公壶的年代在周厉王晚期到宣王初年这段时间。

3. 秦金箔饰片

韩伟《论甘肃礼县出土的秦金箔饰片》载（《文物》1995年第6期）：法国期间，"戴迪先生出示了新近收藏的一批秦人金箔饰片，形制奇特，数量众多，制作精美，前所未有，实属罕见之物"。有邸枭形金饰片8件；金虎2件；口唇纹鳞形金饰26件；云纹圭形金饰片4件；兽面纹盾形金饰片2件；目云纹窃曲形金饰片2件。这批黄金饰片是西周晚期秦人里棺之装饰物。金箔饰片深厚凝重，富丽堂皇，秦人文艺水平已相当高超。

随后，韩伟发表在《文物》（1995年第2期）上的《论甘肃礼县出土秦金箔饰件》一文，指出金箔饰片出自大堡子山被盗大墓，墓主为秦仲和庄公①。甘肃省文物考古研究所对大堡子山被盗大墓劫后清理中发现多件金饰残片，与上述金饰片相同。学者后来在法国吉美国立亚洲艺术博物馆发现32件秦国金饰片，包括鸷鸟形金饰片4件、小型金箔片28件。这些金饰片，除礼县大堡子山被盗大墓外，国内外其他地点从未出土过，因而具有唯一性，其历史、艺术、科学价值甚高，证据效力很强。

（二）遗址

遗址是考古学术语，是古代人类遗留下来的城堡、村落、住室、作坊、寺庙及各种防卫设施等基址②。遗址的特点表现为不完整的残存物，具有一定的区域范围。2004年北京大学、西北大学、中国国家博物馆、甘肃省文物考古研究所、陕西省考古研究院五家单位联合承办的"早期秦文化考古"项目启动，随即组建了项目组和联合考古队，后对礼县、西和县所在的西汉水上游地区进行详细的考古调查，新发现汉以前各类遗址70余处，其中以早期秦文化为主的遗址共有38处。其中考古队发现了"六八图—费家庄""大堡子山—赵坪""西山坪—石沟坪"等三个相对独立、又互有联系的大遗址群，也可以说这是早期秦文化的三个中心活动区③。

2005年，考古队钻探并发掘了礼县县城附近的西山坪早期秦文

---

① 韩伟：《论甘肃礼县出土的秦金箔饰片》，《文物》1995年第6期。
② 刘敏：《基于需求导向的南京市鼓楼区养老服务设施规划研究》，硕士学位论文，南京工业大学，2014年。
③ 梁云：《早期秦文化的探索历程》，《天水师范学院学报》2017年第1期。

化遗址，并在该处发现一座早期秦文化城址。同年，又发掘了礼县鸾亭山汉代皇家祭天遗址，出土 50 余件圭、璧等祭祀用玉，以及"长乐未央"瓦当等，该遗址的发现为寻找早期秦人祭天遗址"西畤"提供了重要线索[①]。2008 年出版的调查报告指出"（秦人）都邑的具体位置不会超出这三个文化中心区的范围"。[②] 后来的田野工作也的确是围绕这三个中心逐一开展的。

1. 大堡子山早期秦文化遗址

大堡子山位于陇南市礼县永兴乡，其原名万紫山，清同治年间，因当地百姓在此筑堡自卫而得现名。该山西距县城约 10 公里，东距祁山堡（诸葛亮六出祁山屯军之地）12 公里，南临西汉水，因为山顶有一座古城遗址而得名。通过对大堡子山遗址的考古和科学考察研究，许多专家学者对大堡子山一带是早期秦人发祥地这一说法都给予了肯定。近几十年对大堡子山秦文化遗址的挖掘与整理，又为礼县是秦嬴民族发祥之地提供了有力佐证。夏、商、周断代工程专家组李学勤先生指出："礼县为秦人发祥之地，关系中国古代史文化甚为深巨……有裨于考古界、历史学研究的进程。"[③] 迄今为止，经挖掘发现，位于大堡子山上的西垂陵园总面积 150 万平方米，已挖掘清理墓葬坑 14 座，车马坑 2 座，出土鼎、簋、壶、剑等青铜器、金器和玉器文物 300 多件。[④]

大堡子山遗址主要有大型宫殿和西垂陵园，其宫殿是秦人早期都城，始建于西周晚期春秋初，战国时废弃，汉代遭到严重破坏。西周晚期最迟当在周宣王时、春秋时期始于周平王元年。只能比襄公时早，不会迟于襄公之后。

西垂陵园包括大堡子山秦公墓和圆顶山贵族墓两处。两个墓群

[①] 梁云：《对鸾亭山祭祀遗址的初步认识》，《中国历史文物》2005 年第 5 期。
[②] 早期秦文化联合考古队：《西汉水上游考古调查报告》，《文物》2008 年第 4 期。
[③] 周者军：《礼县：打造"先秦故里"金字招牌》，《甘肃日报》2011 年 11 月 24 日第 5 版。
[④] 周者军：《礼县：打造"先秦故里"金字招牌》，《甘肃日报》2011 年 11 月 24 日第 5 版。

隔水相望，总面积达30平方公里。秦公墓器物被盗一空。圆顶山墓葬群大型墓葬中出土七鼎六簋，墓主可能是并穴合葬的上大夫级贵族夫妇。西垂陵园器物，最能体现墓主人身份的是鼎和簋。周制规定，天子九鼎八簋，诸侯七鼎六簋，大夫五鼎四簋，士三鼎三簋。大堡子山秦公墓已清理出七鼎五簋残片，还有一簋已经散失。鼎和簋上铸有铭文如"秦公作铸用鼎""秦公作铸用簋"。器主为"秦公"无疑。香港发现了大堡子山出土的四鼎三簋，两件鼎上有铭文"秦公作铸用鼎"，两件为"秦公作宝用鼎"，三件簋中两件有铭文，器盖各铸"秦公作宝簋"五字。

编钟为古打击乐器。圆顶山出土编钟一套为9枚。大堡子山出土了大型乐器坑，有一组青铜器编钟，大钟3个，小钟8个，还出土了10枚大小不等的打击乐器石磬，又称编磬，用石雕成。编钟和石磬虽锈痕斑驳，仍清脆有声，是秦人文化艺术之瑰宝，显示了秦人已具备完整的周代打击乐器。此编钟制作技术极为精巧，是甘肃收藏最为完整的编钟。

青铜车，出土于圆顶山贵族墓葬，是一种车型的装饰品"盒子"，供妇女存放化妆品之类的东西，有四个轮子和车厢。车厢盖四角立有四只鸟，两处开厢手柄分别有一只熊和一只猴子。车厢底部四角爬着四只虎。要打开厢盖，必须将四只鸟同时旋转对着猴子，否则无法开启。它的可贵之处在于形制的精巧奇特和鸟兽的生动形象，在全国出土文物中实属罕见。

位于礼县县城以西的西山，发掘出周代城址一座，长约1200米，宽5—6米，残高3米，遗址内分布着东周时代的房址5处，有地面式和半地穴式两种，其中有一座大型建筑，修建在大范围夯土台基上，基下埋设有陶水管道。遗址区还发现用于某种重大祭祀活动的马坑7处，牛坑1处，其他动物坑3处。最引人注目的是西周时期的6座秦人墓葬。皆为长方形竖穴土坑墓，规模大小不一。3座墓葬，形制较大，东西向，墓主仰身直肢，有殉人和腰坑，随葬品丰富；3座墓葬，南北向，墓主屈肢，随葬品较少。内有大型墓葬一座，长约5.05米，宽2.6米，深11.1米。墓主为一中年男性，仰身直肢，头朝西。墓主头骨上留有一枚未拔出的铜镞。墓南壁和北壁各设一龛埋置殉人。墓底腰坑内埋1只狗。随葬器物有铜鼎3件，簋2件，短剑1件，戈1件，铜鱼6件，另有璧、琮、璋、戈、罐等玉器和陶器。年代为西周晚期，是目前所见最早的三鼎两簋秦人墓。大体可以断定墓主是一位西周末年死于秦戎激烈争战的秦人贵族，与《史记·秦本纪》中记载的周宣王时期秦人在西垂征伐西戎的历史相吻合。

2001年4月4日，《人民日报》报道说：秦西垂陵园的发现是20世纪继敦煌藏经洞和西安兵马俑之后的又一重大发现。为研究早期秦人的礼乐制度、祭祀制度、铜器铸造工艺等提供了极为珍贵的资料，为探索秦文化的渊源、寻找早期秦人的都邑和陵墓、探索秦戎关系等重大问题提供了翔实的、科学的依据。

2006年又对大堡子山遗址进行了一次全面调查、钻探和一定规模的发掘。在这次发掘中发现一座面积较大的早期秦文化城址、城内26处夯土建筑基址、城内外400余座中小型墓葬。[①] 城址坐落在东北—西南走向的山体上，形状很不规则，总面积约55万平方米，城墙的始建年代大致在春秋早期。2006年下半年发掘面积3000多平方米，发掘大型建筑基址1处（21号建筑基址），中小型墓葬7座，祭祀遗迹1处（包括"乐器坑"1座，"人祭坑"4座）。21号建筑基址约始建于春秋早期晚段，战国时期废弃，性质为大型府库。乐器坑出土编镈3件、甬钟8件、编磬两组10件，最大的一件镈钟正鼓部有铭文"秦子乍宝和钟以其三镈……"28字，为判断附近大墓的墓主以及遗址的性质提供了重要线索。[②]

2007年梁云发表《西新邑考》，认为大堡子山遗址是《秦记》

---

① 早期秦文化联合考古队：《甘肃礼县三座周代城址调查报告》，《古代文明》2008年第7期。
② 早期秦文化联合考古队：《2006年甘肃礼县大堡子山祭祀遗迹发掘简报》，《文物》2008年第11期。

中宪公所居的"西新邑",两座大墓的主人是宪公夫妇;因为在该遗址未发掘到西周时期遗物,故其繁荣期在春秋早期。[1] 2008年其又发文探讨了乐器坑的性质、乐器的组合及定名。[2] 还全面统计了春秋至战国早期秦墓的葬俗,发现直肢葬、腰坑、殉狗、殉人现象按等级自上而下递减,屈肢葬、无腰坑、无殉狗、无殉人的现象自上而下递增,西首葬则为各阶层共用;并认为这种上、下阶层葬俗互异的现象,反映了秦文化的地缘性特点。[3]

2. 六八图遗址

六八图遗址又称"六八图—费家庄"遗址,位于礼县东北境茅水河流域的红河乡红河村以南3公里的范围内,红河水库北部西区为费家庄,东区为六八图,其中规模最大的当属六八图遗址,位于六八图村(今同心村)西北台地,东西宽约400米,南北长约800米,面积约为32万平方米,遗址内发现多处暴露的灰层、灰坑和其他遗迹,内容丰富,主要有鬲、罐、盆、喇叭口罐等,该遗址还出土了仰韶文化晚期的红陶器残片。费家庄遗址分布范围较小,遗址内文化堆积层为灰层,面积约2万平方米。这两处遗址呈南北呼应之势,正好扼在上寺河、下寺河汇流成红河的三角地带的两岸,其地理位置相当关键。沿红河、上寺河溯流而上可到天水,进入渭河河谷;顺流而下,可到盐官。这是一条历史悠久的古道,秦人迁徙亦可能循此路径。该遗址出土的珍贵文物主要有三件,一件是战国中期的"右库工师"戈;一件是春秋时期的青铜"凹口骹狭刃"矛(长23.8厘米,宽3.7厘米);一件战国时期的蒜头壶(高37.5厘米,口径3厘米,腹径23厘米),此三器现收藏于礼县博物馆。

3. 毛家坪秦文化遗存

毛家坪秦文化遗存位于陇山以西嬴秦早期活动地域,文化遗存

---

[1] 梁云:《西新邑考》,《中国历史文物》2007年第6期。
[2] 梁云:《甘肃礼县大堡子山青铜乐器坑探讨》,《中国历史文物》2008年第4期。
[3] 梁云:《从秦墓葬俗看秦文化的形成》,《考古与文物》2008年第1期。

时间从西周一直延续到战国早期，文化内涵非常丰富，文化特征极其鲜明。该地不仅有大量嬴秦墓葬，还有居址，颇具代表性，被考古界视为迄今所知最重要的早期秦文化遗存。毛家坪遗存的发掘，使得秦文化研究发生了飞跃性的进展。因此，我们把它作为早期秦文化的典型案例，加以简略介绍。

毛家坪村属天水市甘谷县磐安镇，地处渭水上游南岸的二阶台地，东侧为渭水支流毛河。村北是渭水，村南是朱圉山。村附近的秦人墓地和居址东西长约300米，南北宽约200米，总面积约6万平方米。甘肃省文物工作队和北京大学考古系于1982年和1983年两次在这里进行考古发掘，共发掘、清理墓葬31座，鬲棺葬12组，房基4处，灰坑37个。其中属于西周到春秋时期秦文化遗存的有墓葬31座（12座属西周时期），房基2处，鬲棺葬4组，灰坑37个。出土陶器1100件（或片），玉、石器86件，铜器9件（或片），铁镰1把，骨器18件。西周时期陶器多为火候很低的红陶，器体较小，制作也较粗糙。春秋以后，绝大多数陶器为火候较高的灰陶，器形也较大。但二者在形态上存在明显的继承关系。

主要陶器类型为鬲、盆、豆、罐、甑、甗、鼎、钵、釜、瓶、纺轮等。器物组合为鬲、盆、豆、罐或鼎、罐、豆，与关中地区春秋时期秦墓相同。早期陶鬲多为侈沿联裆锥足绳纹鬲，晚期方见铲足分裆鬲。

罐有好几种形制，多见双纽大喇叭口罐。陶器绳纹粗而乱，未见彩陶，出土石圭多达51件，未出现仿铜陶礼器。

墓葬形制均为长方形竖穴土坑墓，多为狭长式。东西向而偏北、在270°—315°间，头西脚东。除一墓为乱骨葬外，余均为屈肢葬，其中仰身屈肢葬19座，侧身屈肢葬10座，俯身屈肢葬1座，未出现偏洞式墓。[①]

[①] 甘肃省文物工作队、北京大学考古学系：《甘肃毛家坪遗址发掘报告》，《考古学报》1987年第3期。

毛家坪秦文化遗存在以下几个方面给我们启示，使有关早期秦文化的一些错误认识得到了澄清：

毛家坪嬴秦墓葬，从西周到战国早期，墓葬形制一直是长方形竖穴土坑墓，这一点不仅和其他地区的嬴秦早期墓葬相同，也和中原地区华夏诸国墓葬相同，其为嬴秦文化原本具有的因素，是没有问题的。而曾被认为是秦人特有墓形的偏洞式墓，不存在于毛家坪文化遗存中，其他地区的秦墓中，偏洞式墓也只在战国中期后才出现。可以肯定地说，偏洞式墓并非嬴秦固有的文化因素，它是另一种文化影响下的产物。毛家坪嬴秦墓葬和他处的嬴秦墓葬一样，其葬式是头西脚东的东西向而略偏西北，有墓道的墓以东墓道为主墓道，车马放置也一律面向东方。这一点，则可能与嬴人远古时代西迁有关。作为阳鸟部族的一支，他们肩负测日、祭日的神圣使命，追随着太阳的运行，从东方向西方进发，所以头向西，而东方又是他们部族母体的所在，因恋念故土而面向东。这种大、小墓葬时代前后均保持如一的传统，无疑是嬴秦文化固有的因素。这种传统凝聚着对阳鸟崇拜的根本信念，所以不因环境的改变而改变。

问题比较复杂的是屈肢葬式。毛家坪文化遗存显示，从西周时起嬴秦就盛行屈肢葬，并且有蜷屈程度越来越甚的趋势。许多学者据此断定屈肢葬系嬴秦固有的葬式，属秦文化的本始性因素。对此，学界尚有不同认识，因为毛家坪嬴秦墓葬都是平民墓葬，只能反映社会下层的普遍葬习，而综合所有已知嬴秦墓葬作整体性考察便会发现，凡是国君、公族乃至较高级别的贵族墓葬，葬式几乎都是仰身直肢。如果说屈肢葬属于秦文化固有因素的话，为什么嬴秦社会上层不采用这种葬式呢？通常情况下，社会上层对本民族固有的文化传统，应当比社会下层更坚定不移。从另一个角度说，如我们在《邻交篇》中所指出，屈肢葬式并非只有嬴秦习用，在甘、青地区一些地域性较强的古文化类型如半山、马厂、齐家、辛店、沙井等文化遗存中都不同程度地存在。对于从夏初起就在陇山以西"杂戎狄之俗"（《谷梁传·昭公五年》）的嬴秦族来说，其社会下层因与戎秋长期交往、通婚、融合,而逐渐接受了这种葬式的可能性是存在的。

4. 与早期秦文化相关的名胜

凤凰山在长道镇大柳河畔,大柳河、漾水河夹于东西两面,隔盐官河与祁山遥遥相望。凤凰山满山树木葱茏,山顶有百年梧桐。其地临近秦先王先公陵园所在地礼县大堡子山和秦人祭天祭祖的祁山。凤凰山上的庙宇气势宏大,座座殿堂依山势从山腰至山顶错落修建,拾阶而上,登高平之处俯视,一片绿树海洋,绿波陡起。山上今存的《补修圣母地师金像碑记》记载"起自西汉",可见凤凰山浩渺无迹,历史久远。山上有天孙殿,伴织女星君;有云锦娘娘殿,有"同喜结良缘""百世流芳"碑。长道镇的凤凰山距礼县大堡子山秦公墓不是很远,有可能是一位秦人祖先的住地。山上宫观为山周围西和、礼县共四十八个庄所共有,自古以来就有会首负责每年庙会和祭祀等事。每年农历四月初八,系凤凰山正会日,适逢春暖花开,草木葱郁,山上庙会兴盛,唱大戏、耍杂技、演歌舞,游人如织,络绎不绝,是一年中最热闹的日子。秦人以凤为图腾,凤凰山上的庙宇等突出地反映了秦先民凤凰崇拜在西和、礼县一带留下的烙印。凤凰形象的形成起源于我国古代先民的鸟图腾崇拜。

5. 云华山

云华山坐落于陇南市西和县城东北约15公里处,属于丹霞地貌。其因山形如圭,旧称圭峰,每有皓月当空,万籁俱寂,气象宏远,有"圭峰秋月"之胜景。云华山孤峰耸峙,悬崖高峻,四面临空,仅有一面与南部塔子山山脉的一线相连,称百步桥,又称天桥,犹如银河上的鹊桥。天桥险绝,两无依傍,走在上面,感觉山转云绕,如临深渊。就地势而言,堪比西岳华山之奇险,山顶建有庙宇,错落有致,占地不足20平方米。云华山西南的牛家窑、牛家大地、野鹊湾、西面的卧牛嘴、西南面的大草滩、东南面的青草湾,都和牛郎织女的传说有关。云华山古庙随山势架设于峰巅之上，高耸云间。山门上悬一横匾"人间天上"，庙门、廊柱上多有书画名家的楹联、锲刻。歌今诵古，识善惩恶。所有殿宇或彩绘飞天，或再现佛本生故事。每逢四时八节有晨钟暮鼓从云华山顶响起，声传百里，因而俗称"云华山钟声响西礼"之赞。①

(三) 丧葬制度

在丧葬制度方面，从已发掘的墓葬来看，既保存了秦人原有的一些葬俗，亦大量吸收了殷周的葬仪制度，突出地表现在以下几个方面：(1) 凤翔秦公陵园内国君大墓都是中字型，从已发掘的秦公1号大墓看，撑室置于墓室下部的中间，在撑室周围的三层台上埋有殉葬者，填土中有人牲等，这些都与殷墟武官村大墓相同。只是武官村大墓未见副撑室，每条墓道上各有三个"品字形"的车马坑，墓室底有腰坑。而秦公1号大墓有主撑室和副撑室，墓道的一侧置耳室，墓室底无腰坑。由此可知秦公陵墓的形制承袭于殷周的遗制。(2) 考古发现凤翔秦公陵园的18座中字形大墓都无享堂。但战国时的辉县固围村陵墓、河北平山县中山王陵墓上都有享堂，可能是继承于周制。也就是说墓上建享堂之制始于殷，延至战国。大概是"周因于殷礼"。(3) 棺撑制度方面：《礼记·檀弓》上："天子之棺四重"；《庄子·杂篇·天下》："天子棺撑七重，诸侯五重，大夫三重，士再重"。秦国春秋至战国早期的墓葬资料证明，属于士、大夫级的墓都有棺有撑，有的还用两层套棺②。这说明秦大体上沿袭传统的周礼。

另外，20世纪50年代，中国社会科学院考古研究所先后对陕西长安县客省庄、西安半坡、宝鸡李家崖等东周至战国墓葬遗址的发掘确定了此类墓葬为秦国墓葬，推动人们将屈肢葬式、西向墓和铲形袋足鬲视为秦文化的特征。

秦墓中的这些"异例"，在一定程度上说明了秦文化的传播现

---

① 西礼，指西和、礼县二县。
② 中国社会科学院考古研究所：《新中国的考古发现和研究》，文物出版社1984版。

象。之所以称之为"异例",是基于这样一个基本事实:春秋时期在秦墓中最为流行的葬俗,第一种即最上层嬴秦宗族所拥有的直肢葬、头西向、腰坑、有殉人、随葬铜礼器、有车马坑(部分)等葬俗;第二种即屈肢、头西向的葬俗,乃嬴秦宗族之外大量的"秦人"所使用的一种葬俗,人群分布更为广泛,是中下层"秦人"的主流葬俗。[①] 到东周时期,随着秦国势力的发展,民族融合的加强,屈肢葬成为秦人占统治地位的葬俗,但是一些周遗民与秦宗室仍然保留着自己传统的直肢葬俗。曾被作为探索秦文化渊源新线索的甘谷毛家坪遗址的居民就是受到周、秦文化同化的土著居民。

殉人和腰坑葬俗也是秦民族的传统葬俗,是其区别于周民族、当地土著民族的显著特点,其来源于商代或更早的东夷地区民族的文化。

---

① 史党社:《从墓葬中的"异例"看秦文化的传播》,《中原文化研究》2017年第3期。

第十章

望族寻根
——陇西李氏文化

第一节 区域地理人文环境概况

秦汉时期的陇西郡，是我国建置最早的古郡之一，其辖域历代各有变迁，根据《辞源》考注，陇西郡秦汉时辖地范围较大，包括今甘肃省天水、兰州等地区，地理位置非常重要，自古为战略要区，兵家必争之地。陇西郡始置于战国时的秦国，辖今甘肃省境中部的大片秦国属地，秦汉时郡治在狄道（今甘肃省临洮县南），三国时迁到襄武县（今甘肃省陇西县东南），唐时废置。唐朝的陇西主要是指现在甘肃东南部陇西县一带，由于某种忌讳，唐太宗将陇西郡改名为渭州，从此便再没有陇西郡这个名称，郡治襄武县保留了陇西之名。唐朝分天下为10道，其中陇右道管辖地域最大，包括今甘、新、青20州之地。[①] 唐朝建国以后，李姓作为姓氏符号成为唐朝的象征，也因此荣升为国姓，唐朝的标识也以"陇西"为主，可谓源远流长，荣耀无比。所以唐朝也是李氏陇西郡望形成的最关键、最重要的时期，据记载，李氏郡望相对较多，达13个，其中比较显著的是陇西和赵郡，但是最为显著的是

---

① 陈福明：《关于加快开发陇西李氏文化的对策探讨》，《陕西社会主义学院学报》2006年第2期。

陇西郡望[1]。在金代、元代时陇西郡被改名为巩昌府，民国后又被改名为陇西县。

陇西因位于甘肃省东南部，位于陇山西面而被命名，历史悠久，文化灿烂，自有"巩昌雄镇""南安福地"的美誉。陇西地理位置优越，是古"丝绸之路"上的重镇，东部和西安相接，西部与兰州相邻，境内有陇海铁路和连霍高速穿城而过。历史文化底蕴深厚，历史上郡、州、府都曾在这里安置，曾成为陇右政治、经济、文化、军事中心，甚至成为甘肃最早的省会[2]。

陇西以古老悠久的李氏文化被载入史册，尤其是借着天下李氏的"郡望"和"故里"被人们广为熟知。陇西被称作是李氏的根所在，是李氏起源、成长、发展的地方，长期的发展也使文化底蕴深厚的陇西李氏文化为世界所公认[3]。陇西李氏文化历史悠久，是集文学、史学、民俗宗教文化等于一体的最具复合特征的姓氏文化，同时，也是宝贵的文化遗产和优秀文化的重要组成部分。对其进行发掘、搜集、整理、研究，对于弘扬优秀文化遗产以及增强中华民族的向心力和凝聚力具有非常重要的意义。[4] 甘肃省原省长张吾乐于1995年向海外发表《诚邀五洲宾朋，共同开发甘肃》广播讲话时称："陇西李氏文化是与敦煌文化、天水伏羲文化、拉卜楞寺藏传佛教文化齐名的甘肃四大文化之一。"陇西李氏文化郡望为陇西，历史上人才辈出，并散布在世界各地，是华夏诸多家族发展最为兴盛的大姓，如周朝道家学派创始人老子、秦代名相李斯、西汉名将李广、"后汉二十八将"、"秦王府十八学士"、"凌烟阁二十四功臣"等，尤其是在唐王朝建立以后，李氏文化

---

[1] 孟永林、许有平：《李姓渊源及"陇西"李氏考略》，《天水师范学院学报》2006年第6期。

[2] 《发展壮大特色优势产业助推陇西经济转型跨越发展》，《甘肃日报》2012年4月27日，http://gsrb.gansudaily.com.cn/system/2012/04/27/012463674.shtml，最后浏览日期：2019年3月3日。

[3] 《发展壮大特色优势产业助推陇西经济转型跨越发展》，《甘肃日报》2012年4月27日，http://gsrb.gansudaily.com.cn/system/2012/04/27/012463674.shtml，最后浏览日期：2019年3月3日。

[4] 王震、陈宗立：《陇西李氏文化研究》，《书城》1994年第8期。

发展到鼎盛①。

"望出陇西"其主要含义是指天下李氏的望族出自陇西郡,有人曾把"望出陇西"和"陇西李氏"中的"陇西"二字相混淆,错误的将当时的陇西郡认为是现在的陇西县,考察史料我们可以知道古时候的郡和现在的县是不一样的,隋代以后才出现县名,因此我们这里所称的陇西主要是指古陇西郡②。"望出陇西"的陇西虽然并非指今陇西之概念,但唐太宗皇帝修订《氏族志》时,将李氏作为天下姓氏之冠,以陇西为"郡望",以"陇西堂"为堂号,并在今陇西县建立规模宏大的李氏宗祠,亲自提笔为"李家龙宫",由此陇西便赋予李氏一定的文化内涵③。虽然后来陇西李氏遍布四海,但都情系陇西——海外的李氏同胞们每家都挂有"陇西堂"匾额,海内外李氏后人都将"陇西"作为寻根问祖的最显著标识。《李氏根基在陇西》一文中提到:经过有关专家多年考证和掌握的大量历史资料证实,李氏根在陇西。台北出版的《李氏源流》一书称:"凡吾国各地所有李姓无不冠'陇西郡'三字,足证李氏家族肇始于陇西,殆无疑义。"现在,陇西县主要的文化品牌就是"李家龙宫"和"陇西堂",也是李氏文化发展的历史见证。除此以外,历代李氏人才辈出,陇西县籍的唐代李氏名人有:宰相李石、尚书李蔚、侍御史李中敏,《柳毅传》和《柳参军传》的作者李朝威,《南柯太守传》的作者李公佐,《续玄怪录》的作者李复言,清代还有《榴花梦》的女作家李桂玉等。随着经济的发展,现在陇西县经济文化有了很大的提升,交通便捷,人才辈出,曾有位李氏后人说道:"这里山川形胜壮美,伫立仁寿山上远眺,远山围障,渭水环绕其间,不知何处进,何处出,确系风水家们所称王者之

---

① 王兴邦:《先唐陇西李氏家族的演变及文学成就》,硕士学位论文,西北师范大学,2012年。

② 孟永林、许有平:《李姓渊源及"陇西"李氏考略》,《天水师范学院学报》2006年第6期。

③ 王耀东:《李氏文化缘何落户陇西县》,《社科纵横》2005年第2期。

地，由此博得一代英豪唐太宗定此为祭祖之地，是令人信服的。"①总而言之，陇西县现在不单单是一个地域名称，更重要的是代表着李氏文化，具有浓厚的姓氏文化内涵②。同时，位于陇山以西、渭水河畔的陇西县也是秦文化、唐文化的发源地，承载着两千多年厚重的人文历史。

第二节　历史阶段性特征

李氏文化被看作中华文化的重要组成部分，文化内涵非常丰富，源远流长，人才辈出。如周朝道家学派创始人老子李耳创作了《道德经》，奠定了中国哲学思想体系的基础；唐代的李渊、李世民父子，率领军队击败隋朝，建立唐王朝；秦代名相李斯、西汉名将李广；李白、李贺、李商隐和李朝威、李公佐、李复言等为中国文化的发展做出了巨大的贡献，在中国文化史上有着非常重要的地位。现在，散布在世界各地的李氏后人大都有所作为，出现了一些科学家、政治家、艺术家以及文学家等，形成了一种"华人富豪多李姓"的现象，由此也推动了人类进步和世界文明的繁荣发展。1993 年，甘肃省文史馆将陇西李氏文化列为全省"四大文化"之一。1995 年，甘肃省原省长张吾乐借助国际广播电台华语频道将以"陇西堂"为标识的陇西李氏文化介绍给全世界。李氏文化既是甘肃人的精神资产，也是中华民族宝贵的精神财富③。陇西李氏文化被看作是中华传统文化中的重要组成部分，加之人口数量多以及唐王朝的兴盛，使得李氏文化成为系统性强和风格独特鲜明的姓氏文化。其主要特征表现在以下几个方面。

---

① 王耀东：《李氏文化缘何落户陇西县》，《社科纵横》2005 年第 2 期。
② 王耀东：《李氏文化缘何落户陇西县》，《社科纵横》2005 年第 2 期。
③ 陈福明：《关于加快开发陇西李氏文化的对策探讨》，《陕西社会主义学院学报》2006 年第 2 期。

一　历史悠久，源远流长

通过李氏的发展过程可以知道李氏是一个历史悠久的姓氏。从李姓出自嬴姓开始，至今已有3100多年的历史，其中已有2800多年历史的是一支出自姬姓的李氏。《新唐书·宗室世系表》把李氏宗族系统化，这样的情况在中国历史上是非常少见的，也为李氏文化的发展奠定了基础①。现在，海内外对于李氏文化研究的学者络绎不绝，并且研究还在不断地深入扩展，这也说明了陇西李氏文化对人们有着很强的吸引力和感召力。

二　李姓帝王，百姓之最

在中国历史上称帝的人中姓李的有五十八位，是百家姓中最多的，李姓建立的政权共有十二个，也可以算得上是百家姓中数一数二的。在这十二个政权中，其中大成、西凉和唐是和甘肃有关的。李特在公元304年建立大成政权，其祖籍位于今甘肃秦安县东北，虽然大成政权存在时间不长，但因带领百姓起义、反抗暴政而在中国历史上留下光辉一页。李广后裔李暠在十六国时期的公元400年建立了西凉王朝，虽然仅仅存在二十二年就被后来的北凉所灭，但是陇西李氏却将其视为骄傲。李渊于公元618年建立大唐王朝，是封建社会的鼎盛时期，成为当时世界上最强大的国家。盛唐时期，思想自由开放，百花齐放，出现了一大批艺术人才，诗歌、音乐、书法、舞蹈等都得到空前的发展，演绎出盛唐时候一片繁荣的景象。

三　名人辈出，成就斐然

在中国历史上，李氏人才辈出，都做出了非常大的成就。《中

---

① 《李姓：英才俊杰不胜枚举》，2018年2月12日，光明网，https：//m. gmw. cn/baijia/2018－02/11/27664912. html#version＝b92173fo，最后浏览日期：2020年4月9日。

国人名大辞典》收录有2251名李姓历代名人，占名人总数的4.95%，排在第二位；著名文学家中李姓人数占历代文学家总数的5.3%，排在第二位；著名医学家中李姓人数占中国历代医学家总数的4.13%，排在第四位[1]。陇西作为李氏的郡望，李姓在甘肃的历史名人中也占有很大的比例。1988年，人民日报出版的《全国各省市自治区概况丛书》之《陇原物华》一书在"历史名人"题下列出了48位，其中有9位是李姓人氏，占历史名人总数的18.8%，分别是李暠、李渊、李世民、李广、李陵、李冲、李晟、李愬、李彦仙；在27位著名学者和著名文学艺术家中有7位是李姓人氏，占总数的25.9%，分别是李翱、李白、李益、李约、李公佐、李复言、李梦阳[2]。事实上，陇西李姓名人、学者、文学艺术家还有更多，如"陇西三李"，他们在甘肃古代文学史上乃至中国古代文学史上都有很重要的地位。李朝威所著的《柳毅传》可以称作唐代传奇代表作品之一。从元明清时期一直延续到现在，我们仍能够在舞台上看到《张羽煮海》《龙女牧羊》等剧目，这些都是采用《柳毅传》这篇文章中的素材，称得上流传千古的佳作。

四 宗族兴旺，家谱繁多

因李姓人数众多，故唐代大诗人李白曾作诗曰："我李百万叶，柯条布中州。"由此可以看出唐代时李姓人遍布全国各地，即使在现在，李姓人也遍布在全国各地区甚至是全世界各地区，这也说明了李氏家族的兴旺。

《氏族典·氏族总部杂录》中说："李氏十一望，赵郡最贵，陇西次之。"据《新唐书·宗室世系表》记载，陇西郡李氏有几十个大的房系，历经发展迁移，分散在全国各处。最著名的是四大房

---

[1] 《李姓：英才俊杰不胜枚举》，2018年2月12日，光明网，https://m.gmw.cn/baijia/2018-02/11/27664912.html#verision=b92173fo，最后浏览日期：2020年4月9日。

[2] 《李姓：英才俊杰不胜枚举》，2018年2月12日，光明网，https://m.gmw.cn/baijia/2018-02/11/27664912.html#verision=b92173fo，最后浏览日期：2020年4月9日。

系，即武阳房、姑臧房、丹阳房和敦煌房。赵郡李氏也有六大房系，由此证明了李氏家族的兴旺。

从古至今，在中国凡是世家大族都是非常注重续家谱的，据《中国家谱综合目录》收录李姓族谱家谱620部，仅次于王姓、张姓、陈姓的家谱族谱。当然，《中国家谱综合目录》并没有将所有的家谱族谱进行记录，虽然无法准确地说出李氏家谱族谱的确切数量，但毋庸置疑的是，家谱族谱中数量最多的里面肯定是有李姓的。李姓家谱族谱中的家训家规也算得上中国传统文化的重要组成部分，都包含有修身、养德、治家、爱国的内容，与儒家思想中所倡导的孝、悌、和、信、仁等也是有相似的含义，凡事都有利弊，家规家训中也有一些是需要摒弃的糟粕和不适应现在这个时代的部分[①]。

五 天下李氏，根在陇西

唐太宗修订《氏族志》时，将李氏作为天下姓氏之冠，诏令天下李姓都以陇西为"郡望"，以"陇西堂"为堂号，并对受封归降的仁人志士赐予李姓，因此便出现陇西是李氏的根所在，故言李者必称陇西这一说法。我国唐代大诗人李白写有豪情诗篇："我李百万叶，柯条布中州，天开青云器，日为苍生忧。"[②] 即使在现在，李氏族人也分布在全国各地，甚至是世界各个角落。在台北出版的《李氏源流》一书中称："李氏族繁衍布四方，人口之多为姓氏族之冠，且我族源出于一，凡我国各地，所有李姓无不冠'陇西郡'三字，足证李氏宗族肇始于陇西，源出于同血系，殆无疑义。"[③] 故李氏的"根"在"陇西"，以"陇西"为郡望，"陇西堂"为

---

① 《李姓：英才俊杰不胜枚举》，2018年2月12日，光明网，https：//m. gmw. cn/baijia/2018-02/11/27664912. html#version=b92173fo，最后浏览日期：2020年4月9日。
② 李白：《李太白全集》，中华书局1977年第1版。
③ 转引自孟永林《"陇西"李氏及其文化特色》，《甘肃政法成人教育学院学报》2006年第4期。

堂号。

郡望和堂号都以郡名相称,这在众多姓氏中是非常少见的,从古至今只有李姓是将"陇西"作为郡望和堂号,这个独特现象,有很深的历史渊源。"陇西"作为李氏族人的郡望和堂号,其影响意义是非常深远的,不再只是一个地域的代名词,更多的是一种深厚的文化现象,故世界各地的李氏后人会对"陇西"二字有非常深厚的感情。

李氏的根在"陇西",所以世界各地的李氏后人都会将"陇西"二字标在最引人瞩目的地方。如中国台北世界李氏宗亲总会琉璃大屋顶的大楼正面,写有"陇西"二字;新加坡李氏宗亲总会的大高楼每一层的正面两侧,都用汉文书有"陇西"二字;香港地区直接署名"陇西李氏宗亲总会";菲律宾只有一地区署名"粤侨李氏陇西堂",其余七个地区都叫"陇西李氏宗亲总会";旅居新加坡的潮州李姓,他们的牌匾不署李氏,只写"潮州陇西公会"[1]。

现在世界各地的李氏后人也都将"陇西"视为李氏根的所在地,陇西李氏已经成为一个民族重要的徽号,是一种包含深厚文化含义的姓氏符号。因此,"陇西李氏文化"既是一个姓氏文化,更是中华传统文化的重要组成部分。

第三节 主要内容

一 文物古迹、遗址

(一)陇西李氏文化遗址遗迹

在陇西境内除有名的仰韶文化和齐家文化外,有很多史前古人类文化遗址,陇西是李氏文化的根所在地,故境内也有很多关于李氏族人活动的遗址遗迹。始建于唐初的"李家龙宫",是李氏族人

---

[1] 陈福明:《关于加快开发陇西李氏文化的对策探讨》,《陕西社会主义学院学报》2006年第2期。

寻根祭祖之地。近些年，人们先后修建了供奉老子的主殿、李崇的陇西堂以及祖师殿等十一座古建筑。此外，陇西李氏文化遗址遗迹还有"托塔天王"李靖的供祠，李揆、李观、李益、李贺、李敖学习的"五李亭"以及李贺墓、李贺南园、太白井等①。

1. 李家龙宫

李家龙宫（李氏祠堂）遗址位于今陇西县南安乡一心村庙儿巷，是天下李氏族人敦亲睦族、祭祀先祖的宗祠，是研究陇西李氏文化遗址遗迹的重要载体和标志性建筑之一，是陇西唯一保存下来的一处古建筑群。② 唐朝贞观年间，陇西已成为丝绸南路的名城重镇之一，唐太宗李世民重视在李氏的发祥地、发迹地的陇西宝地建立宗祠庙，意在光宗耀祖、威镇四方，并亲自提笔"李家龙宫"匾额，准许皇室家族及官员前去祭拜。李家龙宫（李氏祠堂）坐北朝南，东西长600米，南北宽440米，建筑面积25万平方米。李家龙宫主要是宫廷式建筑风格，规模大，规格也高。其主殿屋脊上放置有九兽。由于在封建等级制度下，皇宫和太和殿可以安放十兽，其余任何地方都是禁止安放的，由此可见李家龙宫的地位之高。宫殿建筑之上都会雕刻有龙，寓意"十八子李"根深叶茂。在唐朝盛世时期，有一些关于李家龙宫的历史说法，相传唐高祖李渊命人在陇西修建祖庙之后不久，唐朝统治阶级内部就出现了夺权政变，即玄武门事变，唐高祖被迫交兵权给李世民，后被尊称为太上皇。李世民登基后为查访真龙脉所在地，便命一高僧去陇西郡探查。唐朝末期，局势动荡，陇西李氏族人南迁，散布在全国各地，李家龙宫历经战乱也一度被摧毁。现在遗址附近地下仍有厚达10米的瓦砾，当地人称作是"瓦碴坡"。宋代和元代时曾做了部分修缮，后经战火又遭到损毁。明万历五年，时任陇西知县的山东临邑人李汝相倡导筹资，重建李家龙宫，由于大唐盛世已衰，只在原李家龙宫的旧

---

① 陈福明：《关于加快开发陇西李氏文化的对策探讨》，《陕西社会主义学院学报》2006年第2期。

② 刘振林：《陇西李氏文化简介》，《甘肃科技》2010年第7期。

址北面恢复了龙宫部分建筑——亦称"北极宫"。扩建后的李家龙宫建有北天第一门（俗称头天门）、北天第二门、北天第三门。清代时经破坏最后仅剩"北天第一门"牌坊。康熙元年重建，康熙三十七年吕培高任知县时，曾于任期内在"北天第一门"上悬有"仰弥高"竖匾额，同治五年陇西城陷，李家龙宫再遭劫难。清末及民国初年又陆续增建维修一新，规模虽远不如前，却也山水相依，楼殿参差，别有天地。

明建李家龙宫（李氏祠堂）总体建筑体式是"前五楼""后五山"和"中部祭祀区"。前部建有戏台和五座楼及大小殿阁建筑群，院中苍松翠柏，肃穆幽静，谓之"前五楼"。中部建有主祭堂建筑群，主殿及两侧殿均飞檐翘角、群龙盘脊。殿中供奉道教始祖李耳、吕洞宾、李崇等李氏先祖雕像，香火是非常旺盛的，李家龙宫北殿屋脊上的九条龙有"九五至尊"的含义[①]。后面建的是后花园，有5座假山，即普贤崖、文殊岭、白衣岩、接引山、太乙峰[②]。每座假山上都建有形式各样的亭台楼阁，里面都摆有塑像，花草树木茂盛，环境幽雅。中国社会科学院研究员黄道霞考证李家龙宫现在的脊兽都是北宋时期的砖雕，形态优美、造型精巧，是一组珍贵的艺术珍品，具有非常意义的文物和考古价值。陇西县人民政府分别于1981年和1985年将北天第一门和李家龙宫列为县级文物保护单位[③]。对目前仍存在的11座古建筑群于2002年进行了保护修复。2003年9月开始向游人开放。李家龙宫于2006年6月被列为定西市爱国主义教育基地。

2. 陇西堂

"堂号"是一个同姓家族或家族中某一支派的共同标识，是一

[①] 《陇西李家龙宫》，2014年4月10日，甘肃旅游网，http://www.agri.cn/DFV20/GS/xx-ny/xclytp/201404/t20140410_3845781.htm，最后浏览日期：2020年4月14日。

[②] 《陇西李家龙宫》，2014年4月10日，甘肃旅游网，http://www.agri.cn/DFV20/GS/xxny/xclytp/201404/t20140410_3845781.htm，最后浏览日期：2020年4月14日。

[③] 《甘肃陇西李氏文化与李家龙宫》，2012年12月18日，豆丁网，http://www.docin.com/p-200570055.html，最后浏览日期：2020年4月15日。

个家族门户的代称,也是家族文化的重要组成部分。一般而言,同一郡望的家族,有不同的堂号,但只有李姓,郡望是陇西,堂号是"陇西堂",走遍天下都一样。陇西堂就是李氏族人维系血缘最重要的标识,不仅是李氏宗族祠堂,还是陇西李氏文化的标志。李氏文化首先是姓氏文化,姓氏文化的深层含义就是重宗族传承和族群凝聚,而以"郡望"和"堂记"作为凝聚全族宗亲支撑点的"陇西郡"和"陇西堂",正是天下李姓人认祖归宗的根本和精神依托,这是李氏文化最基本的内涵。在中国历史上,郡望和堂号均取名为郡名的情况是非常少见的,也就只有李氏的"陇西堂"。这个独特的文化现象,有它深远的历史渊源。唐朝是陇西李氏文化的奠基者。唐高祖李渊封"陇西堂",又封其子李世民为"陇西郡公"。唐太宗李世民修改《大唐氏族志》时规定:"李氏凡十三望,以陇西为第一",并下诏:"朕之本系,起自往下。"李姓也因此荣升为国姓,成为"天下第一大姓"。当今李姓后人依据可靠的族谱都可以找到自己所属的房别。李氏族人分布在世界各个角落,可以称得上是一个世界人文奇观[①]。故甘肃省委省政府和陇西县政府在1992年决议修复陇西堂,既可以作为一个旅游景点供游客参观,又可以作为连接李氏后人的纽带欢迎世界各地的李氏后人前来寻根祭祖。在省里有关部门以及各地区李姓宗亲组织的支持下,便开始全力修复陇西堂。修复后的陇西堂选择建在仁寿山三清宫附近,依山而建,随峰就险,占地面积达22万平方米,分为迎宾区、祭祀区等多个区,连接316国道。朝祖区设有六馆一堂,即肖像馆、忠烈馆、名人馆、金石馆、陈列馆、博览馆、功德堂。根据地势,修建亭台楼阁,竖向为楼级,横向为长廊,中院主祭堂以重檐歇山顶式结构为主要建筑风格,雕梁画栋,檐悬匾额。

---

① 陈福明:《关于加快开发陇西李氏文化的对策探讨》,《陕西社会主义学院学报》2006年第2期。

3. 李贺墓

李贺（约公元791—817年），中国唐代诗人，字长吉，祖籍位于陇西，生于今河南宜阳，为唐宗室郑王李亮后裔，后期家道中落。青少年时，才华出众，名动京师。一生悲苦忧郁，羸弱多病，只当了3年奉礼郎，被后人称为"鬼才"。李贺死后葬于陇西（在今甘肃省陇西县昌谷乡袁家湾），俗称"学士坟"。《巩昌府志》记载："仁寿山在南一里，其山系秦岭支脉，逶迤千余里，至郡之阳而止。右有悬泉，如匹练，近无矣。其上有文昌阁、魁星楼，其背有李贺墓。"乾隆版《陇西县志》亦载："仁寿山在城西南里许……其上有李贺墓。"20世纪70年代修建水利工程时坟墓被毁。

4. 李长吉昌谷里碑

在陇西县城南门外大碑院西昌谷路十字东侧，矗立着一块石碑，名《重勒李长吉昌谷里碑》碑身高六尺，宽二尺四寸[1]。正面碑文分上下两部分。上部分大书"唐才子李长吉昌谷里"九字。竖排三行，每行三字；下部分为小字碑文"写李贺神道碑已倾圮，重勒新碑，以表先达遗迹云"[2]。这块碑是在公元1809年设立，由当时陇西县的李师唐所撰写的碑文，于20世纪60年代初被毁。

5. 李贺南园遗址

李贺读书的地方主要是南园，据乾隆《陇西县志》载"南园在城南十里，唐李贺之园，见贺诗，今废"。南园遗址位于今巩昌镇昌谷袁家湾。乾隆初年虽废，但民国实行保甲制，将辖袁家湾在内的昌谷村仍名为"南园保"，可见遗址犹存。

6. 五李亭

据《陇西县志》的"幅员图"显示，五李亭在陇西县城东、

---

[1] 《陇西9大历史遗迹》，2020年9月4日，今日陇西，http://www.sohu.com/a/416460669_99998469，最后浏览日期：2020年4月9日。

[2] 《陇西9大历史遗迹》，2020年9月4日，今日陇西，http://www.sohu.com/a/416460669_99998469，最后浏览日期：2020年4月9日。

荆河（南河）以东，离烽火台不远的地方，具体地址还需要考究。五李亭是为唐代李揆（陇西人）、李观（陇西人）、李益（武威人）、李敖（陇西成纪人）、李贺（陇西昌谷里人）修建的纪念亭。

7. 太白井

在陇西县城西南大井巷。相传，唐代的伟大诗人李白年幼时曾跟随父亲居住在陇西一段时间。人们为了纪念他于是就在这里挖掘了太白井。1938年著名历史学家顾颉刚考察西北教育时，同行的历史学家王树民在日记中写道"太白井，俗称大井，在南街路西，相传为太白之井"。

8. 太白故里碑

在县城上西关"土城门"（西郭城楼遗址）外南侧有一石碑，圜首，高六尺许，宽三尺许，石碑上刻有"太白故里"四个大字，20世纪50年代初期时太白故里碑还在，今已消失。

（二）敦煌唐代李氏三碑

莫高窟现在有十余块碑刻是唐代到清代时期的，尤其唐代李氏三碑是最为出名的。因为这三块碑铭为研究敦煌莫高窟营建史、唐代河西归义军政权史、中国李氏之源和敦煌李氏兴衰史提供了很珍贵的史料，所以引起史学界和敦煌学界的关注。现存莫高窟的李氏三碑主要指如下三碑。

1. 《李克让修莫高窟佛龛碑》

《李克让修莫高窟佛龛碑》是李克让修建敦煌莫高窟第332窟的功德记[1]。据陈万里《西行日记》记载：1925年在"146窟（今编32窟）内得见李君碑，碑于民国十年时为俄人所断，已折为二"[2]。现在这块石碑仅剩一部分，并被放在敦煌研究院陈列馆。剩下的碑块阳面的文字是可以清晰看到的，而阴面的部分已被全部损毁。残碑宽74厘米，高76厘米。幸运的是徐松所著的《西域水道

---

[1] 谢生保：《敦煌李氏三碑研究综述》，《敦煌研究》2000年第2期。
[2] 谢生保：《敦煌李氏三碑研究综述》，《敦煌研究》2000年第2期。

记》和罗振玉所著的《西陲石刻录》曾记录过碑文的全部内容，但是仍然有一些缺漏的部分。这块石碑中一些文字部分尚保存在北大图书馆、敦煌市博物馆和敦煌研究院。王重民根据敦煌经洞出土的 P2251 卷（该碑文抄卷）参照徐松和罗振玉两人的文章，对该碑录文进行核对和完善，可以知道这块碑文的大体意思。在王重民修整的基础上，敦煌研究院李永宁参照珍藏在敦煌研究院的有关该碑实物、拓片进行了再次修整和考究。宿白依据 P2551 号卷和北大图书馆拓片，参照徐松和罗振玉两人的文章进行修整，在 1988 年发表《李君莫高窟佛龛碑合校》一文，已基本补全这块碑文的残缺部分。马德又在李永宁和宿白两位学者研究的基础上作了进一步的校对，按原碑文拓本分行并加标点，用简化字排版，附录在《敦煌莫高窟史研究》一书中[①]。

每个学者对于这块石碑的命名存在不同的想法，徐松的《西域水道记》是最早记录该碑文的，言此碑："碑首篆额：'大周李君修功德记'八字已剥落。"因为石碑的上半部分已经很早就被损毁，学者们只好根据铭文以及自己的理解对其命名。罗振玉《西陲石刻录》称此碑为"周李君佛龛记"；向达《莫高·榆林二窟杂考》称此碑"李府君修佛龛记"；张维在《陇右金石录》中称此碑为"周柱国李君修佛龛碑"；李永宁称此碑为"李克让修莫高窟佛龛碑"；孙修身称此碑为"李克让（怀）修莫高窟佛龛碑"等[②]。后来，学者们为了记录简洁易懂，便依据该碑立碑纪年："维大周圣历元年岁次戊戌伍月庚申朔拾肆日癸酉敬造"，俗称《圣历碑》[③]。

2.《大唐陇西李府君修功德碑》

《大唐陇西李府君修功德碑》是关于李大宾修建莫高窟第 148

[①] 谢生保：《敦煌李氏三碑研究综述》，《敦煌研究》2000 年第 2 期。
[②] 《莫高窟·李氏三通碑》，2018 年 9 月 12 日，腾讯网，https://new.qq.com/omn/20180912/20180912G139A7.html，最后浏览日期：2020 年 9 月 19 日。
[③] 《莫高窟·李氏三通碑》，2018 年 9 月 12 日，腾讯网，https://new.qq.com/omn/20180912/20180912G139A7.html，最后浏览日期：2020 年 9 月 19 日。

窟的功德记①。此碑保存完好。现在这块碑位于莫高窟第 148 窟前室南侧北向面。此碑虽有明确篆额"大唐陇西李府君修功德碑记",但各家仍各命其名。徐松在《西域水道记》中称此碑"大唐李府君修功德碑";罗振玉在《西陲石刻录》中称此碑为"唐陇西李府君修功德碑";张维在《陇右金石录》中称此碑为"李府君功德碑";孙修身称此碑为"大唐李府君功德碑";张书城称此碑为"李大宾大唐陇西李府君功德碑"②。后来人们为了方便记录,便根据该碑立碑纪年:"时大历十一年(776 年)龙集景辰八月十五日辛未建",俗称《大历碑》。此碑为花岗岩石刻,历经千余年的自然剥蚀,部分字迹模糊不清,但可辨认,碑边也有缺字。关于此碑文的相关记录仍然珍藏于莫高窟藏经洞中,相关学者后续对该碑文进行了修整,基本可获知该碑文的全部内容。

3.《唐宗子陇西李氏再修功德碑》

《唐宗子陇西李氏再修功德碑》是关于李明振重修先祖所建莫高窟 148 窟的功德记。此碑与《圣历碑》是同一碑,现存莫高窟 148 窟前室南侧南向面,保存完整。该碑石底座高为 40 厘米,宽为 100 厘米,长为 103 厘米,碑高为 282 厘米。正文北面为 216 厘米,南面为 222 厘米,碑头北面为 66 厘米,碑宽为 78 厘米,厚为 22 厘米,碑额北面有用篆书写的四行字,每行三字:"大唐陇西李府君修功德碑";碑额南面有用篆书写的四行字,每行三字:"唐宗子陇西李氏再修功德碑。"③ 在早期研究中,除徐松的《西域水道记》和宣统的《甘肃新通志》命名与碑额题名一样外,其他学者的题名是各不相同的,如罗振玉在《西陲石刻录》中称此碑为"陇西李氏再修功德记",张维在《陇右金石录》中称此碑为"李氏再修功

---

① 《莫高窟·李氏三通碑》,2018 年 9 月 12 日,腾讯网,https://new.qq.com/omn/20180912/20180912G139A7.html,最后浏览日期:2020 年 9 月 19 日。

② 《莫高窟·李氏三通碑》,2018 年 9 月 12 日,腾讯网,https://new.qq.com/omn/20180912/20180912G139A7.html,最后浏览日期:2020 年 9 月 19 日。

③ 谢生保:《敦煌李氏三碑研究综述》,《敦煌研究》2000 年第 2 期。

德碑"等。因碑文有"□□元年岁次甲寅拾月庚申朔伍自甲子□"的纪年,故各家观点一致,即所缺年号应是唐昭宗乾宁年号。人们为了简便,俗称《乾宁碑》。此碑与《大历碑》一样,都分为阴阳两面,都是花岗岩石刻,历经岁月的打磨,该石碑上的很多字迹早已变得模糊不清,甚至有部分残缺。但莫高窟藏经洞发现的文献P464中,有此碑文的抄卷,各家以此抄卷进行了校录、补缺,已得此碑全文。

李氏三碑对于考古莫高窟和考释壁画上的内容有非常重要的价值。李氏三碑都是有具体的修建纪年的石碑。这为考古敦煌石窟提供了重要的参考依据。从立碑者和立碑年代,我们可知第331、332窟修建于初唐,第148窟修建于盛唐至中唐之间。如果把修建于晚唐的第9窟也算作李家窟,那么李氏家族在初唐、盛唐、中唐、晚唐都修建了洞窟,而且这四窟都是唐代的代表洞窟。根据李氏三碑的设立时间,我们可以大体推测出唐朝没有窟主,也没有修建纪年的洞窟。另外,从李氏三碑上可以了解唐朝时雄伟壮观的莫高窟和繁荣兴盛的佛事活动。如《圣历碑》中记载莫高窟:"实神秀之幽岩,灵奇之净域也。西连九陇坂,鸣沙飞井擅其名;东接三危峰,泫露翔云腾其美。左右形胜,前后显敞,川原丽,物色新。仙禽瑞兽育其阿,班羽毛而百彩;珍木嘉卉生其谷,绚花叶而千光。尔其镌崿开基,植瑞橘而概日;礉山为塔,构层台以造天""升其栏槛,疑绝累于人间,窥其宫阙,似游神乎天上。"[①]《大历碑》中记载莫高窟:"敦煌之东南,有山曰三危。结积阴之气,坤为德;成凝质之形,地为象。峻增千峰,磅礴万里;呀豁中绝,块圠相嵌。凿为灵龛,上下云矗。构以飞阁,南北遐连。依然地居,杳出人境。圣灯时照,一川星悬。神钟午鸣,四山雷发[②]。"《大历碑》中记载李大宾所建的莫高窟第148窟的外观:"尔其檐分雁翅,砌盘龙鳞,

---

① 胡同庆、罗华庆:《解密敦煌》,敦煌文艺出版社2019年版,第16—17页。
② 唐耕耦、陆宏基:《敦煌社会经济文献真迹释录》,全国图书馆文献缩微复制中心1990年版,第79页。

云雾生于户牖，雷霆走于阶陛。右豁平陆，目极远山。前流长河，波映重阁。风鸣树道，每韵苦空之声；露滴禅池，更澄清净之趣。"《乾宁碑》中记载李明振重修后的莫高窟第 148 窟外观："雕檐化出，巍峨不让于龙宫；悬阁重轩，晓万层于日际。"从上述碑文遥想唐代之时，莫高窟窟檐高大，重楼悬阁，层层叠叠，雕梁画栋，飞檐兽脊，壮观的气势和优美的环境。

从李氏三碑上还可知唐代敦煌的政治变化和莫高窟的兴衰。如《圣历碑》建于武周圣历元年（公元 698 年），此时也正是唐朝发展的鼎盛时期，贞观之治以后，国泰民安，繁荣兴盛，一片欣欣向荣的壮观景象，敦煌作为丝绸之路上的重镇，成为当时东方非常兴盛的国际都会。行走在丝绸之路上的商人、使节和僧侣，大都以敦煌作为中转的地方，因此促进了当地经济的发展和中西方文化的交流。石碑设立的时候，武则天已经当政很多年，因其宣扬佛教，崇尚佛祖，推动了佛教文化的传播和发扬。很多地方为了朝拜开始纷纷修建佛寺佛像，也极大地推动了莫高窟开窟造像活动。此时的政治形势如碑文描述："我大周之驭宇也，转金轮之千福……慈云共舜云交映，慧日与尧日分晖。德被四天，不言而自信，恩隆十地，不化而自行。""大云遍布，宝雨滂流"；"大周广运，普济含灵。金轮启圣，玉册延祯。"莫高窟"有名窟，实为妙境。""圣灯时照，一川星悬，神钟乍鸣，四山雷发。"[1] 佛事活动，空前繁盛。《大历碑》于唐代宗大历十一年（公元 776 年）设立，距离《圣历碑》设立已有七十余年。此时经历安史之乱以后，时局动荡，城池面临侵夺，敦煌也岌岌可危，碑文所记："属以贼臣干纪，掠寇幸灾，磔裂地维，暴殄天物。东自陇坂，旧陌走狐兔之群；西尽阳关，遗邑聚豺狼之窟。拆木夜惊，和门昼扃。"[2] 莫高窟已是"塔中委尘，禅处生草"，是何等的凄凉。就在这兵荒马乱、战火连天

---

[1] 董诰：《全唐文》，山西教育出版社 2002 年版。
[2] 谢生保：《敦煌李氏三碑研究综述》，《敦煌研究》2000 年第 2 期。

时，李氏族人顶着危险开窟造像，建造了莫高窟最大的涅槃殿第148窟，并且首次绘制了《报恩经变》，把儒家的忠君报国思想融入佛教壁画，借此激励敦煌军民抗击吐蕃入侵。同时也反映了敦煌臣民无所畏惧，誓死保卫家乡的勇气。《乾宁碑》立于唐昭宗乾宁元年（公元894年），上距《大历碑》118年，距唐宣宗大中二年（公元848年）率领敦煌军民起义，收复敦煌及河西十一州已经46年。在吐蕃统治下的敦煌形势如碑文所记："时遭西陲汩没，洎于至德年中，十郡土崩，歼绝玉关之路。"在敦煌回归大唐张氏归义军政权时，敦煌的政治形势是"运偶大中之初，中兴启途，是金星曜芒之岁。皇化溥洽，通乎八宏；遐占雪山，绵邈万里""复天宝之子孙，致唐尧之寿域""十郡丰登，吏士贺来苏之政"[1]。经过吐蕃统治以后，李氏族人建立的第148窟已是"林风透闼，埃尘宝座之前，崦岭阳乌，曝露荼毗之所"。由此便促使李明振重修"当家三窟"[2]。

（三）李氏族谱

李姓家族由于算得上是一个大家族，因此其家谱不仅数量繁多，而且种类也有很多。李氏族谱是从宋代开始有的，在明清时期发展到鼎盛，也有一些是现代的，大都是不断修订的版本。修谱主要是为了"尊祖收族"，并对李氏族人进行"尊尊亲亲之道"的道德教育，即要尊敬祖先，加强团结，明确怎样为人处世。族谱的内容主要是记载李姓世系（即世代相传的统系）和重要人物事迹，基本包括序文、凡例，后记祠堂、祖茔、辈分、族规、家训等部分[3]。当前，国家正在大力提倡爱国、敬业、诚信、友善等价值观，社会各方面也在广泛开展社会公德、职业道德、家庭美德、个人品德教育，积极促进人际关系和谐。这些有关道德文化的内容在家训中都

---

[1] 董诰：《全唐文》，山西教育出版社2002年版。
[2] 谢生保：《敦煌李氏三碑研究综述》，《敦煌研究》2000年第2期。
[3] 《李姓家谱》，360百科，https://baike.so.com/doc/6077552-6290636.html，最后浏览日期：2020年11月1日。

有体现,所谓陇西李氏家训,并非只是指陇西县李氏的家训。在李氏宗亲中流传着一句话:"天下李氏出陇西。"而在甘肃省定西市陇西县建有李氏宗亲寻根问祖之固定处所——陇西堂,亦名"李氏龙宫"。当地管理者经过多年的收集,已经在李氏龙宫中汇集了全国各地甚至还有海外的近千册李氏族谱。据《中国家谱综合目录》显示,李氏家谱有据可查的共有620种、2250册,此外还有不明册数的几千卷和各种钞本。[①] 这些都是全国各大学、图书馆、个人、甚至是外国(如美国、日本等)所收藏的李氏家谱。比照《中国家谱综合目录》,陇西堂尚未收集的李氏家谱还有很多,因元代以前的家谱大多因兵灾、战乱而散失,现保存的绝大多数宗谱为明清以来的续修家谱。但是,陇西李氏家训并没有一本专门的家训著作,且李氏家训散见于各种李氏家谱中。李氏家谱内容颇多,有宗派图、世系图、墓志铭、碑刻、祭文、诏书、家戒、家训等,保存最完整的家谱数福建连城《文川李氏七修族谱》,所载的家谱历史长达近千年,其30世世系井然可循。其在旧谱世系之外,又设前编、后编、祀曲纪(宗祠配享、祠记联句、祠坟各祖祝文)、烈传纪(实录、行状)、国恩纪(牌坊赠匾、旌表、看语、敕谕、诰命、题命)、文学纪(赋记序、疏书、启题、咏赠、答诗书)、还有序记纪、志铭纪、祭文纪,仅从体例来看,实为一本不可多得之通谱。除此之外还有诸多家谱中摘录的普通的家族性家训,名目繁多,没有统一的名称,主要是以家训、家范、家规、家法、家戒等名目出现,只是简单的条款罗列,并不是很有代表性,内容也是有详有略,如有元末至清初间的桐城龙河《龙河李氏宗谱》,万历年至民国十一年间临海大汾《大汾李氏族谱》,康熙五十五年(公元1716年)至清末民初杞县《李氏族谱》,宋绍熙元年到民国八年(公元1190—1919年)湖南茶陵《龙溪李氏族谱》,四川高县贾村

---

① 国家档案局二处南开大学历史系中国社会科学院历史所图书馆:《中国家谱综合目录》,中华书局1997年版,第103—132页。

《庆符李氏族谱》，三明地区《陇西李氏族谱》，福建《长乐李姓谱志》《陇西琅峰李氏族谱》，合阳南知堡《槐院李氏简史》，陇西堂《李氏家训》《世界李氏族谱全书》《陇西永泰李氏谱志》，浙江临海《黄坛李氏族谱》，横水简家村《李氏族谱卷首》，还有成于明万历（1573—1619）年间的福建省长乐市湖尾李氏谱志《象峰李氏族谱》，大余新城《李氏重修族谱》之"家规十一则"，江西兴国江背乡养元村谱之"圣谕广训十六条"，甚至李氏家谱中还收录有李世民《帝范》，李昺家训《手令戒诸子》《勖诸子》，太始祖伯阳公遗训等，清晰地展现李氏宗族之族风。

李氏家训是中国优秀传统文化的重要组成部分和文化遗产。它和所有的古代家训一样是儒家伦理思想的具体体现。在族谱中注重用族规和家训对族人进行教育，倡导族人要团结友爱、尊老爱幼、注重学习、辛勤劳作的同时，还采用"训"和"诫"的形式，教诲、劝导族人正人伦、端风化、敦孝悌，遵纪守法，积极进取。并且李氏家训相较于精深的精英文化，是平民性、基层性、通俗性的道德文化，具有很强的社会适应性，更易于为普通百姓和成长中的青少年接受和践行，从而对民众的日常生活形成重大的影响，并对良好社会道德风尚的形成也有着积极的教化促进作用，是有益解决社会性道德问题的传统文化资源。陇西李氏文化的德育思想主要以儒家思想为主导，以宗法制为社会基础的家庭教育形式。其内容主要涉及家庭道德观教育、立志向学教育、节俭品行教育、勤勉成才教育、护生仁爱教育等。其方式主要是以长者的口气，通过各种介质，从家庭、家政、修身、勉学、伦理等方面，教育族中晚辈如何成才，其非常注重品德教育，并且也形成了有品德教育的相对系统的理念和方法。

1. 陇西李氏家训家庭德育的主要特点

第一，深受儒家思想熏陶。陇西李氏家训在制定家谱、教育子弟等内容上，充分体现了传统儒家思想。他们认为家训是体会祖宗之遗意，用以来训诫其子姓者也；如何与周围接触较多、关系密切的人的相处之道；学习治国立身的道理，学习经史道德。故在撰写家训时，如《陇西李氏族谱》中认为："圣经贤传，告戒彰彰，更著家训，切要有方，成人之道，首重伦常，守身立品，行表言坊。""遵古先圣贤之言，垂为家训，著为族规，切实遵行，遍于族姓男子必多才德，女子亦然。"陇西李氏家训教育家族成员所遵循的礼节采用的是《大明集礼》以及《司马温公》、《文公家礼》等书，可谓至详至善；教育子弟所用之书籍俱是儒家经典：《大学》《论语》《四书》《中庸》《孟子》《礼记》《易上》《易下》等。整个过程中始终贯彻以儒家文化为核心的中国传统文化，通过儒家思想纠正防范家族子弟的不良倾向，所学所教推动了儒家思想的平民化、社会化，并且对儒家文化进行了较好的阐释与发扬。

第二，注重家规、家训、家戒训示教诲。中国传统家庭教育中的家训主要是家庭或家族内部有关如何治理家庭、教育子女的训诫。陇西李氏家训也不例外，因为良好的家庭秩序、良好的家庭教育和道德养成除了法律的约束之外，均离不开家族内制定的家训、家戒条文给予的保障。陇西李氏家训遵古先圣贤之言，垂为家训，著为族规，其不仅用家训、家戒条文来规范约束家庭成员的言行举止，还有家庭长辈成员对子辈们的训示与教诲，有长辈对其子姓的殷殷期盼，还有其他的项目，如立族长、置族产、修族谱、建祠堂等。《李氏宗谱卷》："盖谓家之有训，犹帝王之设教也，教所以化百姓协家邦，训所以化一门协宗族。而一家一族之中，长幼异分，内外异辙，公私异情，亲疏异势，贤愚异心，至是而分，欲其明辙、欲其同情、欲其通势、欲其合心，欲其一不可无训诫之方以劝善惩恶也。"《鼎峰李氏族谱》中"教子弟习正业，远匪人，读书识字明理，所以化愚。劝子弟农课桑鸠工，所以执业斥游惰而端士习，永为家法"等。这些家训条例既有道德激励的方式，又有法规约束的方式。故家训是"引以圣贤之教训，不若诱以祖考之贻训也"。

第三，勤俭治家，以身作则。中国传统的德育教育强调的是家长式的权威，且封建纲常礼教片面地要求幼从长，卑从尊，但是李氏家训却主张不仅要用家训规范家族子弟的行为，更是以道德规范约束其家长的行为，要求家长自身以实际行动遵守礼法，管理家政，教导家族子弟，以达到以身作则的作用。《庆符李氏族谱》："父母其顺矣乎，内外循分，不言孝而孝在其中矣。至于小男幼女童仆侍妇，虽不识不知，而观型有自。日浸月渍，久而自化，是居家当正内外，而正内外必以身先之也。"《南郭李氏宗谱序》曰："所谓嚆发则响应，形标则影随，率物之本先于表。"正所谓模不模、范不范，枉己者，未有能直人者也。父母长辈们关系和睦融洽，通过自己循规蹈矩的日常行为对子女耳濡目染，来达到上行下效的目的。宋明清时期陇西李氏家训以继承祖辈节俭为荣。《陇西李氏族谱》认为："治生有道，莫大力勤，足用无方，皆由节俭。"以及"统筹安排，量入为出"。《横水简家村李氏族谱》"生财有限，用费无穷，崇俭黜奢，则财常足，凡衣服饮食宫室器具，宜从省朴，婚姻嫁娶宾朋燕饮不宜过丰，惟丧祭之用，君子不可以天下俭其亲然亦，宜称家之有无，量入以为出，不可效侈靡之习，而忘淡泊之风"。这种家族长辈以节俭示范后辈，身体力行，子孙可以效仿，久而久之不仅有益于家族，还有益于国家。

  第四，刚柔并济，奖罚结合。李氏家训在教育家族子弟的过程中，教育他们不仅遵守礼节，伦理纲常，忠孝节义，还有相应的惩罚条例和奖赏条例与之相配合。这些处罚条例有理、有节、有据，层层递进，有的是经济上的处罚，有的是身体上的惩罚，有的则是精神上的处罚，但基本能做到有罪者当众给予处分，有功者当众给予褒奖，赏罚轻重不失其平，这是十分难能可贵的。如《陇西李氏江西进贤李爵宗谱》中曰："今我李氏子姓，要各循乎礼，各守其分，长幼有序，尊卑有等，众寡相和，贫富相安，纵有顽梗不如约者，初犯则叱之，再犯则挞之，三犯则黜之，如是则族法严烈，众皆凛遵。"《重庆宗旺李氏支系族谱》里的"凡子弟，立品要端，持身要正，如有唆人争讼，破人婚姻，离人骨肉，夺人财产，奸人妇女，不顾父母之养，不知礼义廉耻，随意漂流，肆行罔忌，凡我族中，若有此辈犯此者，本房家长请凭族众，对祖宗位前，立以家法杖毙，决不宽宥"。"凡族中老幼尊卑，应安分守己，毋得以尊长自恃而凌辱卑幼，毋得以卑幼骄傲而忘逆长者，倘以尊而欺凌卑者，对祖宗位前，罚钱几千，如以卑幼而忘逆长者，对祖宗位前，以家法处之。"奖赏方式包括"人之百行，莫大于孝，家庭中有善事父母、克供子职者，理合褒奖，呈请给匾，以旌孝行"。"子姓有孝弟、忠信、礼义、廉耻者，合族给匾，公奖以示鼓励。"这些奖罚条例对于良好的、完整的家庭教育起到了辅助教化的作用。

2. 陇西李氏家训的当代价值

首先，对待家族中女性的态度。在封建社会，尤其是宋明清时期，重男轻女的思想极为严重，无论是统治阶级还是家族的族长制定规矩章法都对妇女各种压制和歧视，所遵循的礼法礼制对女性的限制和迫害尤其残酷。而陇西李氏家训则是对刚出生的女婴、幼女、女人、寡妇都给予较大的自由公平的空间。《庆符李氏族谱》里面公平的生育观念："乾道成男，坤道成女，既有天地，即有男女。"有男无女，如何才能延续子嗣？有男无女，如何才能成为世界？在未成年女性教育上，陇西李氏家训遵循："家道之盛衰关乎男女，男女之贤否必重于教训。男教详矣，女训岂可忽诸，盖男女一耳。"李氏家训认为"妻者，齐也，非卑贱比，宜相敬如宾"。"夫妻，胖合斋之谓也，匹之也谓也，故春秋谨嫡庶、别谦明，夫亦以配合正，则夫妇和家道成，家道成则《椒聊》《螽斯》可歌可咏。"这些观点颇与现代社会男女平权的观点相契合。

其次，对待家族子弟读书的认识。在传统社会中，读书不是单纯为了个人与家庭，应有更高的追求。读书就是要立大志，专门要效力朝廷，出仕也成了读书人实现人生价值的终极目标。陇西李氏家训在对待其家族子弟的读书态度上，似乎有着开明于其他人家之处。他们认为无论贫穷或资质高低，都要用心读书明理。有书不读，则失之于愚，赋质虽异，训诫之，皆可使循规而蹈矩。《李氏宗谱》："天下事利害常相半，惟读书则无害而有利。读一卷便受一卷之益，读一日便受一日之益，读书变化气质，即资性愚钝，多识几字亦觉高人一等，非止拾青紫取功名而已也，故论人品必推大雅，问家声终说书香。凡我族人，尤宜交勉。"不读书则目不识丁，笔墨之间任人卖弄，不读书则心不明理，是非之至不能剖分，且不读书不知孝悌之道，几等骨肉于道途，罔识礼让之仪，欲同人道于牛马。这些与读书带有强烈功利性目的的封建道德相悖，讲的却是读书首先为了近德修身，其次才是出仕，使得读书达到一个更高的境界，即读书出仕之于人品相比，人品占据首位。《象峰李氏族谱》中："然子弟之职不可不使教也，心身性命之源不可不使养也。"清世宗《庭训格言》中："凡人进德修业，事事从读书起"[1]，强调读书是为了修身养性，是一个人达到"内圣外王"境界不可或缺的渠道，这也是非常值得当代人学习和借鉴的。

再者，对待家族子弟择业观及对待工作的态度。我国古代社会是以家庭生产、消费为单位的自给自足的小农经济社会，陇西李氏家训把为家族子弟选择职业方面及其对职业的态度作为训诫的重要组成部分。他们始终秉承天地所生之人赋质各异，故所从事的职业亦不同，都是人们谋生的手段，没有高低贵贱之分。如《重修庆符李氏族谱》曰："人生品第，读书最高；人生事业，读书为上，不能读书，农工商贾皆正业也。"《象峰李氏族谱》曰："士农工商，业虽不同，皆是本职。"家族子弟无论为士、为农民、为工巧、或为商贾，应有一技之长足以自立。《陇西李氏族谱》也说："农、工、商、贾，分亦列于四民，家族子侄弟兄，人宜务乎一业，或股肱艺黍，或肇牵车牛，即能一技、一艺、自可专门名家。"在为家族子弟选择人生道路的过程中，家族中各为父兄者也要各量其子弟之贤否，而各为其选择适合的职业，如若不早为其子弟择业，必定

---

[1] 清世宗：《庭训格言》，载《四库全书》，第717册。

会坐使家族产业日微，门户日蹙。"故善为计者，万勿待其既贫而始补苴焉。子弟而生在盛时读书固然为首务，然质鲁性顽者即不可徒慕虚名，但使从学数年，能了然信札簿账，急急为之解业，毋令挟富而骄，毋令屈身而耻，迨至业成，而各能自树也。"

最后，陇西李氏家训对待工作的态度。他们认为教育其家族子弟对待职业应当安分守己，尽心尽力做好自己分内的事情，不逾越自己的位份。《龙河李氏宗谱》曰："立身处己，恶居下流，惟安本分者乃能绝不肖之心，守常业者乃不为败类之事。"人生而为人，上则学士大夫，下则学农、工、商、贾，皆是安其所以为生之理；当其事而不为，与为其事，而本分之外妄加毫末，皆不安其所生之理也。关尹子《文始真经》："鱼欲异群，鱼舍水跃岸则死；虎欲异群，虎舍山入市则擒。"若不安其所以为生之理，当其事而不为，是鱼与虎之类也。故曰：君子素其位而行，不愿乎其外。非其道不为，非其义不取。这与我国的社会主义核心价值观之"敬业"相符，在其所处的农耕社会是比较难能可贵的，更值得现代人借鉴和学习。①

二 地方的民间故事传说与民俗节庆

（一）民间故事传说

有关李姓的源流和得姓始祖，可以归结为以下几种：

其一，源出嬴姓说。即认为李姓是出自于嬴姓，血缘上的先祖是皋陶，一开始为理姓，后面才改为李姓，李姓的先祖是李利贞，道教创始人老子李耳是李氏宗族十一世子弟。《北史·序传》说："李氏之先，出自颛顼高阳氏。当唐尧之时，高阳氏有才子曰庭坚，为尧大理，以官命族，为理氏。"唐宪宗元和年间，林宝所著的《元和姓纂》一文中有记载李姓的起源，即根据《北史·序传》的

---

① 蔡海燕：《陇西李氏家训及其当代家庭德育价值研究》，硕士学位论文，西安理工大学，2017年。

说法①。晋·皇甫谧《帝王世纪》云：帝颛顼高阳氏后裔皋陶，其长子伯益"为舜主畜，多，故赐姓嬴氏"。北宋《新唐书·宗室世系》一文又依据林宝的说法，并在此基础上深化，增加了"李氏出自嬴姓。帝颛顼高阳氏生大业，大业生女华，女华生皋陶"一说。唐代以后的学者们大都沿用《元和姓纂》和《新唐书》中的说法，认为李姓起源自嬴姓。

其二，以官为氏说。即李姓是"以官为氏"，最后是以氏称姓②。《通志·氏族略》曰："相，里氏，皋繇之后为理氏，商末理征孙仲师遭难，去王为里。"又载："理氏，皋繇为尧理官，子孙遂为理氏。商末有理征改姓李。"《广韵》引《风俗通》曰："理氏，皋陶为里，因以官为氏。"这些说法都说明李姓的产生与传说中的皋陶有非常重要的关系。"里氏""理氏""李氏"由于读音相同，便认为是一样的。段玉裁《说文解字·木部》曰："古李、理同音通用，故行李与行理并见，大李与大理不分。"朱起凤《辞通》卷二十四云："里字古通作理，亦与李通。"除此之外，从字面意思上理解里氏、理氏、李氏与古代刑狱也有着很大的关系。《吕氏春秋·孟秋》高诱注："理，狱官也。"《管子·大匡》注："李，狱官也。李、理同。"《史记·天官书》索引："李即理，法官也。"由此得出：里、理、李同音通义，均与职官有关；理氏、李氏是以官为氏，后"理"（里）改为"李"。

其三，指李为姓说。《史记·正义》引《玄妙内篇》云："李母怀孕八十一载，逍遥李树下，乃割左腋而生。③"《索引》云："按葛玄曰：'李氏女所生，因母姓也。'又云：'生而指李树，因以为姓。'"这种说法认为道教创始人老子李耳是李姓的始祖。

其四，李树图腾说。即认为李姓起源于图腾崇拜，以李树为图腾。当今学者何光岳在《东夷源流史》一文中提到李氏的图腾是李

---

① 王剑：《李姓源起考索》，《寻根》2003年第3期。
② 王剑：《李姓源起考索》，《寻根》2003年第3期。
③ 王剑：《李姓源起考索》，《寻根》2003年第3期。

树，其文曰："李氏因大理之官而得姓为理，后因理徵避难以木子为食而姓李。因其所食为野生李，故由理氏培育成为家生李树，并以李树为神树，亦即图腾树。"因此，李氏后人通常会有一个一样的习惯，也就是会在房屋旁边栽种李树，如李白家中有桃李园，唐朝皇宫中种有很多李树①。

其五，源于老姓说。这种说法主要源于对老子姓氏的考证，认为老子不姓李而姓老，李姓源于老姓②。古文字学家唐兰有考证③，郭沫若、马叙伦等人同意此说。高亨从音韵学的方面对这一学说进行了更深的研究。

其六，源出姬姓说。商朝时期，有周的同姓后裔，名巴人，居今湖北长阳西北一带，周武王灭商后，封巴人于巴（今重庆的巴南区）称巴子国④。公元前316年，秦国灭掉巴国后有一部分巴国人留在重庆地区成为板盾蛮，而向南转移至湘西的巴国人成为武陵蛮的一部分，迁移至鄂东的称江夏蛮和五水蛮⑤。巴人的图腾是虎，用巴语读虎其发音是李，当虎图腾转变为姓氏时，巴人崇敬汉人的姓氏，便用李姓作为他们的姓氏。公元303年，李姓巴人建大成国在四川一带，史称成汉，这是在中国建立的第一个李姓王朝，后来被东晋所灭。

其七，源虎图腾说。这种观点认为李氏的图腾不是李树，而是老虎。道教创始人老子李耳的出生地为陈楚地区，而这个地区的图腾是老虎，且李耳即楚语"老虎"。龚维英的《原始崇拜纲要》一文中说：原来，李耳即楚语，即虎。《方言·八》云："虎……江淮南楚间之李耳。"老子故国陈，灭于楚，故得为楚人。陈属淮河流域，正呼虎作"李耳"。老子亦名李耳，理由在此。需要说明的

---

① 王剑：《李姓源起考索》，《寻根》2003年第3期。
② 王剑：《李姓源起考索》，《寻根》2003年第3期。
③ 唐兰：《老聃的姓名和时代》，《古史辨（第四册）》，上海古籍出版社1982年版。
④ 王剑：《李姓源起考索》，《寻根》2003年第3期。
⑤ 王剑：《李姓源起考索》，《寻根》2003年第3期。

是，陈为舜裔，妫姓，古亦有虎图腾崇拜。陈楚地区对虎图腾的崇拜是相互的，不是单方面的作用[1]。李耳应是陈楚间对虎的俗称。现在陈楚的地区传闻老子李耳的属相是虎，当时苦县一带方言把虎喊作是"狸儿"，因此老子的亲戚邻居都称呼老子为狸儿，后慢慢变成了"李耳"。徐难于在《南北李姓的异源与合流》一文中认为李氏政权中建立在南方的成汉政权，源自氏族图腾徽号，获得李姓的原始意义，是虎图腾[2]；范三畏在《"伏羲文化"与"李氏文化"的关系》一文中认为"李、理等同源姓氏，都应出之与驹虞虎图腾"。[3]"李"的图腾学含义，"理"的官职标志和老子的名、字、号等都与虎图腾相关联，所以虎图腾才是李姓产生的真正根源，而其他的说法都是流而非源。[4]

以上各种说法，从各个方面都提到关于李姓起源的情况，从中我们也可以知道古代李姓的来源与自然崇拜和图腾有关，即有植物图腾的"李"和动物图腾的"虎"等[5]。

(二) 民俗节庆

李姓作为姓氏中的大姓，最早起源于中原地区，后又向周围发展，现在已经遍布世界各地。唐代的时候是李氏文化发展最为繁盛的时期，李姓宗族人数也达到顶峰，分布最为广泛。明清时期，由于经济的发展，很多沿海地区的李姓族人开始陆续走出国门，侨居在东南亚、欧美等地区。中华民族的认同感，远远超过归属的意境，悠久的历史积淀了古老的文化[6]。遍布世界的陇西李氏族人，他们在各自的居住地区成立了各种宗亲组织，以便加强联谊、继承

---

[1] 王剑：《李姓源起考索》，《寻根》2003 年第 3 期。
[2] 徐难于：《南北李姓的异源与合流》，《寻根》1996 年第 4 期。
[3] 范三畏：《"伏羲文化"与"李氏文化"的关系》，《西北师范大学学报》2004 年第 5 期。
[4] 王剑：《李姓源起考索》，《寻根》2003 年第 3 期。
[5] 孟永林、许有平：《李姓渊源及"陇西"李氏考略》，《天水师范学院学报》2006 第 6 期。
[6] 《李唐的祖籍和郡望》，2017 年 7 月 4 日，陇西李氏文化网，http：//www.lxlswh.net/news/detail.asp? articleId = 1727，最后浏览日期：2020 年 11 月 3 日。

和发展中华传统民族文化。这些李氏族人虽然分布在世界各地，但是对祖国的归属感以及寻根祭祖意识促使他们始终都在关心故乡的建设发展。他们慢慢地形成一种传统，即会在各地区李氏宗亲组织的建筑上标有"陇西"两个显著的大字。据相关统计，新加坡、马来西亚、泰国等国以及中国香港、中国台湾地区来陇西拜祖的人数已达8万多人次；国内各省市前往陇西参观的人数早已突破70万人次；2004年8月5日，外交部原部长李肇星参观陇西李家龙宫时亲手题写了"五湖四海、共建华夏"的美好祝愿，这对更好地宣传陇西李氏文化起到了很大的积极推动作用[1]。

在甘肃陇西李氏文化总会的积极参与和努力下，首届中国陇西李氏文化旅游节于2012年8月20日在陇西隆重开幕，节会以"恳亲、传承、联谊、发展"为主题。省内外各界人士、政府部门相关人员以及李氏后人共计一万多人参加了这次盛会，李氏文化旅游节期间举行了祭祖大会、交流研讨会、文艺会演、观光游览、招商引资等活动[2]。并于2013年8月25日、2014年9月21日在陇西县成功召开"中国·陇西第二届世界李氏文化旅游节"和"中国·陇西第三届世界李氏文化旅游节"。举办陇西李氏文化旅游节主要是为了让更多的人知道陇西，了解李氏文化起源于陇西，扩大知名度和影响力。同时，也是欢迎世界各地的李氏后人前来寻根祭祖，对促进李氏文化的交流研究以及陇西地区经济文化的发展都起到很大的推动作用。

第四节　价值与意义

李氏文化不仅是陇西县的文化标识，更是甘肃省的一个重要文

---

[1] 《李唐的祖籍和郡望》，2017年7月4日，陇西李氏文化网，http://www.lxlswh.net/news/detail.asp?articleId=1727，最后浏览日期：2020年11月3日。

[2] 《首届陇西李氏文化旅游节开幕》，2012年8月21日，兰州旅游网，http://www.ulanzhou.com/html/zy/3527.html，最后浏览日期：2020年11月13日。

化产业品牌。一方面，崇尚祖先，这是华夏文化的一个优良传统。李氏文化不仅是李姓家族的传承，更是整个中华民族发展演变的历史见证。故李氏文化不单单是属于李姓氏族的，也是属于整个中华民族的，是中国传统文化的重要组成部分。其文化内涵中的追仰先贤、启迪后人、见贤思齐等精神品质与儒家所倡导的"慎终追远，民德归厚"是相一致的。将陇西李氏文化不断发展并进行市场化运作，以期让更多的人知道李氏文化，了解陇西，为弘扬中华文化和创造巨大的文化经济价值服务①。同时，以陇西李氏文化为基础，遵循一定的经济文化规律，推动定西市向产业化方向发展。让全球李氏华人每时每刻都关注陇西故里的建设，关心李氏文化的发展，借助全球李氏同胞的力量来开发李氏文化和建设陇西，逐步实现李氏文化的大开发，迎来文化产业的大发展。将陇西打造成文化大县，将定西打造成特色文化名市，实现定西市经济文化的快速发展。

另一方面，大力弘扬李氏宗族文化，有助于加强世界各地区李氏族人的联系，凭借对故土的强烈眷恋依赖之情，产生归属感，激发寻根祭祖的爱国热情。除此之外，作为宗族文化的李氏文化还可以调解民间纠纷。在很长的历史时期内，中国的乡村治理不是或者说主要不是靠基层政权，而是靠有威望、品行好、有学问的乡绅和宗族领袖来发挥作用的。首先，在统治者看来，借助宗族文化解决内部纠纷是非常方便有效的方式。进行矛盾调解的人可以在闲暇时劝解当事人，这并不会影响日常生活劳作，而且是义务性的。其次，由于宗族是自发性社会组织，所以由宗族出面调解纠纷不属于"打官司"，这就不伤当事人的情面，对农户没有什么负面代价。最后，在这个调节的过程中，不仅能够充分体现调解人的聪明才智以及能说会道的巧辩口才，还能够赢得同族人的尊敬和赞赏，既和平

---

① 陈福明：《关于加快开发陇西李氏文化的对策探讨》，《陕西社会主义学院学报》2006年第2期。

解决了当事人的矛盾纠纷，又为自己赢得了荣誉和声望。这些社会价值的创造来源于宗族组织及其"职位"，故其成为了创造社会价值的"资源"，可以有效降低社会运行的摩擦成本[①]。

最后，近年来，陇西紧紧围绕建成天下李氏宗亲寻根观光圣地的总体目标，进行文化搭台，旅游牵线，经贸唱戏，依托深厚的文化底蕴和良好的投资环境，切实加大了陇西李氏文化的研究开发和遗址遗迹的修复建设力度。[②] 注册了"李氏文化"和"李氏故里"商标知识产权保护，开通了陇西李氏文化网站，拍摄了《根叶情》、《李氏文化源流》和《我李百万叶》等6部电视专题片，出版了《风云陇西堂》、《龙钟传奇》2本4000册连环画、3套6000余册陇西李氏名人邮资纪念册和《李氏文化研究》专辑10集120多万字，编辑、整理李氏族谱达800多部，使李家龙宫成为世界上最大的李氏族谱收藏研究中心[③]；成功举办了5次全国性的陇西李氏文化研讨会、旅游观光和经贸洽谈等。由此让更多的人认识了解陇西李氏文化，扩大了其知名度和影响力。

---

① 辛刚国、王妮：《弘扬甘肃地域文化，推进和谐社会的构建》，《陕西社会主义学院学报》2006年第2期。
② 刘振林：《陇西李氏文化简介》，《甘肃科技》2010年第7期。
③ 《甘肃陇西李家龙宫再维修打造李氏寻根圣地》，2009年11月4日，华夏经纬网，http://www.huaxia.com/zhwh/whxx/2009/11/1622758.html，最后浏览日期：2020年11月20日。

第三篇

创新发展篇

第十一章

甘肃始祖文化的时代价值

第一节 丝绸之路经济带背景下的甘肃始祖文化的传承与创新

一 丝绸之路的历史演变与价值地位

1877年,德国地理学家李希霍芬在他所写的《中国——亲身旅行的成果和以之为根据的研究》一书中,把"从公元前114年到公元127年中国与河中地区以及中国与印度之间,以丝绸贸易为媒介的这条西域交通路线",叫做"丝绸之路"。丝绸之路,简称丝路,指在西汉时,张骞出使西域而开辟的一条以长安为起点,经甘肃、新疆,到达中亚、西亚,并联系地中海各国的陆上通道。这是一条贯穿亚欧的经济贸易命脉,在当时的历史背景下有重要的经济意义和时代意义。因在这条路上运送的货物以丝绸制品最为主要,故取名"丝绸之路"。两汉时期,最基本的走向包括南道、中道、北道三条路线。丝绸之路被誉为是连接东西方文明的桥梁、世界历史展开的主轴。随着时代的推进,丝绸之路的内涵日益丰富,衍生出"瓷器之路""珠宝之路"等更多以经济产品命名的新概念,但丝绸之路这个最初的概念始终无法被替代。

丝绸之路是古代东、西方进行经济、文化交流的重要桥梁,它把古代的中华文化、印度文化、波斯文化、阿拉伯文化和古希腊罗马文化连接起来,对促进世界各地文明的交流发挥了巨大的作用。"丝绸之路"这个非常宽泛的概念在空间上横跨欧亚非三洲,在内涵上则包括从历史上传承下来的各种文化形态。丝路文化是集世界四大文明之精华，融会儒、道、释三教的世界文明奇迹。其内容涉及壁画、音乐、舞蹈、建筑、雕塑、医学、民族、宗教、政治、经济、军事、民俗等各方面，既是东西方商业贸易路线，又是一条东西方文化交流的主要路线。这意味着丝绸之路不仅仅是商业贸易的道路，更重要的在于它是文化的桥梁，是吸收和融合各种文化的熔炉，丝路文化的博大精深而又兼容并蓄吸引了无数游客。

二 丝绸之路经济带的时代背景

当今世界正发生着复杂的变化，国际金融危机的影响持续显现，世界经济发展分化，国际投资贸易格局和多边投资贸易规则进行调整，各国的发展问题正面临严峻考验。共建"一带一路"为了顺应经济全球化、文化多样化的潮流，保持区域合作精神，致力于维护全球自由贸易体系和开放型世界经济。[①] 共建"一带一路"重要的是使经济自由流动、资源高效配置和市场深度融合，推动实现各国经济政策协调，开展更广更深的区域合作，共同打造开放普惠的区域经济合作架构。共建"一带一路"符合国际社会的根本利益，彰显人类社会共同理想和美好追求，符合全人类共同美好理想，有利于构建"人类命运共同体"，从国家层面上对构建和谐社会做出贡献，从世界角度来看，对世界和平和人类共同发展有着巨大意义，有利于中国向世界贡献"中国智慧""中国方案"，增强中国国际影响力。当前，中国将一直坚持对外开放的基本国策，构建开放新格局，将中国经济与世界经济高度关联、深度融入。推进"一带一路"建设既是中国扩大和深化对外开放的需要，也是加强和亚欧非及世界各国互利合作的需要，中国愿意在力所能及的范围内承担更多责任义务，为人类和平发展作出更大的贡献。

2013 年国家主席习近平在哈萨克斯坦访问时提出了共同建设

---

① 韩润泽：《"一带一路"形势政策下对中外投资影响》，《广东经济》2017 年第 8 期。

"丝绸之路经济带"这一创新发展模式，引起世界各国的广泛关注和重视，同时为西部内陆地区经济发展指明了方向。历史上中国的丝绸之路是连接中国与西亚地区经济的重要国际通道，"丝绸之路经济带"建设既可以使中国与西亚各国建立起一个经济区，又为中西部地区经济的建设发展创造了有利条件，必将对世界经济格局与发展带来重大影响。丝绸之路经济带策略的提出为丝绸之路旅游业的加速发展提供了重大契机。丝绸之路沿线既有大量壮丽的自然景观，又有众多底蕴深厚的文化遗产，为丝绸之路经济带旅游业的发展奠定了良好的资源基础。毋庸置疑，保护是发展的基础，虽然甘肃的始祖文化资源丰富，但是发展力度不够，即使历史文化价值高却也并未得到更好的传承与创新。

三 丝绸之路经济带背景下甘肃区位优势与旅游文化

甘肃在丝绸之路经济带建设中的区位优势明显。其作为丝绸之路重要组成部分，必须抓住有利时机，利用地缘优势和文化资源优势进一步加快发展。甘肃具有得天独厚的地缘优势，是西北地区的交通节点、通信枢纽和信息网络中心。

甘肃地域特色明显，文化资源种类齐全，类型多样，被誉为丝绸之路旅游的黄金地段。甘肃游览的主题是河西走廊的丝路遗迹与敦煌等石窟文化。人文资源以丝绸文化、伏羲文化、民族文化为代表，自然风光以黄河自然风光、黄土高原、大漠戈壁、祁连山地为代表，大量文化的积淀有待深入挖掘。黄河文化、丝路文化和民族文化交汇融合的甘肃历史悠久，文化底蕴深厚。

从对丝绸之路经济带的区域划分上来看，甘肃省特别是省会兰州更是中心城市，都具有无可替代的地理优势，而且甘肃的酒泉、敦煌、嘉峪关等都是历史上古丝绸之路最繁华的城市，可以说甘肃省是丝绸之路经济带的黄金区域，无论是东部沿海地区还是西部地区，只要在"丝绸之路经济带"上，都途经甘肃，这对于借助丝绸之路经济带为发展契机的甘肃提升本省经济有着非常重要的作用。

在丝绸之路经济带建设发展中,陕西省提出了丝绸之路经济带"新起点"的概念,而作为紧邻陕西省的甘肃省来说,以打造丝绸之路经济带"黄金段"为发展新思路,无疑具有一定的科学合理性。因为甘肃既是我国西部地区对外开放的重要门户,有独特的区位特点,是"丝绸之路经济带"的重要组成部分,也是次区域合作战略基地。甘肃经济的发展一方面能够带动西部地区整体经济的提升,也肩负着丝绸之路和谐安全、保障信息畅通的责任,在加强各领域的合作、提升中国文化上起着重要的作用;另一方面对中部地区乃至京、津、冀、豫、鲁等地区经济发展均具有积极的推动作用。

四 丝绸之路经济带下始祖文化的传承创新

在丝绸之路沿线有厚重的始祖文化,也有独特的自然景观资源。它们相辅相成形成独特而亮丽的风景线。在规划旅游线路内容上可以相互补充,增加游览内容的丰富性,便于统一规划、管理与开发。完整地开发历史古遗址、古墓葬、古建筑等物质文化遗产和非物质文化遗产,使人文景观与自然景观相结合,丰富始祖文化的内容,使游客对丝绸之路旅游形成更加完整的立体概念,以免游客在旅游中感到单调乏味。

在市场经济条件下,区域旅游合作会形成很大的利益空间。由于沿线各区域的旅游资源存在差异性与互补性,区域间通过联动发展可获取巨大的利益空间,由此奠定了区域间合作发展的坚实基础。一方面,政府与旅游企业合作,实现政府主导、企业运作的模式,认识政府与企业之间的管理与开发的关系的重要性,将政府规治和市场机制结合在一起,发挥区域优势资源整合的功能。另一方面,注重城市与城市之间的合作,推动区域合作发展,共建西北大旅游圈。始祖文化旅游产品的开发与丝绸之路沿线的城市之间有莫大关联。大力发展始祖文化,传承与创新,各个区域资源优势互补,实现区域联合,进而带动丝绸之路旅游的整体繁荣发展。

近年来,国家从政策、项目、资金等方面给予了甘肃极大的关怀和支持，除了新一轮西部大开发的普惠政策外，还批准设立了华夏文明传承创新区、生态安全屏障综合实验区等国家级战略平台，并提供了多重的政策机遇而且出台了一系列配套政策措施，在丝绸之路经济带建设中甘肃将大有作为。因此，甘肃应在这些有利条件下合理利用契机并不断发掘潜在优势，使之成为开放和发展的实际动力。

第一，充分利用国家政策支持优势，大力发展物流业。

国家大力扶持西部大开发，甘肃要充分发挥其区位和交通优势，作为节点城市把向东开放和向西开放结合起来的物流和贸易需求尽快建设和规划完善，使城市间物流业良性互动，提高城市的服务水平，带动周边物流业的发展。

第二，甘肃要大力发展文化旅游产业。

甘肃文化旅游资源丰富，特色优势明显。因此，利用地缘优势的甘肃文化旅游产业的发展需要好的包装、好的创意以及好的营销。使甘肃旅游产业做大做强。利用丝绸文化这一概念，强化甘肃文化的"丝路元素"，将甘肃丝路文化、始祖文化、黄河文化、先秦文化和现代文明为代表的人文遗产资源特色以及以独具特色的西北自然风光为特点的自然资源与文化旅游产业相结合，利用独具特色的始祖文化与民俗特色相结合的方式，不断推陈出新，做好以丝绸之路为主题的始祖文化传承与创新，坚持文化与旅游相结合，用独特的线路设计和景点设计将这些要素串联，依托项目，整合资源，借助优势，打造高端，塑造甘肃"丝绸名城"的独特魅力，使其文化旅游产业充满吸引力。

第三，打造新丝绸之路主题产业。

建造以图片、雕塑、文物等形式重现丝绸之路的历史演变和文化内涵的甘肃新丝绸之路产业展览园。在始祖文化发源地将丝绸文化融入，让人们领略古丝路文化中始祖文化魅力之所在。将甘肃丝绸文化的始祖文化与其他地区的丝绸之路文化相联系，形成甘肃乃至丝绸之路中国段和整个丝绸之路上的一大文化新景区。总之，要紧抓"丝绸之路的文化资源优势，加快甘肃建设步伐"，改善和优化甘肃对外开放环境，充分利用甘肃丝路重镇和新亚欧大陆桥枢纽的地缘优势，增强甘肃的吸引力和辐射力，加快甘肃主题产业化的步伐，让甘肃更快地走向世界。

第二节　甘肃文化大省与华夏文明传承创新区建设背景下的甘肃始祖文化

一　甘肃文化大省建设

甘肃文化底蕴深厚，是华夏文明的重要发祥地之一，甘肃出土了中国旅游标志铜奔马。长期以来，甘肃以"丝绸之路"和"敦煌莫高窟"为核心品牌建立了旅游市场的国际级旅游产品，但在一定的社会经济条件下，培育新型的替补产品势在必行。甘肃存在一些挖掘层次不深但品位价值高的旅游资源，甘肃独有的经典文化产品的文化内涵并没有凸显出来，所以旅游产品的提高和创新迫在眉睫。

甘肃应开发丝路文化、长城文化、黄河文化、始祖文化等旅游项目，设计石窟走廊线、生态旅游线以及宗教文化线，多彩甘肃的旅游品牌形象由众多的历史遗存、独特的自然风貌和浓郁的民族风情所成就。甘肃回、藏、东乡、裕固、保安等少数民族风情浓郁，对国际游客极具吸引力，可开发出各种民俗风情体验旅游产品，增加吸引力；宗教和民俗文化资源是甘肃文化资源中特色鲜明、价值较高的一脉，具有一定的知名度和影响力，将甘肃宗教、民族文化特色的旅游资源全面开发与包装，将对提升甘肃宗教和民族文化旅游产品的品位和品牌都具有十分重要的意义。

（一）华夏文明传承创新区

甘肃的历史文化资源十分雄厚，是华夏文明的重要发祥地之一。有关统计结果显示，甘肃在历史遗产、经典文化、民族民俗文化、旅游观光文化等方面的资源丰度排名中位列全国第五，甘肃省内有

7000多处文化遗址、337座石窟寺。其中，73处全国重点文物保护单位，4座国家级历史文化名城，300多处重大革命文物遗址。甘肃出土简牍6万多枚，简牍是研究中国古代历史的重要原始材料。甘肃的《读者》杂志发行量居亚洲第一、世界第三。敦煌学是一门国际性的学科，敦煌拥有世界文化遗产莫高窟，特色中华民族舞剧的代表《丝路花雨》《大梦敦煌》等享誉全球。因此，甘肃在建设华夏文明传承创新区有得天独厚的地缘优势以及中华民族重要的文化资源。但是目前，甘肃的经济相对落后，发展境况并未得到改善。所以，甘肃大力开发文化旅游产业，以其丰富的历史文化资源作为发展突破口，开启甘肃经济转型发展的新路径、新机制是迫在眉睫的。

按照国家对于甘肃发展提出的战略定位和建设文化大省的总要求，统筹规划全省文化资源和各类生产要素，建设甘肃华夏文明传承创新区，以文化建设为主题，以经济结构战略性调整和经济发展方式根本性转变为主线，确定了围绕"一带"，建设"三区"，打造"十三板块"的工作布局。"一带"是丝绸之路文化发展带；"三区"是以敦煌文化为核心的河西走廊文化生态区、以始祖文化为核心的陇东南文化历史区和以黄河文化为核心的兰州都市圈文化产业区；"十三板块"是非物质文化遗产保护传承、红色文化弘扬、文物保护、大遗址保护、历史文化名城名镇名村保护利用、民族文化传承、文化与旅游深度融合、文化产业发展、文化品牌打造、文化人才队伍建设、节庆赛事会展举办、古籍整理出版、城乡文化一体化发展。甘肃省将把华夏文明的保护传承、展示创新紧密结合，推动文化事业建设和文化产业发展，使之与时代精神相融合，与甘肃转型跨越发展相融合。加快甘肃文化走向全国，使其拥有国家影响力和国际传播力。

(二) 华夏文明传承创新区建设提出的背景

1. 全面建成小康社会的新要求

2013年春节前夕，习近平总书记深入甘肃贫困乡村慰问困难群众时，提出要建设经济发展、山川秀美、民族团结、社会和谐的幸福美好新甘肃，与全国一道进入全面小康社会。习近平总书记为甘肃之后工作的开展指明了发展方向，符合甘肃人民的强烈愿望。甘肃恶劣的自然环境制约了经济社会的发展，尽管历史文化资源非常丰厚，但仍是典型的经济欠发达地区。甘肃省立足于自身拥有丰富历史文化资源的现实优势，以文化建设作为撬动经济社会发展的支撑，提出建设华夏文明传承创新区的时代发展主题，为甘肃经济社会发展搭一个平台，极具战略意义。在全面建成小康社会的历史进程中，转变社会经济发展方式，探索历史文化资源与文化产业、旅游业的互相结合势在必行。甘肃省为了缩小与经济发达地区的社会经济、文化差距，努力坚持科学发展观，将经济发展与本地独特的文化产业相结合，为实现甘肃社会经济的可持续发展，引进外资，创新发展理念，打造产业品牌。华夏文明传承创新区的建设，正是在探索和借鉴东部经济发达地区发展经验的基础上作出的发展甘肃文化产业的重大战略决策。

2. 政策倾斜的良好机遇

西部大开发战略的实施已进入新的历史时期，国家各项政策倾斜力度加大，经济发展成果显著，中共中央、国务院在各个方面给予甘肃有力的支持。2013年2月19日上午，"甘肃加快建设华夏文明传承创新区，推进文化大省建设情况新闻发布会"由国务院新闻办公室在北京举行，详细阐述了创新区建设的有利条件和重大意义，这说明国家是高度重视的。新时期甘肃建设文化大省的总体要求是建设华夏文明传承创新区，需要打破现存的行政界限，统筹规划甘肃省文化资源和各类生产要素，以文化建设为主题，以经济结构战略性调整和经济发展方式根本性转变为主线，围绕丝绸之路文化发展带，建设以始祖文化为核心的陇东南文化历史区、以敦煌文化为核心的河西走廊文化生态区、以黄河文化为核心的兰州都市圈文化产业区。打造包括文物保护、大遗址保护、非物质文化遗产保护传承、历史文化名城名镇名村保护利用、民族文化传承、古籍整理出版、红色文化弘扬、城乡文化一体化发展、文化与旅游深度融合、文化产业发展、文化品牌打造、文化人才队伍建设、节庆赛事会展举办等"十三板块"。

3. 建设文化大省的战略决策

甘肃省的第十二次党代会报告提出:"要以高度的文化自觉和文化自信,充分发挥丰富的文化资源优势,着力打造华夏文明传承创新区,以更大的力度推进文化改革发展,全面提升甘肃文化的凝聚力、影响力和竞争力。"华夏文明传承创新区的提出,是建设文化大省的有力举措。转变甘肃社会经济发展方式的支撑点和新的经济增长点就是发展文化产业。这一战略性的重大决策,不仅是甘肃自身发展的使命需要,也是甘肃承载国家责任的具体表现,对于保护传承中华民族优秀传统文化、建设中华民族共有精神家园、保障国家经济文化和国防安全、促进各民族团结发展和经济转型跨越具有重要意义。

(三) 甘肃文化大省与华夏文明传承创新区建设背景下的甘肃始祖文化

甘肃省有丰富的始祖文化资源,这些资源具备较高的学术和文化旅游价值。近年来,甘肃省以历史文化遗产的保护利用为突破口,加快文化大省建设步伐,在甘肃华夏文明传承创新区建设规划纲要中明确提出建设以始祖文化为核心的陇东南文化历史区的战略目标,推动了这一地区始祖文化的研究。陇东南各地市围绕各自始祖文化特色,加强了对相关古遗址、古建筑、古墓葬、古石刻等文物遗产的保护利用,这些保护传承活动对弘扬中国优秀传统文化、促进始祖文化的保护传承产生了深远影响。

1. 构建区域始祖文化传承创新体系

构建始祖文化传承创新体系的先导和基础是做好规划。2009年6月10日,国家发改委正式发布了《关中—天水经济区发展规划》,2013年国务院正式批复甘肃华夏文明传承创新区方案,这两个规划和方案是指导天水区域始祖文化传承创新体系建设的纲领性文件。甘肃省各市相关部门必须在认真研究深挖始祖文化的内涵以及摸清资源要素的基础上,进行高标准编制资源保护与开发规划。

规划要将对接《关中—天水经济区发展规划》和《华夏文明传承创新区总体方案》的具体要求作为主要方向，围绕华夏文明传承创新区"一带""三区""十三板块"建设思路，以丝绸之路文化发展带为主线，确定与始祖文化有关的文物保护、大遗址保护、非物质文化遗产保护传承、公共文化体系建设、文化品牌打造、文化与旅游深度融合、文化产业发展、文化人才队伍建设等板块上的建设重点，按照研究、保护、传承、展示、创新、发展的思路，以始祖文化资源保护为重点、以始祖文化建设为主题、以文化旅游为载体、以文化旅游产业发展为支撑，发挥始祖文化的核心带动作用，形成以天水为中心、联系关中地区，发展陇东南地区的区域始祖文化传承创新体系，实现这一区域始祖文化资源优势向经济优势的转变。

2. 建立多元化投融资机制

始祖文化资源不仅是文化旅游资源，也是弘扬中华优秀传统文化，增强民族文化认同感和凝聚力，实现国家和平统一的重要文化资源。因此，从政治和文化的高度，积极争取国家和甘肃省对始祖文物资源保护发掘、文化旅游产业发展、公共文化服务体系建设等重大项目布局及项目审批、投资、信贷、土地核准和备案等方面的政策支持，加大投入力度；出台扶持始祖文化保护利用、创新发展的资金和税收优惠政策，鼓励金融机构加大信贷支持，通过贴息、补助、奖励的形式，大力支持重点始祖文化产业项目；鼓励民间资本积极投入始祖文化遗产的保护传承，建立始祖文化产业投资基金，通过项目建设吸纳海内外资金，建立多元化的投融资机制，从多种渠道解决建设资金问题。

3. 从"四大高度"认识华夏历史文明传承创新区建设的意义

建设华夏历史文明传承创新区，成为了文化大发展大繁荣的重要标志、实现民族复兴即中国梦的重要载体，华夏历史文明传承创新区的成功是中国文化走向世界的重要举措。因此，要使这一文化战略真正落到实处，就必须认真研究、把握机遇、抓住重点、宏观布局。以陕甘为代表的历史文化富集地区来建设华夏历史文明传承创新这一重任，有"四个高度"的意义。

一是从建设中华民族共有精神家园的高度，看待这一责任与使命。中共中央提出的重大文化战略是建设共有精神家园，而承载了更多的优秀文化传统的华夏历史文明，是当代精神文明建设的重要组成部分，我们需要认真挖掘研究中华文化这一精神富矿，使之成为中国腾飞不竭的精神动力以及全民族的精神财富。

二是从国家文化软实力的提高，看待这一责任与使命。文化软实力是中国成为强国的重要标志，中国经济实力的增强，使我们更注重中华文化的核心价值和重要理念，明确指出华夏历史文明的传承创新与中国软实力的增强密不可分，以此提升中国的国际影响力。

三是从海内外华人凝聚力增强的高度，看待这一责任与使命。华人华侨，是中华民族的重要组成部分，是我们国家和民族的重要力量，中国要发展、中国文化要振兴，而海内外华人能凝聚起来是前提。文化是凝聚的纽带，文化的核心组成部分是华夏历史文明。

四是从国家和平统一的高度，看待这一责任与使命。祖国和平统一、国家强盛、民族奋发的前提是中华文化的认同。因此，以陕甘为代表的历史文化富集区建设华夏历史文明传承创新区，其承担了"国家责任"与"历史使命"。也可以说，这是以陕甘为代表的历史文化富集区承载国家战略的一种历史使命，是国家赋予这一地区挖掘历史文化资源优势"先行先试"的一个重要举措，也是这一地区跨越式发展的一次难得的机遇。

4. 从"四大方面"探寻华夏历史文明传承创新区建设的路径

一是抓住龙头，宏观布局。依托中华始祖文化，围绕"三皇五帝"的相关纪念地，积极整合资源，形成南北呼应，东西照应的格局。要在关中、中原、晋南等区域建设完整宏大的始祖文化园区，使中华人文始祖的龙头产品起带头作用，并在黄河、长江及其他地区建设一批始祖文化基地，开发一大批朝圣寻根的中华根源文化项目，推动中华文化圣地的建设。

二是抓住龙头，提升规格。在目前全国相关区域公祭人文始祖的基础之上，依托伏羲、炎帝、黄帝这三大人文始祖的纪念地强化公祭活动，规范公祭程式，提升公祭规格，真正实现属于中华人民共和国对中华人文始祖公祭的国家规格，使人文始祖公祭成为中国的文化圣典，成为中国文化的亮点。

三是整合资源，捆绑"申遗"。中华始祖文化的代表是"三皇五帝"，是中国的根源文化。关于"三皇五帝"等始祖文化不但内涵丰富，而且富有极高的遗产价值。要建立"中华始祖文化联盟"，加大整合力度，将关于始祖文化的遗迹、故事等结合起来，在适当时机推动"中华始祖文化遗产"申报世界文化遗产，将其真正定位为代表人类根源文化的最有价值的文化遗产，为国际社会与全人类共享。

四是以传承为基、创新为本。深入挖掘中华始祖文化的文化内涵，要特别关注非物质文化遗产的传承，保留类似于"鼓舞""女娲祭典"这样的民间活的文化化石，做好文化的传承。在对始祖文化深入挖掘的基础上，建设中华始祖文化的体验基地、教育基地以及产业发展基地，推动文化旅游的发展，并结合现代科技水平，使始祖文化这一古老文化焕发出时代气息，使其为中华儿女所熟悉，也为世界所接受。使中华文化、华夏文明的文化元素，成为影响世界的"中国指数""中国形象""中国元素""中国理念"，助推中国梦梦想成真。

第三节 《关中—天水经济区发展规划》与陇东南文化历史区建设

一 《关中—天水经济区发展规划》的内容

（一）文件内容

关中—天水经济区包括甘肃天水，陕西的西安、宝鸡、铜川、咸阳、渭南、杨凌、商洛等行政区域。面积 7.98 万平方公里，直接辐射区域包括陕西省陕南的汉中、安康，陕北的延安、榆林，甘肃省的平凉、庆阳和陇南地区。经济区位于欧亚大陆桥的中心。中国西部地区经济基础良好，自然条件优越，人类历史深厚，发展潜力巨大。加快经济区建设与发展，有利于增强区域经济实力，形成支撑和带动西部地区加快发展的重要增长极；有利于深化体制机制创新，为统筹科技资源、改革探索新路径提供新经验；有利于构建开放合作的新格局，推动西北地区经济振兴；有利于深入实施西部大开发战略，建设大西安、带动大关中、引领大西北；有利于应对当前国际金融危机的影响，承接东中部地区产业转移，促进区域协调发展。

（二）构建创新型区域

利用科技的优势、区位条件和产业基础，对各类科技资源进行协调，增强自主创新能力，形成具有核心竞争力的区域创新体系。重点领域和核心技术实现创新突破，引导创新要素聚集企业，形成特色产业集群。

坚持将政府引导与市场配置相结合，将创新资源和创新要素整合，强化创新功能，构建具有鲜明特色，突出优势的区域创新体系。依托高新技术开发区和经济技术开发区，以及大学科技园等，大力支持科技创新企业，发展国家重大科技项目，建设各类园区，使其成为高新技术研发聚集场所、孵化基地和产业化基地。将科技和关键技术协调创新，统筹支持基础研究、高技术创新、知识技术转移转化和规模化产业化的协调发展。不断完善核心技术，系统集成吸收，创新和引进，实现关键领域和核心技术的突破性进展。大力支持工业技术联盟，建设公共服务、技术转让和知识产权交易平台，促进科技成果转化为实际生产力和区域核心竞争力。致力于促进航空航天、新材料、电子信息、先进制造和现代农业领域的创新和成果转化。建立区域创新网络，促进企业、企事业单位和研究机构之间的信息传递、知识流动和技术转移。大力培育和发展各类科技中介服务机构，鼓励科技中介服务机构为企业提供专业化服务，实现自主创新和成果转化。引导各金融机构注重支持自主创新，改善中小企业技术创新金融服务，加快风险投资发展。我们将增加有关竞争前技术和共同技术发展的财政指导，吸收和重视创新技术的引入以及创业中小企业的创建。加强知识产权的保护、创造、使用和管理，优化人力资源和人才发展机制，并培养和吸引创新人才。鼓励通过定期服务、技术开发、项目介绍和科技咨询，吸引和留住各类人才。完善人力资源市场体系、人才公共服务体系和人才社会保障体系，改革和完善企业分配激励机制。以市场为导向，发挥产业优势、促进结构调整、延伸产业链、加强配套分工、促进产业升级、形成产业集群，建设一批特色产业基地。

(三) 甘肃始祖文化传承创新中存在的问题

1. 缺乏系统研究

摸清始祖文化资源构成要素是做好保护、传承、创新、发展的关键。目前，对于始祖文化的认识，甘肃省相关部门和研究机构还比较片面，强调重点对伏羲文化的保护利用，而忽略了对其他始祖文化的挖掘整理，致使对资源的认识不到位、不全面；在学术方面的研究相对滞后，学术成果无法转化会影响始祖文化资源保护利用的进度和深度，而已有的保护利用规划和具体的始祖文化资源工作脱离。

2. 缺乏整体规划

甘肃省的始祖文化资源地域分布广，文化关联性强。从目前工作进展情况看，市县区之间缺乏沟通和合作、各自为政、联系不深的问题比较严重；根据各地制定规划或实施意见，始祖文化的发展仍然存在着重点不突出、措施不具体等倾向问题，对整个区域始祖文化资源的保护利用缺乏规划，无法形成以始祖文化为重点的资源保护、传承、创新的大格局。通过加强管理，合理利用和保护，创新发展，做好始祖文化资源的保护传承、资源整合、合理配置、适度开发，形成独立性与关联性和谐统一，你中有我、我中有你，良性互动的大格局，这是该地区始祖文化资源保护利用和文化旅游产业布局需要着重解决的问题。

3. 缺乏保护机制

根据相关的调查，文物保护的问题相对严重，主要表现在以下几个方面：一是盗掘古墓、古遗址问题突出。近年来，随着文物保护力度的不断加大，盗掘倒卖文物等违法行为得到了一定遏制，但受利益驱使，盗掘古墓、破坏文化遗产的现象仍有发生；二是野外文物保护的"四有"工作落后，有些新发现的先秦古墓葬、古遗址没有及时公布为文物保护单位，也有些文物保护单位至今没有划定绝对保护范围和建筑控制地带，没有明确管理机构，有些文物保护单位的真实环境遭到不同程度的破坏；三是建设的文物保护设施普遍简陋，对始祖文化资源的保护传承存在很多问题。如张家川马家塬墓地的文物保护设施因资金问题，至今以大棚遮挡，设施简陋，缺乏达标的安全防护和科技防护设施。基础的文物资源保护仍然薄弱，这些基础设施的不完善严重制约着始祖文化资源保护利用的深度开展。

4. 投入机制滞后

由于甘肃始祖文化富集区大多曾属于国家六盘山重点扶贫片区，经济总量低，目前巩固脱贫任务重，自身财力弱，不仅在资金投入上难以适应文化资源发展的现实需要，而且对于始祖文化资源的规划保护不够完善，很多保护利用的重点工作受到影响。一是有些重要遗址的考古发掘受到影响，如马家塬墓地的保护发掘因资金问题受到影响；二是多数始祖文化景区的文化内涵挖掘不够，基础设施建设不完善。除天水最知名的天水伏羲庙景区有较大发展外，其他始祖景区如天水的卦台山、秦安的女娲庙等景区规模小、基础设施差，旅游发展以及文物保护都处于初级开发阶段；三是部分重要遗址的保护利用工作滞后，如甘谷毛家坪遗址是一处重要的秦文化遗址，目前发现了独特的春秋时期车马坑和墓葬群，初步判断为中国最早的冀县治地，但遗址的保护展示和利用没有取得实质性进展，天水秦人始祖文化与陕西省对秦文化的开发利用相比，研究与开发严重滞后。

5. 缺乏区域合作

关中地区与天水、陇南、庆阳、平凉等地市在空间分布上同属一个文化区，有共同的始祖文化资源积淀。但是相较于关中地区的发展，甘肃始祖文化资源的保护与开发利用并没有发展好。诸如陕西省秦始皇兵马俑秦文化、黄帝陵黄帝文化和楼观台道家文化等已成为家喻户晓的著名文化品牌，在陕西经济发展中文化旅游产业发展的贡献率较大，远远高于甘肃始祖文化对甘肃经济的贡献。《关中—天水经济区发展规划》实施以来，两地在文化资源的发展合作方面取得了共识，达成了合作协议，但是关中地区与天水在共同整合始祖文化资源、共铸文化品牌、发展文化产业方面的区域联动性较弱，缺乏深度合作。

二　陇东南文化历史区

在建设"三区"中有一区是以始祖文化为核心的陇东南文化历史区。国务院批复的《关中—天水经济区发展规划》和《陕甘宁革命老区振兴规划》，主要是加大甘肃省文化建设力度，推动陇东南四市的文化发展，重点围绕始祖文化、大地湾文化、先秦文化、道教文化、农耕和民俗文化、红色文化等，以发展文化旅游、文化创意、民俗农耕文化展示、红色旅游、演艺会展、工艺美术品制造等产业为重中之重。主要形成以天水市为中心，以始祖文化为重点，以文化旅游为载体，以文化产业为支撑，对农耕文化和民俗文化的保护传承和创新发展。主打圣地天水、生态陇南、养生平凉、民俗庆阳以及红色南梁、周祖圣地、岐黄故里等特色文化品牌。

甘肃拥有丰富的始祖文化资源：人文始祖伏羲生于天水一带，发明八卦、制嫁娶、开书契记事先河，创立古老的华夏文明，形成以伏羲文化为主的华夏民族；周先祖以农为本，以德治国，从陇东高原崛起，奠定了中华民族的农耕文化以及道德传统；秦先祖称霸西戎，依法立国，从陇南山地走向兴盛，铸造了中国两千多年的封建政治、经济和文化格局；黄帝于平凉崆峒山向广成子问治国、养生之道，始有《黄帝内经》。

三 始祖文化传承新途径

(一) 启动始祖文化资源保护工程

对于始祖文化资源的开发保护，最基础的是保护。按照文化遗产的定义和构成，始祖文化资源保护工程由相关古遗址、古墓葬、古建筑等物质文化遗产保护传承和非物质文化遗产保护传承两部分组成。一是做好文物保护，对天水始祖文化资源进行深度挖掘研究，并对资源进行科学分类评估，建立专属于始祖文化资源的共享平台和数据库系统。全力做好秦安大地湾遗址、秦州区西山坪遗址、师赵村遗址、张川县马家塬墓地、甘谷毛家坪遗址、麦积区放马滩战国墓地、清水李崖遗址等重点文化遗存的保护发掘，以及伏羲庙、卦台山、女娲庙、玉泉观等文物建筑的保护修缮，保护好文物本体原真性和文物遗存周边环境的自然风貌；二是实施大遗址保护，大地湾遗址已被国家文物局列为第二批国家级考古遗址公园建设项目，另外，甘肃省要积极争取将甘谷毛家坪遗址、张家川马家塬墓群等具备大遗址保护要求的秦人早期遗存列为国家考古遗址公园拟建项目。对于大地湾遗址的保护，加大资金投入，按照保护要求对保护的范围和内容进行划分，做好遗址的发掘保护和基础设施建设，提高综合保护、利用的能力，建立以考古遗址及其背景为主体，始祖文化保护传承创新为核心，集科研、教育、休闲、观光于一体的文化民生工程；三是以非物质文化遗产项目的保护传承为前提条件，积极发展始祖文化产业。挖掘具有永恒性、普适性、有价值的始祖文化符号，建设以"中华文明"为文化大理念、以羲皇文化遗产保护传承为主的中华始祖文化园。做好国家级非物质文化遗产项目"太昊伏羲祭奠"和女娲、黄帝祭祀礼仪的保护传承，整合天水伏羲、女娲、轩辕黄帝祭奠，探索"三皇共祭"的有效形式和载体，逐步实现两岸三地"同祭三皇"的目标。建设天水始祖非物质文化遗产保护传承园，实现始祖文化资源集约化、规模化经营，重点挖掘民间文学、舞蹈、祭祀、民间工艺技艺、传统武术竞技等文化艺术形态和样式，带动天水始祖文化、科技、旅游、商贸、会展等第三产业的发展。

(二) 建立丝绸之路经济带始祖文化旅游产业

陕西关中地区与天水实现合作联动发展，有相似的始祖文化资源内容，但却有不同区域不同的特点，以天水为源、关中地区为流，两个地区可以共同开展史前文化、秦文化、黄帝文化、道教文化的研究比较、旅游发展，实现区域合作。全面加强三方面的合作：一是实现定期举办始祖文化合作论坛，突出两地始祖文化的个性特色和互补性，着力在文化的源流共生、连续发展方面做文章，扩大两地始祖文化资源在丝绸之路经济带东段的合作空间，使旅游产业链实现完整对接，带动相关联产业的迅速发展；二是通过"走出去"和"引进来"的途径使始祖文化的交流更深刻，实现资源共享，形成完整的始祖文化传承创新序列体系，使"关中—天水经济区"对陇南、平凉、庆阳市的辐射效应增强；三是促进甘肃的旅游部门与陕西文化旅游部门加强合作，联合开发，力求实现两省始祖文化旅游景区"一票通"工程，联袂打造中国始祖文化旅游品牌。

(三) 实施始祖文化旅游品牌塑造提升工程

保护始祖文化遗产的目的是为了更好的创新发展，而要实现创新发展的必经之路是对始祖文化资源的整合、始祖文化品牌的塑造，并促进文化与旅游的深度融合。甘肃省市各相关部门需要抓住国家扶持地市级博物馆建设的契机，通过建设始祖文化专题博物馆和建设始祖文化主题园区、景区的两条途径，来塑造三个重要始祖文化旅游品牌。即以大地湾国家级考古遗址公园建设，伏羲庙、卦台山景区品质提升，清水黄帝生态文化园规划建设为主体的羲黄寻根祭祖、文明探源品牌；以麦积区放马滩秦文化生态园建设、马家塬战国墓葬博物馆、毛家坪秦文化遗址博物馆建设为主体的秦人、秦族、秦国探秘旅游品牌；以玉泉观、花石崖、老君庙、尹道寺等道教遗迹为主体的道教养生旅游品牌。目前，要把工作重点放在资源整合、项目制定、景区建设、文化挖掘和对外宣传推介上，重点加强景区环形道路和基础设施建设，提升文化展示水平和服务质量。

第十二章

伏羲文化的当代价值及其产业实践与构想

第一节 优势与基础

一 伏羲文化旅游开发现状

天水名人文化资源极其丰富，早在八千多年前，人文始祖伏羲和女娲诞生在这片土地上①。依托这些文化资源和文化遗迹，天水市顺利举办了伏羲文化旅游节，这是建设伏羲文化大景区的重要基础。

天水在历史上不仅是一个行政区划，而且是一个具有丰富内涵的文化地理空间，其中伏羲文化就是天水文化同质性的代表。天水伏羲文化的这种同质性具体表现为：在不同历史时期，伏羲文化贯穿于天水历史的始终；在天水的不同地方，伏羲文化都有自己的特点。在天水伏羲文化资源方面，就表现为天水伏羲文化资源的同质性，这使得同一个历史阶段或地区的伏羲文化资源产生了关联，这种关联使对伏羲文化资源进行开发的时候具备了按照大景区来规划的现实性，是伏羲文化资源开发与大景区融合的重要条件。②

---

① 《天水名人文化资源的开发与大景区融合探索》，2017年4月18日，中国华人书画网，https：//www.sohu.com/a/134696807_297308，最后浏览日期：2020年12月14日。
② 《天水名人文化资源的开发与大景区融合探索》，2017年4月18日，中国华人书画网，https：//www.sohu.com/a/134696807_297308，最后浏览日期：2020年12月14日。

近年来，随着伏羲文化旅游节的开展，伏羲文化的影响力越来越大，对于天水"羲皇故里"的城市名片的打造和文化实力的提升，都起到了积极的作用，同时也促进了天水市文化旅游业的发展。然而，游客慕天水"羲皇故里"之名而来，却由于天水伏羲文化资源在文化旅游业上缺乏整合，使得许多游客对于天水伏羲文化资源无法形成完整的认知。因此，伏羲文化大景区建设对天水伏羲文化资源开发具有促进作用，尤其是在文化产业对社会经济的拉动作用日益增强的今天，按照大景区规划来进行文化资源的开发，无疑有利于增强文化资源开发的规模效应，有利于文化资源的文化因子的整合，从而促进文化资源的开发为地方文化建设服务，最终实现伏羲文化与旅游的深度融合。①

二 伏羲文化的现代价值

(一) 伏羲文化与增强科学意识

伏羲是中国历史上第一个进行系统创新，进而深刻影响中华文明史的发生、发展的中华民族的伟大英雄。据史籍记载，伏羲的重要创造包括发明发展渔牧业、制嫁礼、造书契、创历法、制瑟作乐、作八卦、创立中医学、创立占卜学、创立政治制度等，是中华文明形成、发展的重要基础和基本内容，对于中华民族的建立、发展具有重大而深远的历史意义。

伏羲在进行伟大的系列发明创造，奠定中华文明的基础的过程中，不仅形成了勇于进取、开拓创新的民族精神，还直接促成了中华民族早期科学意识的形成，奠定了民族抽象思维方式的形成。

伏羲八卦是中华民族认识世界和指导生产实践的解释系统，是对天、地、人系统的独立与统一的深入探索②。对此，郭沫若、朱炳祥二位先生曾以数学为基础，提出了伏羲八卦的新发展观点。伏

---

① 《天水名人文化资源的开发与大景区融合探索》，2017年4月18日，中国华人书画网，https：//www.sohu.com/a/134696807_297308，最后浏览日期：2020年12月14日。

② 胡政平、谢增虎：《伏羲文化留给我们的精神财富》，《兰州学刊》2012年第7期。

羲八卦以及以伏羲八卦为基础的易学思想是中华传统文化的源泉与核心，包含着中华民族对人类社会和自然世界的不断探索。《周易》就是对人类和自然的整体思考，寻求人与自然的和合共存及人的生命的终极意义和规律。因此，伏羲八卦和《周易》被视为开发民族智慧、陶冶民族精神、弘扬传统文化的重要"元素"和动力。[1]

在科学技术日新月异的今天，我们提倡实事求是、尊重科学，就必须继承和发扬伏羲文化勇于探索、尊重客观规律的伟大精神，增强科学意识，反对形式主义、官僚主义，以科学的思想、科学的制度和科学的方法发展中国特色社会主义建设事业。

（二）伏羲文化与宣扬道德观念

伏羲氏以"圣德"立身，并以"圣德"来统领各部族，使各部族在"圣德"的号召下团结为一个整体，成为中华民族建立、发展的核心基础，伏羲氏对"圣德"的宣扬成为中华民族发展壮大的精神纽带，并为八千年中华文明所继承和发扬。

《淮南子·览冥训》记："伏羲、女娲不设法度而以至德遗于后世，何故？至虚无纯，而不喋苟事也。"[2] 至德，即圣德、大德，就是能够为世人表率，使举世之民甘心服从的至善之德，或者也可以说就是"天下为公"。"天下为公"最早见于《礼记·礼运》："大道之行也，天下为公。"

至德，在大系统内的绝对公正、公平，成为中国历代统治者和社会精英公共管理的核心理念，"德治"传统的延续，也成为中国文化精英分子内在传承的标志。伏羲把"德"由一种个人修养提升为公共管理的基本准则，以"圣德"统领各部族，并实现了中华民族形成初期的初步"统一"，最后形成以"德"为基本内核的文化现象，渗透到社会、经济、政治的各个层面。中国历代统治者对"德治"的高度认可和重视是中华传统文化的精髓。

---

[1] 雍际春：《伏羲神话传说的文化价值》，《宁夏社会科学》2005年第4期。
[2] 首丹：《谶纬对神话传说流变的影响》，硕士学位论文，四川师范大学，2010年。

自伏羲时代开始中华民族就开始提倡公高于私、重义轻利的价值观，这一价值观经过儒家的长期宣传，成为中华传统文化的主流价值观，对于中国古代社会的方方面面产生了深远的影响。

在伏羲提倡的价值观体系中，个人相对家庭是小系统，家庭相对社会是小系统，社会相对国家是小系统，国家相对天下是小系统。对这些系统的充分认识和合理运用，就是"德"，德者，得也，只要能够按照"德"的标准正确处理这个系统之间的关系，就能使各个系统和谐运转，最终实现共同发展。

（三）伏羲文化与弘扬民族精神

伏羲是中华人文始祖，对中华文明进步做出了巨大贡献，他率领部族在不断迁徙的过程中把他们的社会管理方法、生产劳动技术、哲学和科学探索、技术发明等不断发扬壮大。并汲取各地先进的经验和做法，传承和发扬了以伏羲为代表的远古文明，推动了社会生产力的进一步发展，为中华先民摆脱蒙昧阶段步入文明阶段做出了重大贡献。也因此，伏羲氏得到子孙世代崇敬，被尊称为"人祖""人宗""羲皇"，成为中华民族共同敬仰的"人文始祖"。[1]

在中华民族的历史文化长河中，伏羲文化展现出创造性和实践性并存、人文精神和科学性并存的特点，这对发展生命力的壮大和民族感召力的提升起了关键的作用[2]。伏羲理应成为中华民族的始祖和文化象征，海内外中华儿女以"羲皇子孙"相称更能反映中华文明的悠久历史和丰富内涵以及中华民族从诞生到不断发展壮大的漫长过程。

中国的民族精神的源头和基本内容应当追溯到并归功于伏羲文化，正因为有了伏羲文化，中华民族精神才能扎根于八千年历史发展的沃土之中，更加彰显出民族历史的旺盛生命力。当伏羲文化精神与开拓创新、与时俱进的时代精神相结合，就会呈现出新的生

---

[1] 穆仁先：《伏羲与中华姓氏文化》，黄河水利出版社 2004 年版。
[2] 徐文杰：《弘扬伏羲文化发展特色经济——天水市文化与经济互动发展的分析》，《陕西社会主义学院学报》2006 年第 2 期。

机。伏羲文化精神是能够塑造国民性格、开发国民智慧、推进民族复兴的精神源泉，具有不可估量的、永不枯竭的感召力和亲和力。伏羲文化有着认识世界的科学精神和兼容并蓄的人文精神，结合它本身的创造性和实践性，一路引领着华夏龙的传人，感召着他们投身祖国的建设发展，最终实现中华民族的伟大复兴。①

综上所述，在当前全球向知识时代进步和我国经济迅速发展、文化繁荣进步的形势下，研究和弘扬伏羲文化精神对于我们在全社会增强科学意识、宣扬道德观念、弘扬民族精神具有重要的现实意义。而作为"羲皇故里"的天水理应在研究、弘扬伏羲文化精神方面做出更大的贡献。② 十几年来，在历届天水市政府领导和社会各界学者、爱国同胞等的支持下，把中华伏羲文化研究会作为重点，天水市对伏羲文化的重视程度提高了，也因此有了一些收获和成果。但是我们也认识到伏羲文化研究仍然有着广阔的空间，未来我们将在各方面支持下继续深入研究，与海内外各界研究者一道把伏羲文化研究推向更高水平。

第二节　文旅融合背景下的伏羲文化

相传，伏羲画八卦，是从乾卦开始的，而"乾"指的是天，所以说伏羲一画开天，也就是开了中华文明的先河，也可以说是中华优秀传统文化的本源。天水是华夏文明的重要发祥地之一，有着丰富的旅游资源，是一个有潜在发展力的旅游城市，而文化和旅游的融合是当下发展的大潮流，因此要高举伏羲文化这面旗帜并加快伏羲文化大景区的建设工程。

一　强化历史文化名城意识，打造全球华人寻根祭祖圣地

天水是一座历史文化名城，因为它博大精深的文化而享有"羲

---

① 范鹏、朱智文:《甘肃省情》，民族出版社2011年版。
② 杜松奇:《伏羲文化论丛（2003）》，甘肃人民出版社2004年版。

皇故里"的美誉，所以，想要把天水打造成全球华人寻根祭祖的神圣之地，就要高举伏羲文化旗帜，提高人民群众的名城意识。

一是重视每年的天水公祭伏羲大典文化旅游节，在祭祀典礼的规模、规格和影响力上做提升，进而将"全球华人寻根祭祖圣地"作为一个品牌去培养、发展，最终使全球华人都成为这个品牌忠诚度高的客户。

二是要重点关注中华伏羲文化园的规划建设，对伏羲庙的规模进一步扩大，完善伏羲文化特色的建筑体系，将祭祀大道修通至耤河北岸，对周边的古建筑、巷道和古树进行修缮并加以保护。同时，对卦台山景区也加以保护性开发，使之跟上伏羲文化园的建设步伐。

三是对伏羲文化进行系统的挖掘和整理，并进行宣传和弘扬，在天水建设伏羲文化研究交流中心和相应的培训教育基地，努力向全国以及全球发展。

伏羲文化资源的开发，一方面促进城市形象的塑造和城市名片的打造，另一方面，也是天水的文化符号，是地方文化软实力的象征，也是地方文化特征的体现方式和表达方式。天水的伏羲文化资源的同质性特征，有利于伏羲文化资源更好地服务于地方文化建设，能够使得伏羲文化资源所包含的文化内涵和文化因子更容易形成合力，成为地方文化软实力的一部分。同时一个地方的文化资源，往往体现着一个地方的文化精神，用大景区的方式把一个地方的文化资源统筹起来，有利于更好地展示当地的文化内涵，有利于更好地塑造地方的文化形象。[①]

二 加大资源整合力度，推动文化旅游产业转型升级

为了推动天水市文化旅游产业的融合发展，应当全面加大资源

---

① 《天水名人文化资源的开发与大景区融合探索》，2017年4月18日，中国华人书画网，https://www.sohu.com/a/134696807_297308，最后浏览日期：2020年12月14日。

的整合力度,利用好天水市文化旅游资源的地域性优势。

一是整合天水特色文化。深入挖掘、研究、开发、整合以伏羲文化为主的"五大历史文化",努力形成天水独具文化魅力的文化旅游发展新优势。①

二是要重视非物质文化遗产的保护性开发。对天水雕漆、天水丝毯、秦安泥塑、甘谷脊兽等传统技艺类非物质文化遗产实行生产性保护,既可惠民、富民,又能增强保护工作自身的"造血功能",增强非物质文化遗产的生命力和影响力②,促使其走向全国、走向世界,也为旅游文化产业发展注入新鲜元素。对秦州夹板、武山旋鼓、秦安小曲、张家川花儿等演艺类非物质文化遗产,在保留原生态、传承文化内涵的基础上,创新文化旅游演艺的节目,注入现代的高科技元素,使其更具市场效益和地方特色。③

三是整合包装提升旅游产品。坚持用文化元素来充实旅游业,延长产业链条,提升旅游产品的质量和档次,通过大景区的方式将伏羲文化资源整合起来,有利于扩大旅游市场,使得与伏羲文化资源有关的旅游市场不再是"一日游"或者"半日游",从而延长产业链。一方面促进旅游产业的发展,增加旅游收入;另一方面也能够增强伏羲文化资源的造血功能,更好地反哺大景区建设,形成良性互动。④

四是加快建设重大文化旅游项目。重点抓好中华伏羲文化园、卦台山文化产业园等重大工程规划建设;另外,要抓好公共文化服务项目的建设,包括天水伏羲文化研究中心、天水博物馆、文化馆

---

① 《天水市政协副主席王振宇:大力推动天水文化旅游产业融合发展》,2019 年 6 月 14 日,天水智慧旅游官方,https://www.sohu.com/a/320503765_100014615,最后浏览日期:2020 年 12 月 14 日。
② 项伟晨:《徽墨制作技艺的生产性保护政策研究》,硕士学位论文,安徽大学,2019 年。
③ 《天水市政协副主席王振宇:大力推动天水文化旅游产业融合发展》,2019 年 6 月 14 日,天水智慧旅游官方,https://www.sohu.com/a/320503765_100014615,最后浏览日期:2020 年 12 月 14 日。
④ 《天水名人文化资源的开发与大景区融合探索》,2017 年 4 月 18 日,中国华人书画网,https://www.sohu.com/a/134696807_297308,最后浏览日期:2020 年 12 月 14 日。

等；积极开展"中国书法名城"的创建活动，努力把天水建设为中国书画艺术之乡。

三 创新体制机制，促进文化旅游产业持续健康发展

一是认真实施天水市文化旅游产业发展总体规划和相关配套政策，及时解决发展中遇到的困难和问题。进一步深化改革，理顺管理体制，按照"政府引导、社会参与、多元投入、市场运作"的思路，加快对现有文化、艺术、旅游单位改革的步伐，不断激发内在活力，提升发展水平。通过鼓励社会资本的进入，来加大资金的投入力度，解决制约全市文化旅游产业发展的资金问题。[①]

二是促进文旅产业融合新体制的发展。首先从市级出发，在文旅融合发展方面建立协调领导机构，创新文旅产业融合发展体制。然后促进省属文物、林业旅游资源稳健管理，统一开发、经营和管理文旅资源。最后是推动大景区管理委员会三权（即所有权、管理权、经营权）分离的改革，使得景区经营管理体制市场充分对接、主体责任到位、产权关系构建明确清晰。

三是投融资融合发展机制有待完善。首先大力推广PPP模式，推动文旅发展稳定投入机制的建立，主要包括支持社会资金参与、争取项目资金扶持、引导财政专项资金三个方面，从而鼓励市场主体在投资、建设和运营文旅项目时，通过政府和社会资本合作。其次通过建立资产交易平台，使得旅游资产证券化，从而加强文旅产业的信贷支持。然后鼓励大型文旅企业的融资上市，这些企业必须符合国家发展战略和上市条件、具有清晰的管理体制以及丰富的文旅资源。最后为了分散企业的商业风险，设立由政府出资并管理的投资基金及融资担保基金会。

四是旅游市场监管机制由单一性向综合性创新发展。首先是促

[①] 《天水市政协副主席王振宇：大力推动天水文化旅游产业融合发展》，2019年6月14日，天水智慧旅游官方，https：//www.sohu.com/a/320503765_100014615，最后浏览日期：2020年12月14日。

进旅游市场综合监管机制向执法权威化、行为规范化、权责明晰化方向发展，并逐渐形成旅游监管网络"三位一体"化局面，包括社会参与、行业自控、政府主导。然后为了使旅游市场监管体系不再单一，向旅游与质监、工商、公安等多部门的共同执法、联合监管的转型，采取试点方案，即先在麦积区和武山县建立完善"1+3"旅游综合治理机制。最后，建立旅游信用信息公示制度，来解决信用问题，对失信的现象进行惩戒。

四　加强合作交流，努力构建文化旅游经济圈

发挥天水区位优势，紧抓"一带一路"建设、西部大开发、关中—天水经济区建设的机遇，进一步打破地区壁垒和行政界限，创新区域合作机制，推动天水文化旅游产业率先联结陇东南、融入大关中，立足西部、面向全国。

一是充分发挥天水在关中—天水经济区次核心城市的作用，进一步巩固和扩大与关中地区的旅游合作，建立资源优势互补、客源相互交流、线路合理延伸的长效机制，积极组建关中—天水经济区旅游发展联盟、中国西北优秀旅游城市协作体，以关中—天水经济区为支撑，努力促进区域旅游协调发展。同时，以天水、宝鸡、铜川等地的伏羲文化、炎黄文化为纽带，努力打造渭河中上游地区华夏文明始祖文化；以天水、陇南、平凉、庆阳、关中地区民俗文化为重点，努力打造关中、陇东南地域风情文化。

二是充分发挥天水在"一带一路"建设中节点城市的重要作用，加强"丝绸之路"沿线城市的文化旅游合作〔甘肃、陕西、河南、青海、宁夏、新疆等省（区）〕，共同打造"一带一路"文化旅游合作高地，努力使天水成为"一带一路"建设的重要基地和文化旅游交流服务中心。

三是进一步加强天水与东南沿海经济发达地区的旅游合作。加强与京津冀、长三角经济带、粤港澳大湾区在文化创意、媒体宣传、书画艺术、旅游观光等方面的交流合作，努力走出一条文化旅游产业大开放、大发展的新道路。①

第三节　开发思路与路径

对于伏羲文化旅游开发而言，要把握内涵与特征，在打造好天水"羲皇故里"名片的条件下，开发利用现存的伏羲文化资源，是我们在发展伏羲文化旅游时应该遵循的原则，伏羲文化旅游的开发可从以下几个方面展开。②

一　集中精力开发建设伏羲文化大景区

（一）整体布局，统一规划

只有整体布局、合理规划，才能避免发展定位不一以及发展过程中相互掣肘、争夺名人文化资源的问题。

第一，要确定开发目标和发展定位。伏羲文化资源的开发必须和城市名片的打造、城市形象的塑造、城市精神的概括结合起来。

第二，要整体布局，统一规划，形成合力。既要在思想认识上统一，也要对现有的伏羲文化资源摸清家底。③

（二）加深开发利用的深度，进行物化和活化

我们对于文化资源的开发过程，大多数还处于比较原始和粗放的开发状态。也就是说开发理念还比较落后，开发手段还比较单一，开发的深度还远远不够。因此，在建设伏羲文化大景区的过程中，我们至少应该做好两个方面的工作。④

---

① 《天水市政协副主席王振宇：大力推动天水文化旅游产业融合发展》，2019年6月14日，天水智慧旅游官方，https：//www.sohu.com/a/320503765_100014615，最后浏览日期：2020年12月14日。

② 宁江英：《关于咸阳发展秦文化旅游的几点建议》，《旅游纵览·行业版》2019年第12期。

③ 《天水名人文化资源的开发与大景区融合探索》，2017年4月18日，中国华人书画网，https：//www.sohu.com/a/134696807_297308，最后浏览日期：2020年12月14日。

④ 张建魁的博客：《天水名人文化资源的开发利用（三）》2014年8月12日，http：//blog.sina.com.cn/s/blog_138d3bed80102v0ns.html，最后浏览日期：2020年12月14日。

第一，对伏羲文化的内涵进行深挖探查。我们对于现在文化资源的开发状况前面也提到了，有很多还处于开门收门票的阶段，原因在于没有进一步地挖掘文化资源的内涵。这也导致了我们的许多对于文化资源的开发要么就是简单的收门票，要么就是发展成造神运动，所有的景点一律是烧香拜佛。文化的内涵也就千篇一律，没有了特色，自然不能吸引游客。所以，在建设伏羲文化大景区时，必须要挖掘能够引起游客思想共鸣和触及灵魂的东西，这样才能吸引回头客。[①]

第二，树立现代的开发理念，运用现代的开发手段，进行物化和活化。许多文化遗迹虽然在历史的长河中被岁月带走，但是它们总会留下一些东西供人们铭记。无论任何时候，人们对于正义的积极的东西始终向往，这就为我们进一步地挖掘伏羲文化内涵提供了可能性。我们可以通过文娱演出和影视作品，将一些历史场景再现出来，这就是活化。有些已经湮没在历史长河中的场景也可以用实物再现出来，又可以促进景点旅游，这就是物化的方式。[②]

(三) 与相关地区联动发展

伏羲文化资源在不同地方有不同的表现方式，随着伏羲活动轨迹的延伸，伏羲在不同的地方留下了众多的文化遗存。这样，几个地方在开发伏羲文化资源的时候，往往会产生重叠和冲突，这对于大家来说都是非常不好的。[③] 有的地方为此还将力量都用在了内耗上，与其相互内耗，还不如相互联动发展，这样的双赢结果也是每一个有远见的地方所乐于见到的。

(四) 解决和处理好文化事业和文化产业的关系

文化事业主要是靠政府扶持、社会赞助，具有创造性和公益

[①] 张建魁的博客：《天水名人文化资源的开发利用（三）》2014 年 8 月 12 日，http://blog.sina.com.cn/s/blog_138d3bed80102v0ns.html，最后浏览日期：2020 年 12 月 14 日。

[②] 张建魁的博客：《天水名人文化资源的开发利用（三）》2014 年 8 月 12 日，http://blog.sina.com.cn/s/blog_138d3bed80102v0ns.html，最后浏览日期：2020 年 12 月 14 日。

[③] 张建魁的博客：《天水名人文化资源的开发利用（三）》2014 年 8 月 12 日，http://blog.sina.com.cn/s/blog_138d3bed80102v0ns.html，最后浏览日期：2020 年 12 月 14 日。

性，不以盈利为目的，旨在满足人民群众公共的和高品味的文化需求，提高人民群众的思想道德和科学文化素养，并占领世界科学文化的制高点；[①] 而文化产业则是面向市场，依法经营，自我积累，自我发展，具有消遣性、娱乐性、益智性和营利性，是满足人民群众消费方面的一般性文化需求。那么，在伏羲文化资源的开发中，文化事业与文化产业是存在冲突的，所以关键是要使二者统一起来。[②] 伏羲文化具有与生俱来的包容性，伏羲文化的天人合一理论，是中国传统文化里最重要的儒家文化和道家文化的源头。可以说，正是由于伏羲文化的包容性，伏羲文化大景区的内容才能够丰富起来，也使得伏羲文化大景区最具包容性，最容易协调各方面的利益和问题，从而解决和处理好文化事业和文化产业的关系。

（五）解决好相关的配套协调问题

配套协调问题主要应当包括资金、城市规划建设、土地、人员、交通等方面，这也是建设伏羲文化大景区必不可少的。与此同时，天水的伏羲文化大景区必须与城市名片的打造相结合，与城市建设相结合，与其他文化资源的开发利用相结合，与经济社会发展相结合，只有这样，才能更好的与经济社会环境相互促进，加快开发步伐。[③]

二　开发伏羲体育文化，推动传统体育发展

开发伏羲体育文化需要深挖"伏羲文化"内涵，丰富伏羲文化开发利用的形式和内容。依托当前的伏羲体育文化发展特征，着重抓传承创新性、群众娱乐性、适应发展性及地域特色性等特性的体育文化旅游元素进行开发。

[①] 叶取源、王永章、陈昕：《中国文化产业评论》，上海人民出版社2004年版。
[②] 张建魁的博客：《天水名人文化资源的开发利用（三）》2014年8月12日，http：//blog. sina. com. cn/s/blog_ 138d3bed80102v0ns. html，最后浏览日期：2020年12月14日。
[③] 张建魁的博客：《天水名人文化资源的开发利用（三）》2014年8月12日，http：//blog. sina. com. cn/s/blog_ 138d3bed80102v0ns. html，最后浏览日期：2020年12月14日。

（一）传承创新性

伏羲体育文化的传承创新性主要体现在伏羲祭祀舞蹈，它具有顽强不息的精神，无论时代如何变迁，它都能做到世世代代地传承下来，就是因为它不但能保留远古时期的文化元素，其所表现的体育文化活动形式还能随着不同历史发展时段文化元素的变化而创新。为了加大伏羲体育文化的宣传力度和创新性，可以鼓励伏羲舞蹈进校园，比如在敦煌，就设有敦煌学院，包含敦煌彩塑传习所、敦煌当代美术馆、敦煌壁画临摹室、敦煌当代美术馆等教学机构，即为伏羲舞蹈设立一个专门的研究专业方向，这样就为伏羲体育文化的创新和发展提供了很大的潜在空间，同时也使得伏羲体育文化的"扎根"变得更加牢固，为以后的"枝繁叶茂"提供了很好的前景。

（二）群众娱乐性

人们的生活离不开体育活动，而体育文化的产生也是和远古时代人类劳动生活有关。人类有进化，人类生活有改善，人类的精神生活质量也就随之提升，体育表演艺术这样的来自人民群众集体创作的成果自然也就会出现，比如有祭祀乐舞、旋鼓、社火、打梭等一系列具有地方伏羲文化特色的体育活动，而这一切发明和创造都是人民群众智慧的结晶。天水的人民群众往往会通过民俗活动来寄托真情，比如举办伏羲庙会、朝人宗庙、朝观等来敬祖。另外，往后可以增加更多线上祭祀敬祖的方式途径，全网搭建亿万中华儿女共祭伏羲"云"平台，设计网络祭祀小程序，各网络平台设置祭祀祈福、伏羲文化、历年回顾、精彩瞬间、网民寄语、抖音短视频、快手短视频、图文信息报送等内容，将全市公祭和各个县镇或家庭的私祭活动做成宣传片供人们欣赏。

（三）适应发展性

天水当地人的祭祀是为了传承伏羲文化民族精神，从而激励人们攻克艰难险阻，早日实现脱贫致富；而外来的游客则是寻根祭祖，与当地的百姓共同祈福。他们都是为了适应潮流的发展，还在祭祀乐舞上做出了发展和改进，将古老的武舞提炼加工为更能代表当代伏羲体育文化的文艺作品，从而展现出前所未有的活力。我们更可以充实伏羲体育文化的发展元素，以祭祀舞蹈为中心，多元化创新，比如借鉴大唐不夜城的发展模式，以全域景区发展型为最终目标，进行分区功能规划设计，分为商业步行街、伏羲体育文化交流广场、庆典广场及伏羲庙公园，做好全域夜晚亮化工程，具体可以在步行街上安排"不倒翁小姐姐"身穿伏羲特色的服装进行表演并加入网络直播，可以吸引更多的游客前来打卡；也可以设计游行花车展，花车设计包含伏羲、女娲的元素，然后在车上安排伏羲特色舞蹈表演；在广场上可以增加一些艺术性的建筑，包含天水伏羲大剧院、伏羲音乐厅、伏羲体育文化中心等。

（四）地域特色性

尚武，是一种绝不忍受压迫的精神，一种敢于反抗不公的精神，这是天水民风中所透露出的气质，是受地域特征、生存环境和生活背景影响的。伏羲体育文化根植于这片土地上，各种祭祀乐舞也具有鲜明的地域文化色彩，如旋鼓、夹板舞的刚劲，蜡花舞的阴柔，鞭杆舞的阴阳平衡等就是最好的佐证，其中很多种舞蹈在秦人时期就已经兴起，当他们在草原上放牧的时候逐渐就形成了一种体育文化娱乐项目。可以举办伏羲体育文化节活动，借鉴南京夫子庙的秦淮灯会，可以在特定的节日，比如公祭日、春节，进行祭祀乐舞，分不同场次演出，与此同时可以带动商业街的发展，比如天水特色小吃、伏羲主题酒店民宿，设计一系列带有伏羲体育文化元素的民宿，将演出的精彩瞬间融入到酒店内部，将旋鼓、夹板舞、蜡花舞、鞭杆舞等画在客房的墙上，并赋予每个客房不同的名字和不同的主题。

第十三章

秦祖文化的当代价值及其产业实践与构想

第一节 秦祖文化资源禀赋优势明显

文化资源是可以为现实服务的历史积淀，对其开发就是对人类所缔造的物质与非物质文化资源进行以保护为首要任务的多维度多角度的系列活动①。任一民族文化或地域文化，都有它质的规定性，而这正是它区别于其他文化的重要标记。秦文化资源指的是在秦朝建立之前和建立之后，由秦人所创造的非物质文化资源和物质文化资源产品的总和。

秦文化作为地域文化，文化资源的体量很大，空间范围广，时间跨度也很长。依据国内秦文化资源的存量，可将其大致分成秦时期的遗址、文物、手工技艺、鼓乐、人物故事五种类型。② 作为全国性的资源，它包含诸如秦长城、都江堰、秦简、秦朝建立的政治制度等物质与非物质文化资源。后来蜕变为主要集中于陕西关中地区的一种地域性文化，为这片土地留下了诸如秦始皇兵马俑等典型的秦朝文物古迹，同时还留下了许多历史典故、传说故事、音乐等非物质文化资源。③ 概括起来，一是秦文化遗址众多。秦遗址所包

---

① 刘康：《荆州文化资源开发研究》，硕士学位论文，长江大学，2014 年。
② 赵东：《秦文化资源解读》，《渭南师范学院学报》2015 年第 9 期。
③ 李思美：《咸阳秦文化资源的产业化开发研究》，硕士学位论文，陕西科技大学，2018。

括的是秦人遗留下来的城堡、村落、住室、作坊、寺庙及各种防卫设施等基址。① 这些遗留的基址最大的特点是具有一定的区域范围,并且多为不完整的残存物。据考古学家发掘,在陕西省、甘肃省等地方现在依然存在着丰富的秦文化遗址。位于甘肃省礼县的秦西垂陵园、位于陕西省咸阳市的秦咸阳宫遗址和兰池宫遗址、南起陕西省旬邑县北达内蒙古自治区鄂尔多斯市的秦直道遗址等,这些都是秦文化遗留下来的非常重要的物质文化资源。二是文物丰富。对秦时期的文物进行梳理可以看出,它主要包括的有陶器、丝织物、建筑材料、金属器等。这些文物都是具有历史价值、艺术价值、科学价值的具体物质遗存。三是鼓乐出土众多。唢呐、锣、鼓、镲等民族乐器被秦人融入到他们的歌曲、舞蹈、戏曲等各种各样的艺术表演形式中,这样的形式造就了特色鲜明的秦汉战鼓。

秦文化资源具有文化资源丰富、历史悠久、蕴含跨时代精神等特点。秦文化丰富的资源源于现在留存的大量物质文化遗产和非物质文化遗产。对于看得见的显性资源开发时我们可以通过旅游来进行开发,而秦文化资源在显性资源方面是缺位的,所以我们就要靠挖掘其隐性的资源,然后进行优化,最后达到产业开发。

相对集中的文化资源地域分布,有利于整体开发。秦文化是主要分布在陕西、甘肃等地的一种区域性文化,在陕西关中一带有着其最具代表性的西垂陵园、秦始皇兵马俑、秦始皇陵遗址和大量出土的秦朝文物和遗址,同时在这个中心周围分布着具有自然景观色彩的骊山和华清池等,咸阳秦文化旅游发展时可以带动这些景观旅游同时去进行开发,然后为了激发游客的探索和满足他们的好奇心,在开发时可以借助秦始皇陵的传说和极具争议色彩的秦始皇本人的故事。

---

① 刘敏:《基于需求导向的南京市鼓楼区养老服务设施规划研究》,硕士学位论文,南京工业大学,2014年。

第二节　秦文化资源开发已初具规模

秦文化资源开发已初具规模得益于政府对秦文化发展的大力支持。近年来，甘肃、陕西等省份极为重视文化建设，为了推动秦文化产业的大繁荣、大发展，陕、甘一起行动，同时实施。目前的陕西已经确定了以咸阳为主的秦文化产业发展思路，在创造历史文化品牌时力求其具有咸阳 DNA，这样的文化觉醒在实现文化自强上就形成了一种思想保证。

陕西、甘肃等秦文化资源丰富的省份地理位置和区位优势明显。在"一带一路"的影响之下，各国家和地区之间加强了文化交流，在此基础上为文化产业的发展创造了良好的氛围，而陕西省、甘肃省正好处于"一带一路"沿线的重要地段，有利于进一步地完善本土文化特色。在本土文化产业发展时可以充分借助秦文化这一平台，利用秦文化特色，不断的加强与其他地区的合作，更快地将秦文化推向市场，实现文化输出。通过"一带一路"沿线国家和地区之间进行的经济、政治、文化交流与合作，进一步地为西部地区引来了资金人才等，同时也促进了西部地区文化产业的大发展，开辟了文化产业全方位开发新路径。

第三节　文旅融合背景下的秦祖文化

要进行秦文化资源的开发，就是要对秦文化的内涵进行分析并将其转换为有创意的产品。秦文化遗址众多，所以在开发时应主要从它的开发与传承方面去进行多方面多形式的开发。同时在开发过程中应创造具有代表性的文化 IP，在开发时还要注重保持其原真性，对于物质文化资源和非物质文化资源保留其原有的文化价值，才能更好的去激活和开发更加优秀的文化资源，文化产业产品的创新，可以促进传统文化更加现代化的去向游客表达，实现"换道领跑"。

要对文化资源进行开发，也就是要对文化资源的价值进行二次的认识与理解，从而让文化资源的价值进行不断累积，最终使其达到增值的过程。开发文化资源旨在提高和改善文化资源的利用率，但也需要在以保护为前提下采取相应技术措施与经济活动，尽最大可能和限度去发现和利用各种各样的文化资源，并使其产品或服务变得更具有文化价值。在社会发展和进步迅速，新事物和新现象不断出现的今时今日，文化产业已经发展到了现代技术与文化内容相糅合的阶段。在文化领域中，数字技术开始得到广泛应用，文化创意光彩四溢。因此，若是想要文化资源得到最有效的开发和保护，就需要以高科技为手段、以信息化为途径，达成创意性开发，进一步实现文化资源的价值。例如秦汉战鼓的开发，现在秦汉战鼓的表演正是依托秦朝"角抵俳优"的形式特点，以鼓为主要节奏，利用鼓发出的乐声，将参演人员及观众的情绪集中调度起来，提升秦汉战鼓的表现性、观赏性以及感染力，以达到气势宏大、冠绝古今的艺术效果，让人身临其境，仿佛再次回到了当年秦军战士上战场杀敌的强大气势。[①]

第四节 秦祖文化旅游的创意与开发

秦文化是在先秦时期就已经形成的一种地域性的文化，在春秋战国时期诞生于陕西省、甘肃省一带，在秦国崛起并完成统一大业后，秦文化就成为了中国的主流文化。关于秦文化的特点，王子今先生曾说过，秦文化是具有超地域特征和跨时代意义的，同时秦文化还具有创新理念、进取精神、开放胸怀、实用意识、技术追求这几点积极因素。[②] 田文棠先生、杜乃俭先生认为，秦文化"是特定

[①] 李思美：《咸阳秦文化资源的产业化开发研究》，硕士学位论文，陕西科技大学，2018。
[②] 王子今：《秦文化的超地域特征和跨时代意义》，《长安大学学报》（社会科学版）2010年第3期。

历史条件下融合形成的一种地域文化",是"物质文明为其主要标志的一种封建性的文化形态和模式",①具有功利主义、开放性和创新性等主要特征。对于秦祖文化旅游开发而言,必须牢牢把握其内涵与特征,同时以保护为主要的前提条件,再对现存的有形和无形的秦文化资源进行合理的开发,这也是我们在发展秦文化旅游时应该遵循的原则。综合陇南的历史底蕴和文化特色以及区域旅游形象定位,秦祖文化旅游的创意与开发可从以下几个方面展开。

第一,凭借关中—天水经济区发展,开发"寻找秦文化"旅游线路。2009年6月10日国务院批准的《关中—天水经济区发展规划》中我们可以看出,天水地带和关中地带已成为了一个完整的经济体。而关中—天水经济区强大的人文基础就是秦祖文化。

因此,在秦祖文化旅游开发时应将其放在"关中—天水经济带"大框架内,联合甘肃、陕西及其他毗邻区域,举关中—天水经济区之力,然后按照秦祖文化中心转移的顺序,去加大开发秦祖文化的宣传力度,打造属于秦文化的旅游路线。

秦人早先是沿着"天水—西犬丘—秦亭—汧—汧渭之会—平阳—雍—栎阳—咸阳"路线东进的,按照他们的足迹追寻发现这些地方是现在的的甘肃省陇南市礼县、甘肃省张家川回族自治县、陕西省陇县牙科乡磨儿原、陇县东南乡郑家沟原、岐山县西南、凤翔县、西安市阎良区、咸阳市8个地区。东进沿线区域现如今还保留着秦人活动过的痕迹或者遗迹,我们可以按照秦文化的地域转移和它的大方向,以陇海线为主线,选取比较有特色或代表性的或比较成熟的遗存,结合当地的民俗和自然景观等,合理规划,努力将其做大做强。成功的案例有:甘肃省礼县的大堡子山秦墓遗址已被打造成大堡子山秦文化遗址公园;甘肃省张家川自治县的秦人早期遗

---

① 田文棠、杜乃俭:《秦文化的历史构成与现代诠释》,《西安财经学院学报》2007第6期。

存着重以修建博物馆来服务游客；陕西省凤翔县的秦雍城遗址通过《秦雍城遗址马家庄宗庙遗址保护展示项目》得到保护与开发。

第二，借助"一带一路"战略，有效整合秦祖文化旅游资源。凭借国家"一带一路"战略，对秦祖文化旅游资源进行资源整合，围绕"三个一"来做文章，即"一个中心（周秦文化）、一个主题（寻根旅游）、一个重点（旅游品牌）"，对秦祖文化旅游资源进行整合，对旅游品牌进行拓展，对旅游线路进行重点打造，努力构建全域旅游体系。例如"一带一路"沿线甘肃天水、陇南市县着重以民俗为主导，已成功打造了西和乞巧女儿节、天水伏羲祭祖等大型旅游产品，取得了非常显著的社会和经济效益。与之比邻的宝鸡市则重点发展具有民俗特色的手工艺类旅游产品，以发展宝鸡泥塑、凤翔民间社火马勺脸谱、陕西皮影和木板年画等本土艺术来突出本土特色，让秦祖文化旅游在"一带一路"经济发展带上站稳脚跟。下一步，陕甘两省应加强合作，在当前"一带一路"发展利好政策和全域旅游的背景下，以秦祖文化旅游为主题，以寻根为中心，开发富有秦祖文化元素的旅游产品，增强区域文化旅游业发展的吸引力，为陕甘两省秦祖文化旅游业持续发展奠定基础，以期最终形成文化（秦祖文化）支持旅游业发展的基本格局。

第三，深挖"秦祖文化"内涵，丰富秦祖文化开发。依托现存秦祖文化遗址和遗迹，着重开发观光型、欣赏型、文化型、娱乐型、参与型、科研型、猎奇型等类型的文化旅游产品。

（1）观光型：集中财力物力，有计划性地复原一批秦祖文化建筑，如秦咸阳宫主要宫殿建筑。打造秦祖文化遗址历史文化农业产业园区。借助各类秦祖文化的仿古建筑物和与秦时期特色相同的农业模式形成观光旅游型的农业产业园区，满足游客游览观光的需要。

（2）欣赏型：秦祖文化的遗存形式丰富多彩，在今甘肃、陕西范围内存在大量的青铜器、陶俑、玉器、铜器、秦砖汉瓦等资源，这些遗存的资源可以开发成欣赏型旅游产品，吸引对秦文化物件十分喜好的旅游人群，同时也可以满足游客在旅游中欣赏秦文化成就的需求。

（3）文化型：以秦祖文化为元素和旅游资源，打造秦祖文化博物馆、风情园或主题公园；在地标性建筑，特别是酒店、车站、影院等场所打造时以秦祖文化为设计元素，打造旅游吸引物。

（4）娱乐型：秦始皇陵区陪葬坑所出的百戏俑就是很好的载体，在此基础上将秦代百戏、杂耍、体育等娱乐内容进行挖掘总结并和现代的乐舞形式进行最大程度的融合，使游客可以在娱乐中得到最大的享受。借鉴2010年世界博览会场馆文化元素表现形式，在各个场馆进行布展时尝试加入动漫元素，同时借助VR等现代科技。利用高科技让游客加入相应的自主性游戏，这样可以避免整个展览过于沉重，同时还可以增加游客的体验感。

（5）参与型：结合考古发现，将秦祖文化中属于手工业的一些技艺从抽象的文化中剥离出来，通过建设文化艺术馆，诸如陶艺馆之类的工作室，让游客及青少年学生自己动手设计和制作秦陶俑、铠甲、战车等，来丰富游客参与性，在参与中感受文化、了解文化。

（6）商务型：在现存或正在打造或未来规划建设的秦祖文化遗址或主题公园等旅游景区规划建设标准化的购物中心，销售以秦祖文化元素为设计元素的各种旅游纪念品、旅游产品，配套销售各非遗旅游产品及当地电商产品，满足商务型游客在洽谈商务、旅游、购物等各方面的需要。

（7）科研型：在各遗址景区开发文化展示区，陈列一批出土文献等；或可打造电子阅览室或影碟资料中心，开放一批电子文献、图书文献等，以满足游客科研需要。

（8）猎奇型：借鉴上海杜莎夫人蜡像馆的展现形式，以秦祖文化遗址为中心，开发猎奇型旅游产品，诸如低空直升机游览、窑洞居住、古代宫廷生活体验等，以满足现代游客对秦文化的一种好奇心和喜欢寻求刺激的需要。

第四，深挖秦祖文化资源，在保护的基础上开发文化旅游项目。首先要完善秦祖文化标志性遗存。《三辅黄图》云："秦始皇兼天下，都咸阳，因北陵营殿，端门四达，以则紫宫，象帝居，渭水贯都以象天汉，横桥南渡以法牵牛。"《三辅旧事》云："始皇表河以为秦东门，表汧以为秦西门。中外殿观百四十五。"按照史书上的记载，后人可以推断出来秦始皇当年构想以阿房宫为中心，然后把咸阳及其周围的离宫别院再连接起来形成一个规模巨大的帝都，比较可惜的就是这个工程至始皇逝世时都没有完成。如今，只有在秦宫遗址里存在着夯土台基和大量未使用的建筑材料。不谈学界对秦陵、宫殿遗址的争议，我们只通过进一步的考古钻探，去摸清宫殿，尤其是北宫殿的布局，这可以为后续开发奠定基础。其次，基于遗址保护原则，对那些不可再生的秦祖文化资源需要进行开发利用。

第五，挖掘历史文化资源，发展陇东南旅游业[①]。陇东南地区拥有非常丰富的历史文化资源，新时期加快盘活这些历史文化资源，可以有效促进陇东南区域旅游业发展，提升陇东南区域旅游产业结构升级改造，有力推动华夏文明传承创新区建设。具体而言，可从以下几个方面着手：一是优化升级"始祖—伏羲"文化资源。早在2005年，我国就启动了"中国古代文明探源工程"，如今已硕果累累。"始祖—伏羲"文化资源的进一步挖掘，应该是在吸收借鉴"中国古代文明探源工程"成果的基础上，结合当下大众的审美心理，开发文化创意产品，并利用创新信息技术来进一步提升游客参与度。二是努力推广周秦文化资源。陇东南地区的周秦文化资源相对丰富。尤其是庆阳地区，作为周人建国之地，文化遗址非常丰富。现留存的庆阳周祖陵、公刘庙，都是很有特色的周秦文化遗迹。要注重将周文化中的自强不息、艰苦创业、以德服人、众志成

---

① 吴世奇：《挖掘历史文化资源　发展陇东南旅游业》，《甘肃日报》2019年12月17日第8版。

城等精神气质与新时期社会主义文化建设相结合，在传承中弘扬。三是整合凝练早秦文化的价值。陇东南地区是早秦文化的诞生地，秦人活动区域以天水、陇南为主，因此应该注重研究凝练早秦文化，尤其是秦人包容、进取、拼搏的精神，以精神为文化旅游产品打气，或以精神贯穿旅游产品或旅游线路的设计与开发，使之成为富有特色的精神文化之旅。

第六，打造先秦酒文化，开发"白酒工业游"。通俗来说，"白酒工业游"模式，就是以白酒企业的生产工厂为旅游景点，以企业厚重的文化底蕴为宣传亮点，进而吸引游客前来参观旅游。通过挖掘白酒企业"酒"背后的故事，让游客参观"酒"的酿造过程，品尝"原酿酒"等，进而为酒企创造一个新的利润增长点。早在晋代常璩撰《华阳国志》中就收录了一首先秦巴地民谣："川崖惟平，其稼多黍；旨酒嘉谷，可以养父。野惟阜丘，彼稷多有；嘉谷旨酒，可以养母。"[①] 可见，酿制酒是最能体现先秦人民集体智慧的。在《周礼》《礼记》《仪礼》等更有很多关于秦酒酿造及饮酒礼仪的文献记载。结合秦祖文化区域内的白酒工业，可以深挖先秦酒文化，发展白酒工业旅游。如按照先秦时期酒器的类型，可以生产盛储器、温煮器、斟灌器、挹取器、饮用器、娱酒器、冰镇器，或结合先秦酒文化元素，在白酒企业厂区内建设先秦酒文化展示馆，综合展示酒器、酒政、酒制、酒与文化艺术、酒的典故、酒的养生、酒习俗等，又或者将先秦酒文化元素在酒企中处处展现，让游客感知先秦酒文化，了解先秦酒文化，感悟酒对秦人生活及社会生产等的重要影响，进而开发系列白酒工业旅游产品，增加旅游收入。

[①] （晋）常璩：《华阳国志　附校勘记》，商务印书馆1938年版。

第十四章

大地湾文化的当代价值及其产业实践与构想

第一节 大地湾文化的开发优势与基础

一 大地湾开发现状

在甘肃省秦安县,有一处对华夏文明的起源具有重要意义的遗址——大地湾新石器时代遗址。该遗址座落在这座县城东北处的五营乡邵店村东侧,此地是葫芦河支流清水河南岸的二、三级阶地与缓坡山地的相接之处,海拔约1600米,已知面积约为275万平方米。[①] 1958年,甘肃省文物管理委员会甘肃泾渭流域文物普查小组首次发现该遗址[②],当时主要发现的是仰韶文化晚期遗存,因此地被称为"大地湾"而为该遗址命名。甘肃省文物工作队在1978—1984年间经过不断的考古研究,在大地湾遗址中发掘了陶、石、玉、骨、角、蚌器等文物近万件[③],同时还发现了241座房址、35个窖址、104个灶址、9条壕沟、70余座墓葬以及灰坑和窖穴321个。国务院在1988年将大地湾遗址列为全国重点文物保

---

① 王昙:《龙祖——伏羲》,《天水行政学院学报》2008年第1期。
② 蔡国忠:《大地湾遗址见证中华消防文明》,《中华建筑报》2010年6月10日第8版。
③ 岳赟:《浅论秦安大地湾文化分期特征》,《西部大开发:中旬刊》2012年第8期。

护单位①。考古专家经过几十年的研究、发掘和整理,取得了重大的成果,对研究黄河流域新石器时代文明的历史进程具有重大的意义。

经过实地考察发现,遗址被462县道截为两半,一半为大地湾遗址博物馆,馆藏丰富,特色突出;另一半为大地湾聚落遗址公园。遗址开发保存现状良好,已开发的面积占总面积十分之一。遗址交通条件便利,一路均有路牌指引。

二 大地湾文化现代价值

大地湾原始部落文化遗址较完整地向我们展现了仰韶文化早、中、晚各个时期的风貌,考古专家也在此发现了很多的文化遗存,可以说该遗址是中国21世纪以来百项重大考古发现之一②。在大地湾原始部落文化遗址中出土了中国最早的旱作农作物标本、彩陶、文字雏形、宫殿式建筑、"混凝土"地面、绘画等八千多件文物③。另外,从生产生活工具、灰坑窖穴、房屋建筑、聚落分布等,都说明当时人们已经是以定居农业为主的经济生活。时代越往后,定居农业为主的经济生活越为发达,至距今5000年前后农业经济已经非常发达,人类祖先就在这里繁衍生息,孕育华夏文明。

大地湾文化、仰韶文化和仰韶文化向齐家文化过渡的常山下层遗存是目前大地湾文化遗址主要遗存所展现的文化阶段④。大地湾文化的现代价值也主要展现在以下方面。

---

① 刘艳红:《遗址旅游解说系统的构建》,《西北师范大学学报》(自然科学版)2009年第1期。

② 徐嵩龄:《文化遗产的保护与经营》,社会科学文献出版社2003版,第189页。

③ 逯克宗:《发挥资源优势加快融合发展努力把天水建成国际旅游目的地城市》,《发展》2019年第10期。

④ 汪国富、李志钰:《大地湾文化遗址的价值》,《发展》2012年第3期。

表 4-1　　　　　　　　　　大地湾文化的主要内容与表现

名称	表现
世界上最早的彩陶文化	彩陶，发现于大地湾一期文化遗存，是目前中国乃至世界上被发现的最原始、最古老的彩陶文化，也是中国新石器时代考古研究中的重要收获
世界上最古老的混凝土	在天水相邻的地区至今仍流传着这种原始的煅烧工艺
世界上最早的农业文化	在大地湾一期中出土了国内时代最早的碳化植物种子、禾本科的黍。大地湾先民根据气候条件选择更加耐旱、耐晒，可以在土壤条件并不好的土地上生长的黍，更能说明此地为我国农业文化最早的发源地
中国最早的原始文字	在大地湾遗址内发掘的部分彩陶片的内部发现了多种红彩符号，在二期工程中发现的半坡类型圆底彩陶钵口沿外也有十几种符号，这些彩绘符号就是中国原始文字的前身
中国最早的房屋建筑	大地湾一期文化遗存中出土的房屋建筑，属仰韶文化，经碳 14 年代测定距今约 8000 年。这种圆形深穴式房屋，是人类居住方式改变的重要标志，也是我国发现的最早的房屋建筑之一①
中国最早的雕塑	大地湾二期文化遗存中出土的人头形器口彩陶瓶，将五官面庞、发式纹理刻画得细致入微、生动自然、表情传神、身段饱满。②这位在原始艺术家手中栩栩如生的就是女权制的象征，也是女娲氏的化身
中国最早的绘画	大地湾四期文化遗存中出土的绘画作品，是我国考古中极为少见的画面保存的清晰完好的作品，它对我国考古、历史、绘画史都具有重要的意义和价值
中国最早的宫殿	此宫殿开创了中国房屋土木结构建筑的先例，也是中国宫殿建筑的雏形，它使中国人民摆脱了半地穴的窠臼
中国建筑史上的奇迹——人造轻骨料的发明	人造轻骨料的发明，是中国古代建筑史上的一项重大发明创造和奇迹③

① 汪国富、李志钰：《大地湾文化遗址的价值》，《发展》2012 年第 3 期。
② 李琪：《黄河中上游新石器时代人物形象研究》，硕士学位论文，山东大学，2018 年。
③ 汪国富：《中国古代建筑史上的奇迹——走进大地湾 F901 原始宫殿遗址》，《发展》2012 年第 6 期。

续表

名称	表现
中国最早的消防实例	以草泥保护层作为消防措施，几千年后木柱子已全部碳化，腐朽后却被保留下来，见证了中国最早的防火措施
中国最早的度量衡器	大地湾遗址中出土的陶制器具、骨匕形器上有等距刻度，这些刻度佐证了我国度量衡出现的时间，将我国度量衡实物史提前了近 4000 年

大地湾遗址的发掘不仅是甘肃省规模最大、收获最丰的考古发现，也为西北地区史前文化的时空框架提供了可靠的保证，大地湾的文化价值突出表现在于它在史前考古和文明起源方面的意义[①]。它与磁山文化、裴李岗文化和仰韶文化相互的交流和影响，不仅对探索和认识我国新石器时代早期文化的发生与发展从而进行文化的横向比较具有重要的意义，而且对于我们研究甘肃彩陶的产生、发展和华夏文明的流变轨迹具有重要的价值。[②]

第二节　文旅融合背景下的大地湾文化

天水市根据自身的经济状况和发展背景，近年来逐渐将文化旅游产业放在首位，并以"国际旅游目的地城市"为战略目标，出台了加快文化旅游强市的相关配套政策，不断扶持旅游产业的发展。如今天水市文化旅游业发展状况良好，取得了相当不错的成果。本文以天水为大的主抓手，通过天水市的文旅发展来带动秦安县的进步，进而剖析大地湾文化在文旅融合背景下的发展。

[①] 张睿祥、郭永利：《对大地湾遗址开发现状的分析及其思考》，《天水师范学院学报》2013 年第 3 期。

[②] 岳赟：《浅论秦安大地湾文化分期特征》，《西部大开发：中旬刊》2012 年第 8 期。

一 大地湾文化旅游产业融合发展的必然性

(一) 融合发展条件优越

大地湾文化底蕴深厚,其所处的天水市也是华夏文明的发源地之一,具有八千多年的文明史。羲皇故里、轩辕桑梓等美称也表现了人们对于天水文化的重视。天水市不仅有光辉灿烂的大地湾文化,还有博大精深的伏羲文化、闻名遐迩的麦积山文化、悠久灿烂的三国文化等,各种文化齐聚此地,彰显特色浓郁的文化风情,是大地湾文化发展旅游的重要依托。再者,天水市还拥有丰富的自然旅游资源。天水市虽位于西北地区,却有"陇上江南"的美称,天水市境内植被郁郁葱葱,西北地区最大的天然林基地其中之一就坐落在这里,而且该地还是游客眼中休闲度假的养生胜地。最后,天水市内旅游资源风格迥异,北边的资源雄伟壮阔,南边的资源更清秀动人。天水市横跨长江、黄河两大流域,南北旅游资源的特点交汇于此,更显别致。大地湾文化依托天水市旅游资源的发展,与各类资源相互融合,共同促进文旅产业发展。

(二) 融合发展基础良好

天水市文化旅游产业发展思路逐步清晰,是大地湾文化旅游发展的必要条件之一。2013 年甘肃省委省政府提出要把陇东南的文化历史作为突出重点内容进行文化旅游深度融合发展。2015 年,天水市委市政府更是对天水市旅游发展进行了部署,提出要从战略定位、空间布局、重点任务、实施保障等方向进行把控。2017 年,天水市委市政府在"十三五"规划中提出天水市经济发展中结构调整、方式转变的重要手段就是文旅产业融合发展。同时,天水市近年来经济社会发展稳定,基础夯实,为大地湾文化旅游的发展提供了良好的基础条件。"十三五"期间,天水市建立了文化旅游产业招商引资项目库,启动了麦积山大景区、伏羲庙大景区、大地湾大景区建设,实施了西部天水华昌城、秦州印象、甘谷大像山文化主题公园、青鹃山滑雪场等一批文化旅游项目。创排拍摄了《麦积圣歌》《一画开天》《麦积山的呼唤》《苦乐村官》等优秀文化影视精品剧目，开发生产了雕漆、玉雕、竹雕、木雕、丝毯、草编、麻编、陶艺、古琴制作等民间民俗美术工艺品，加大了文化旅游商品的挖掘、研发、策划、包装、展销力度①。形成了"羲皇故里—世界华人寻根祭祖圣地、人文天水—丝绸之路历史文化名城、陇上江南—中国休闲旅游生态家园"三大文化旅游品牌和五大县域品牌②，打造了羲皇故里寻根祭祖游、百里石窟艺术走廊游、丝绸之路名城古韵游、陇上江南生态休闲游、天河沐浴温泉度假游、现代特色农业观光游六大特色旅游精品线路。大力实施"走出去、请进来"营销策略，拍摄专题宣传纪录片，加强区域联合营销，使得文化旅游业知名度与影响力显著提升。③

（三）融合发展机遇叠加

一是随着人们生活水平的提高和消费观念的改变，自助游、自驾游成为主要的出游方式。消费者越来越追求具有独特性、个性化的旅游产品，并且对服务水平的要求也逐渐提升，旅游业的发展要不断转变模式，将以点为主的景点旅游发展为区域资源整合的全域旅游，进行产业融合，推动共建共享的旅游模式。同时，重视科技、文创、管理经营和高质量人才对文化旅游产业的重要作用和影响。二是近年来，国家相继颁布了《关于加快发展旅游业的意见》《文化产业振兴规划（2020—2025年）》《促进文化与旅游结合发展的指导意见》等政策文件，从宏观战略决策、地方国民经济与社会发展、行业管理等层面，促进了文化与旅游产业的相互融合。三是在"丝绸之路经济带""华夏文明传承创新区""关中—天水经济区""陇东南国家中医药养生保健旅游创新区"等国家发展战略平

---

① 龚维玲等：《南宁市文化与旅游产业融合发展SWOT分析》，《广西师范学院学报（自然科学版）》2013年第2期。
② 周宇春、王明亚：《天水城市特色研究（下）——为天水市地方立法工作服务专题》，《天水行政学院学报》2018年第3期。
③ 肖智敏：《天水市文化旅游融合发展中的金融支持问题研究》，《甘肃金融》2015年第11期。

台的总体布局中，天水市分别处于重要节点城市、陇东南文化历史区核心和次核心城市的地位。这些叠加的机遇为天水市这样一个经济欠发达但文化资源富集的地区在探索文化与旅游产业融合发展的新路子上提供了有力的政策支持。

二 文化旅游产业融合发展的困境

(一) 文旅资源挖掘不深

大地湾文化拥有丰富的内涵，但就目前来讲，大地湾文化的价值发掘创新度不够，内涵挖掘不够深入，对遗址遗迹的研究虽然很全面，但是对相关的民俗文化、人文景观等的梳理还不是很全面。文化资源的时代价值不能被精准的提炼，将导致大地湾文化旅游不能得到全面的发展，也会使天水文化旅游产业不能很好的融合，难以产生集聚效应，单一的文化旅游产品始终不能产生强大的市场竞争力。

(二) 融合领域不够广泛

大地湾文化旅游产业的发展融合领域不够广泛，主要是文化要素融合不够、融合功能较弱、界域融合较窄。在文化旅游的发展中，饮食文化、民俗文化、服饰文化等都是可以作为特色文化进行发展的环节，但大地湾文化的产业发展模式较为传统，缺乏创新能力。现代旅游发展过程中，科技、网络、金融等都是创新旅游产品的必要手段。大地湾文化旅游产业的发展还并未对这些功能进行深入利用。同时，文化旅游发展也并没有注重当地居民的需求，二者并未达到有机的和谐统一，这就导致游客和当地居民的生活空间会产生一定的矛盾。大地湾文化旅游产业与农业、商业、体育、影视、中医等行业没有进行有效的融合，也没有对相关创意项目进行开发建设。天水市的文化旅游资源开发、品牌建设、营销手段等各方面没有有效配合，阻碍了大地湾文化旅游的发展。

(三) 基础设施相对薄弱

大地湾文化旅游的开发建设还存在交通通达性不高的问题，在偏远的乡村或景区，可进入性很低。同时，天水市的公共设施水平偏低。天水市的文化基础设施比较落后、公共文化场馆的设施设备也不完善，广播电视等设施陈旧老化，农村的文化建设基础不牢固，城乡之间的文化发展依然存在壁垒。文化旅游产业的游客服务中心等基础服务体系并不完善，游客在游玩过程中面临的吃、住、行等基本旅游需求得不到很好的满足等问题。旅游景区在发展过程中还存在标识不清晰不规范、公共信息平台和休憩服务场所的缺失等问题。并且，天水市智慧旅游发展速度缓慢，旅游服务、旅游管理、旅游营销的智能化不足，导致游客旅游体验水平的下降。智慧旅游的水平偏低也会导致"互联网+旅游"这种模式在天水市推动进程缓慢，无法做到旅游资源的高效整合。

(四) 市场体系不够完善

首先是市场主体培育不足。文化旅游产业在开发过程中还是主要依靠传统的方式和格局，产业之间的结构相似、产品雷同，企业规模无法集中扩大。而且传统产业所占比重较大，科技创新水平较低，无法进行较高水平的自主研发。其次，市场要素的发育存在问题。文化产品在结构布局上更重视城市的发展，在产品级别上更倾向于高档产品。文化要素市场中交易不规范的情况更是频发，主要包括产权、版权、技术、信息等要素。最后，文化旅游产业发展的营销体系还有待完善。传统的营销理念已经无法匹配新型文化旅游宣传方式，要想将网络技术的营销优势发挥出来，就必须运用高效、长久、密集、新颖的营销宣传机制。

(五) 体制机制不够健全

天水市的管理体制因条块分割的形式而发展不顺，这也导致了文化旅游产业机构重叠、相互制约、权责不明、活力不足、多头管理等问题。文化旅游资源的挖掘过于分散，无法统一整理、开发和研究。文化旅游产业发展还缺乏统筹融合，文化产业和旅游产业并没有很好的进行融合，依然存在各自为政的现象。旅游资源分布在不同的区域，各区域之间为了自身的利益和发展还会争夺优势资源。大地湾文化旅游发展还需要健全的投融资体制。目前因资金投入较少，财政支持力度不大，大地湾文化旅游产业发展还面临一些困难。

（六）人力资源比较匮乏

天水市文旅产业比较缺乏优秀的经营管理人才。众所周知，文化旅游产业发展需要有丰富的管理经验和卓越的领导才能以及具有深厚的文化旅游相关知识的人才来开发建设。如今文化旅游产业的发展缺乏从事文化旅游创意开发、策划营销、文艺创作、文博展览、电子商务等各方面的专业人才，阻碍了发展道路。再者，文化旅游发展需要大量专业的导游人员和翻译人员。但目前天水市的多数导游并不是科班出身，讲解时只是单纯地复述，对大地湾文化的内涵并不是非常了解。文化旅游的发展也需要大量的翻译人员来满足"一带一路"的发展需求。最后，文化旅游产业从业人员发展方面还存在素质不高、缺少特色人才的问题。酒店、餐馆的服务人员虽然只是基层工作人员，但他们也是与旅游者接触最多的人员，若服务人员的服务素质不达标，很容易对当地文化旅游产生负面影响。特色人员的培养主要是为了向游客传播地方民族文化和民间艺术，这也是对民间技艺的一种传承和保护。

三 文化旅游产业融合发展的实施路径

（一）做好顶层规划设计，抓住文化旅游融合发展的"引领点"

1. 高标准制定文化旅游产业融合发展规划

按照新理念、高起点、大手笔、重保护的原则，[①] 在《天水市文化与旅游深度融合发展规划》《天水市华夏文明传承创新区建设"十四五"规划》《天水市"十四五文化产业发展规划"》《天水市旅游业发展规划（2016—2030年）》《天水市文化旅游"十四五"

[①] 尹朝平等：《云南建十大历史文化旅游项目　投资千亿打造品牌》，《云南日报》2012年8月2日。

发展规划》《麦积山大景区建设规划》等基础之上，进一步科学编制《陇东南祖脉文化旅游圈天水核心区建设规划》《大地湾大景区建设规划》等专项规划，明确天水市文化旅游产业融合发展的指导方针、战略目标、发展重点和保障措施。

2. 强化规划协调与衔接

注重统筹协调，将文化旅游产业的总体规划与专项规划、市级规划与县区规划、专项规划协调发展不能割裂开，确保规划之间是衔接在一起的。

3. 强化规划实施检查评估

文化旅游的发展要做到随时监测、及时预警、按时跟踪分析，确保能够及时解决规划在实施过程中出现的问题和矛盾，并根据对应的政策意见进行调整。同时，政府应加强对文化产业发展运行中的指导作用，及时有效并有针对性地落实各部门的责任，确保各项规划的有效落实。

（二）挖掘特色文化资源，找准文化旅游产业融合发展的"契合点"

挖掘优秀文化，展现独特魅力。习近平总书记在十九大报告中指出，文化自信是一个国家、一个民族发展中更基本、更深沉、更持久的力量。秦安县在传承弘扬优秀传统文化的同时，坚持创新、创作，让传统文化在新时代焕发出勃勃生机。[1]

1. 挖掘历史文化资源

天水市文化产业的发展需要重视大地湾文化旅游资源，提高创新性，着重策划开发特色文化旅游体验项目，提高游客的参与度和旅游资源与参观者的互动。同时，还要将文化旅游产业链条进行延伸，在挖掘大地湾文化内涵的基础上，开发大众接受度高的创意文创产品。将大地湾文化同天水市其他文化旅游资源结合起来，创建文化体验基地，使游客可以深度体验集影视制作、商贸、美食、休

---

[1] 《秦安县委宣传部：发掘地域文化 做强对外宣传》，2018年12月3日，天水网，https://www.sohu.com/a/279239375_119955，最后浏览日期：2020年12月14日。

闲体验为一体的文化旅游产业。

2. 挖掘民俗文化资源

一是整合现有民俗文化研究机构，建立民俗文化生态保护区，传承保护一些濒临消亡的民俗文化。二是挖掘伏羲庙、卦台山、玉泉观、大像山、水帘洞、清水城隍庙等庙会资源，建设不同规模和特色的民俗主题园，分时段举办各种节庆活动。三是挖掘创新两区五县民间曲艺、舞蹈、杂耍、社火等资源，依托节庆活动推动其进市场、进景区，实现常态化演出。四是在伏羲庙等具备条件的景区、乡村，规划建设民俗博物馆、民俗一条街、民俗风情园、民俗文化生态线或走廊，打造地方风土人情、民间技艺、土特产品、饮食文化等交流展示平台。

3. 挖掘宗教文化资源

一是深挖佛教文化资源。依托麦积山、仙人崖、大像山、水帘洞石窟，打造百里石窟艺术走廊，开发数字化佛教文化创意产品和以佛教创意文化为主题的旅游活动。依托麦积山、南郭寺、蛟龙寺、净土寺景区，做足佛教文化，研发庆典法会、祈福、斋日等体验性项目，打造集礼佛、观光、休闲、佛学交流于一体的综合景区。二是深挖道教文化。依托玉泉观景区，扩大道观规模，提升景区品质，拓展修道、养生、休闲、文化交流、道教夏令营等多种功能，打造道家文化深度体验景区。三是深挖回教文化。依托回乡风情园，打造回族清真美食、文化服饰和手工艺品加工、制作、批发、销售基地，开发文化旅游体验活动。

4. 挖掘乡村文化资源

一是将旅游理念和元素融入美丽乡村建设中，以农耕文化为魂，以美丽田园为韵，以生态农业为基，打造集循环农业、农事体验、农业创意为一体的田园综合体。[①] 二是以乡村风景为背景，以

---

① 曾志浩：《"田园综合体"发展模式中的景观规划设计手法研究》，《中国房地产业》2018年第6期。

乡村氛围为依托，打造集"养老居住、健康服务、旅游休闲、文化娱乐"于一体的乡居民宿。三是利用乡土资源，结合历史遗迹、风土人情、风俗习惯等人文元素，打造一批"一乡一特""一村一品""看景知村"的景观景点。四是以全域旅游为契机，依托休闲农业、观光农业打造旅游特色乡镇，构建乡村体验旅游休闲圈，推动旅游向纵深发展。

5. 挖掘研学文化资源

完善市博物馆、秦安县青少年体验教育中心、大地湾博物馆、大地湾遗址公园等研学旅游基地接待服务设施，设置大地湾历史环境修复与生态环境保护区来维持景点的运营，组织开展大地湾文化遗产旅游学术会议以接待来自全国各地的专家和来访学者，接纳不同的研学文化资源，加强合作交流，促进资源共享，开拓联动发展新局面，大力发展研学旅游。

（三）转换理念方式方法，探寻文化旅游产业融合发展的"创新点"

1. 以全域旅游引领文化旅游产业融合发展

统筹发展布局，凸显地域特色，构筑全域旅游新格局，深入实施《天水市全域旅游发展的实施意见》，加快"国家全域旅游示范市"创建进程，形成市、县区上下联动的全域旅游发展格局[①]。按照全域旅游发展的理念要求，实现文化旅游产业融合发展由"点"式发展向"面"式扩展的转变，积极探索全域文化旅游产业融合发展新模式。秦安县以建设大地湾国家考古遗址公园为重点，加快大地湾文化、女娲文化、三国文化及民间民俗文化的开发建设力度，大力发展中国美丽田园、蜜桃之乡、生态观光旅游项目，完善凤山文化生态园、葫芦河文化生态园。依托麦积山、伏羲庙、大地湾三大景区，优化形成大景点带动型文化旅游产业融合发展新模式；依托天水市林果、蔬菜、畜牧业等特色产业，构建全产业链联动型旅

---

① 逯克宗：《发挥资源优势加快融合发展努力把天水建成国际旅游目的地城市》，《发展》2019年第10期。

游文化产业融合发展新模式；依托两区五县南北迥异的生态环境、丰富的森林资源、宜人的气候条件，发展生态型旅游文化产业融合发展新模式①。

2. 以项目建设支撑文化旅游产业融合发展

坚持项目带动，推动旅游产业新提升，围绕构建大景区、发展大旅游、建设大市场、培育大产业的目标，实施项目带动战略，一方面加快建设大地湾大景区，完善大景区开发建设规划，实施好大地湾景区游客中心、大地湾国家考古遗址公园等重点项目的建设，提升景区综合服务水平。另一方面，重点扶持一批文化旅游、广播影视、演艺、出版发行、民俗工艺品开发等有关大地湾传统文化的旅游产业项目，加快培育并融入一批动漫、数字、网络传媒、文化休闲等元素的新兴文化旅游产业项目。充分利用深圳文博会、甘肃省文博会、敦煌文博会、兰洽会、伏羲文化旅游节等节会平台，加强项目的招商引资与推介力度。②

3. 以文化创意推动文化旅游产业融合发展

着力打造大地湾文化旅游产业创意园区，积极创建国家级、省级文化产业示范园区（基地）。③ 充分利用数字影像、声光多媒体、LED显示等手段，将文化创意元素渗透到旅游产品开发中去，渗透到旅游链条融合中去，同时，借此条件依托大地湾大景区建设旅游演艺场所，鼓励各类专业艺术院团在景区和园区创演高水准演艺节目。④

---

① 逯克宗：《发挥资源优势加快融合发展努力把天水建成国际旅游目的地城市》，《发展》2019年第10期。
② 逯克宗：《发挥资源优势加快融合发展努力把天水建成国际旅游目的地城市》，《发展》2019年第10期。
③ 逯克宗：《发挥资源优势加快融合发展努力把天水建成国际旅游目的地城市》，《发展》2019年第10期。
④ 《天水市出台文化旅游产业发展专项行动方案》，2018年11月24日，天水智慧旅游官方，https：//www.sohu.com/a/277497153_100014615，最后浏览日期：2020年12月14日。

4. 以人才保障文化旅游产业融合发展

大力实施高端文化旅游人才、文艺名家、优秀文化企业家和非物质文化遗产传承人培育工程。制定规范的星级饭店、旅游景区（点）、旅行社等人员的职业标准，加强培训，全面提升文化旅游从业人员的综合素质。完善人才引进配套措施，突出"一人一策"，通过多种形式加大人才引进力度。

（四）加强基础设施建设，夯实文化旅游产业融合发展的"支撑点"

注重旅游产业新体系的建设和旅游六大服务要素（吃、住、行、游、购、娱）的完善，围绕旅游强市战略目标，提升旅游服务水平和质量。

1. 改善交通条件

完善天水市立体交通（公路、铁路、航空）运输网络，加快实施建设天平高速公路天水段、秦安县服务区的工程，提高偏远地区、景区的可进入性，尤其是增加饮马巷清真寺、兴国寺、大地湾遗址公园、凤山等景区之间的公交专线。完善景区到县城、市区之间的交通网络建设，为乡村旅游点和3A级以上旅游景区配套开通了公交专线，并合理安排好淡旺季车次，实现车站、机场、高速公路与景区之间的无缝连接，完善景区观光车道路和步行道路以及景区停车场的建设。最终顺应天水市全域旅游的创新理念，做到将各景区联系起来统筹发展。

2. 完善公共文化基础设施

一是完成标志性文化设施建设工程，包括秦安县大剧院、秦安县文化艺术交流中心、秦安县博物馆新馆等；二是加强公共文化服务的信息化网络化建设，实现数字化广播电视全市连通并涉及多种方式如卫星接收、数字微波、有线、无线等。

3. 加强旅游配套设施建设

一是创建智慧旅游城市，开展智慧营销、智慧服务、智慧管理和秦安县智慧旅游公共服务信息平台，完善电子商务、虚拟旅游、微博微信、电子导览、远程营销等功能;[①] 二是进行探索建设数字文化体验馆、e自驾智慧旅游平台、公共数字文化驿站。

(五)深化区域合作交流,拓宽文化旅游产业融合发展的"联动点"

1. 加强陇东南区域文化旅游产业协作

陇东南地区的始祖文化资源和康养旅游资源具有比较优势,可以建立陇东南五市文化旅游合作新联动机制,推进始祖文化旅游圈和中医药康养保健的建设。

2. 加强关中—天水经济区文化旅游产业协作

以西安为关中—天水经济区的"心脏",以高铁为联动"血脉",建设一个关中—天水六市的文化旅游产业合作大平台,并推动三大合作协议(《关中—天水经济区文化合作发展框架协议》《关中—天水经济区旅游发展合作战略框架协议》《关中—天水经济区旅游客源互送合作协议》)的实质性进展,最终形成推动关中—天水经济区文化旅游产业的发展合力。

3. 加强陕甘川宁毗邻地区文化旅游产业协作

一是以陕甘川宁四省的文化旅游产业联盟为平台,联动始祖文化资源与周秦、三国、红色文化资源,精心设计一条联通四省的旅游线路。二是推动各方成员的合作交流,扩大合作领域,提升合作层次,完善合作机制,并定期举行领导会晤的对话,最终打造西部大开发核心板块和区域发展新增长极。

4. 加强"一带一路"沿线文化旅游产业协作

重点发挥秦安县在丝绸之路经济带建设甘肃黄金段重要节点城市的作用,坚持四大原则,即资源共享、平等协商、开放合作、互利共赢,开发文化旅游产业在丝绸之路经济带的协作发展新模式,开辟对外开放的新通道。

---

① 张琴:《智慧城市》,天津古籍出版社2012版。

(六) 始终坚持面向市场，培育文化旅游产业融合发展的"活力点"

1. 培育充满活力的市场主体

充分发挥文化旅游融合中主体的作用，包括餐饮业、住宿业、文艺、文化旅游商品开发、旅行社。通过鼓励各县区成立文化旅游投资基金会或者投资公司，来培养旅游业旗舰实体。

2. 构建开放有序的要素市场

扩大文化旅游产品的流通网络，充分发挥信息网络的技术优势，把秦安县城区作为网络的中心，各县区相配套，贯通城乡。通过建立和完善无形资产专利权、著作权的制度，来规范文化资产和文艺产品的交易；提升服务水平，完善文化信息交易市场；通过引导和规范文化要素资源的合理配置和有序流动，来完善人才、资本、技术等要素市场；积极发展中介服务机构，主要包括评估鉴定、技术交易、担保拍卖等服务；鼓励各行业组织依照法律和章程来履行行业自律、市场协调、维权与监督服务等职能。

3. 构建创新型营销体系

一是重视品牌营销，本着"互利共赢"的原则，通过与知名的文化旅游企业建立营销战略伙伴关系，来加强文化旅游品牌的维护管理；二是开发营销新理念，即推出"文化旅游+互联网"，加大新媒体平台的推广力度，如抖音、快手、微博等，最终实现文化旅游营销四大转变：由传统向智慧、由粗放向精准、由分散向整合、由单一向协同转变。[①]

第三节 大地湾文化的开发思路与路径

大地湾遗址是新石器时期留下的宝贵财富，坐落在陇山西侧的冲击台地上，葫芦河与阎家沟小溪就在此交汇。大地湾遗址作为西

[①] 《开拓天水旅游发展大格局 实现新跨越》，2016年4月30日，天水网，https://www.sohu.com/a/72637348_119955，最后浏览日期：2020年12月14日。

北地区最重要的新石器时期的遗址之一,从发掘之初至今,一直都是我国国家文物局和甘肃省人民政府尤为重视的开发和保护对象。因大地湾遗址规模宏大,其相关的保护规划将原计划中建立史前文化博物馆的计划更改为更符合实际的大遗址公园的建设概念。

大地湾遗址公园计划将大地湾遗址建设为5大区域,分别包括遗址展示、遗址博物馆、综合服务管理、历史环境修复、生态环境保护等区域。各区域之间分工明确、职能清晰。遗址展示区域和遗址博物馆区域作为不能分离的两个功能区,主要负责展示和还原史前人类的生活面貌和聚落形态,在保护的基础上,通过科学的手段向世人展示一段文明的起源和发展。人们可以通过从大地湾出土的彩陶和各种器物来感受史前人类的智慧。

大地湾遗址公园的建设应和大地湾遗址的文化特色紧密相连,同时也要尊重当地现代的生态环境和人文环境。遗址博物馆作为人们了解史前文化的重要通道,它的建设更要考虑到遗址公园的开发和遗址文物的保护,因此,历史环境修复区域和生态环境保护区域的设立就显得尤为重要。国内打造遗址主题公园的过程中遇到的很多难题都是因为没有平衡好开发与保护之间的关系,协调遗址环境与现代生态的关系,是解决遗址建设发展与保护的矛盾的根本手段。

一 加大遗址的宣传力度,提升民众意识

大地湾遗址在史前文化的研究中具有极为重要的地位,但大地湾文化的价值和重要性能否被大众所意识到,是需要开发者和建设者考虑的问题。宣传是将大地湾文化介绍给世人认识的重要方法。建设者可以通过影响范围广泛、易为人们所接受的报刊、小说、电视剧、纪录片等形式来传播大地湾文化的内涵,也可以通过丰富的仪式活动,让大众以亲身体验的形式来熟悉大地湾文化和历史。同时,建议当地有关部门对"大地湾遗址区"展开学术会议,提升文化价值,也可以在各乡镇举办临时展览,加强民众的文物保护意

识，使遗址区在民众心中有所价值，比如秦安县的宣传工作主要有：拍摄专题片《文明的曙光——秦安大地湾遗址》；创作歌曲《桃红大地湾》。歌曲名中"桃"指秦安蜜桃，"大地湾"即举世闻名的大地湾遗址。

二 处理好保护与开发的辩证关系

开发和保护在建设过程中是相互依存又相互矛盾的关系。保护是基础，大地湾文化只有得到了科学的保护，才能长久地发挥其文化内涵所带来的其他价值。在保护的前提下，对大地湾文化进行科学适度的开发，才能将文化资源的价值发挥到最大。开发是必要的，通过对大地湾文化的开发可以让人们认识其重要性，使人们更加重视对它的保护。开发的同时也要注意环境承载力，不可盲目开发。大地湾遗址在开发过程中应重视自身特点，选择适合自身所处环境的开发模式。

要加强对大地湾遗址的立案保护。调查中发现，大地湾遗址在发掘后，有过被偷盗的经历，因缺少立案的保护，不法分子钻了法律的空子，对于在遗址点挖到的文物的归属也属于灰色地带。这种情况不仅仅在大地湾遗址区存在，因此，设立保护区范围并交由有关部门专责保护，可以减少文物的流失。

三 加强遗址保护与新农村建设相结合

大地湾遗址的开发建设中还应注意遗址所在地的居民的利益，不能为了开发而不顾群众们的利益，为了保护而不顾群众们的利益。大地湾遗址在建设过程中可以以新农村建设为契机，在政府的扶持和引导下，摒弃传统的生硬的保护模式，利用大地湾遗址的建设，为当地居民增加就业途径，提升他们的收入水平和生活水平，指引他们在保护大地湾遗址的基础上进行相关的经营活动。比如聘用当地居民参加大地湾遗址公园的建设，扶持群众进行住宿餐饮等相关设施的建设经营，鼓励他们对大地湾文化进行二次创作，开发相关的纪念品等进行销售。这些措施不仅能促进大地湾遗址的开发与保护，还能提高当地经济水平，最终实现双赢。

四 凸显公共基础设施的特色

大地湾文化在开发过程中，要想加强文化特色，可以在旅游公共基础设施中加入"原始文化"这一重要的元素，比如将基础设施中的路灯设计为远古时期照明所用的火把的形象；在水泥道路上用鹅卵石铺画一些陶器文物的图案，或者刻画一些相关的画面，凸显该地的遗址文化气息；再比如将公共卫生间的外部轮廓设计为粗犷的远古建设的形象，内部要符合现代需求，这样更能凸显现代文明和远古文化的结合。

五 整合旅游资源，建立旅游链

大地湾文化作为旅游资源还具有一定的局限性，该地只有遗址文化这一种旅游资源并不能产生足够的吸引力来带动当地经济的发展。在开发建设中，应将大地湾文化与其他旅游资源结合起来，在区域内建立一定规模的旅游链，整合旅游资源，优化配置，使各旅游资源相互促进，共同发展。

六 构建遗址开发利用后的评价体系

大地湾文化在文化旅游开发中应建立合理的反馈和评价机制，通过科学的手段对大地湾遗址的开发过程进行监测。大地湾遗址周边的环境要定期检查，相关的设施设备也要经常检测，旅游活动对大地湾遗址的影响要定期评估，只有以科学的方法和态度对大地湾遗址进行评价和监测，才能保证大地湾文化的可持续发展。

大地湾文化的开发和保护是一项综合的、动态的、长期的复杂工程。大地湾遗址作为大地湾文化的重要载体，它的开发和建设更要吸取国内大遗址开发保护的宝贵经验，学习他们的优点，避免他们的失误。要以"遗址本体保护好，周边环境整治好，人民生活改善好，经济社会发展好"为目标，实现以复原原始聚落的自然风貌，科学、全面再现原始人类生产、生活和生态环境的总体设想。在大地湾文化的开发过程中，国家和地方政府应给予一定的政策扶持，还要在群众中树立开发保护意识，让大地湾文化的开发成为利国利民的文化工程。

第十五章

李氏文化的当代价值及其产业实践与构想

第一节 李氏文化开发的优势与基础

作为中华民族优秀传统文化的重要的组成部分,姓氏文化的内涵发掘、史料搜集、文献整理以及研究,对弘扬优秀文化遗产和发展当地经济都具有积极意义。唐朝诗人李白《赠清漳明府侄聿》中的"我李百万叶,柯条布中州"[①],将李氏家族比喻为一棵大李树,用枝叶百万遍布中州来描绘李氏家族的庞大与繁华。甘肃陇西是华夏文明的重要发源地之一,也是以天下李氏的"郡望"称号而闻名国内外。1993 年,甘肃省将陇西李氏文化列为继敦煌文化、伏羲文化、拉卜楞寺藏传佛教文化之后的第四大文化[②]。因此,李氏文化的开发研究对陇西乃至甘肃省都有着重要的意义。

一 李氏文化的开发现状

(一) 陇西李氏文化发展背景

陇西,在甘肃东南方向,定西市中部,渭河上游,因其位于陇山之西而得此名,自古以来就被称为"四塞之国"。公元前 272 年,

---

① 胡可先:《刘熙载论李白绎说》,《江苏行政学院学报》2007 年第 5 期。
② 胡兴华:《甘肃旅游资源的文化阐释》,《边疆经济与文化》2009 年第 12 期。

秦昭王设立陇西郡，汉朝初期又设立了襄武县，这是陇西最开始的建立。后来在隋朝时期，此地更名为陇西县，并一直沿用至今。自从秦朝时期在此地设立郡以来，陇西不仅曾是历代郡、州、府治的所在地，还是西北地区政治、经济、文化、军事中心，更是因为其悠久的李氏文化而闻名海内外。因此，陇西素有李氏郡望、西部药都、千年药乡、陇上旱码头之美称，也是现代甘肃省省级历史文化名城。陇西境内拥有多种类型的旅游资源，其中最为引人注目的就是人文景观。这里坐落着仰韶文化、齐家文化等史前古人类文化遗址；有闻名遐迩的唐代的李氏文化遗址遗迹，如李家龙宫、李贺墓及李贺南园、五李亭、太白井等；更有各朝各代的古建筑和文化名胜古迹，比如战国时期的秦长城、宋朝的威远楼、元朝时期的府文庙大殿、清朝的保昌楼等①；更不用提国家AAA级景区仁寿山森林公园、保昌公园、渭滨文化生态公园、塔坪公园等人文景观。而陇西不仅仅拥有重要的地理位置和旅游资源，它更是天下李氏寻根祭祖的圣地，是世界李氏文化的中心。

秦始皇统一中国后实行郡县制，后来汉袭秦制，为"郡望"一词打下了基础②。"郡望"是指"郡""望"的合成，其中"郡"指代行政区划，"望"即名门望族的意思，两字连用表达某区域或某范围内的名门大族③。汉朝时期，经过"休养生息"政策、"文景之治"以及汉武帝的开疆拓土，汉朝成为了我国历史上较为强大的封建帝国。在走向强大的过程中，汉朝各郡都涌现出了一群富有声望的人物，而他们的姓氏也就成为了"郡姓"，李氏就是其中之一。汉朝的繁荣发达也为各姓氏郡望称谓的发展做了良好的铺垫，唐朝李世民更是在登基后下诏曰：天下李氏郡望均为陇西。《史记·李将军列传》中记载："单于既得陵，素闻其家声，及战又壮，

---

① 陈治军：《浅析陇西文物资源的保护与利用》，《丝绸之路》2012年第12期。
② 覃彩銮：《秦汉时期广西的开发——广西开发史研究之二》，《广西社会主义学院学报》2018年第4期。
③ 张国柱：《威远古今——陇西旅游导游解说词》，甘肃人民出版社2009年版，第96页。

乃以其女妻陵而贵之。汉闻，族陵母妻子。自是之后，李氏名败，而陇西之士居门下者皆用为耻焉。"[1] 南宋郑樵辑《通志》时，便在李氏源流的结语中说："故言李氏称陇西。"[2] 这些文献足以证明在两千多年前陇西与李氏文化的深厚渊源。

(二) 陇西李氏文化开发现状

为建设李氏寻根问祖的圣地以及李氏文化中心，陇西统筹全县的文化资源，对李氏文化进行了深入挖掘、广泛宣传、开发保护等一系列举措，在逐步探索中营造了现代李氏文化繁荣发展的良好局面。

近年来，李氏文化通过广泛的宣传，逐步扩大了对外影响。陇西县通过包括报纸、电视台、信息网站等各种形式的三十多家新闻媒体的宣传，对陇西李氏文化进行了报道宣传工作。2004年，国家邮政局在李氏故里（陇西）隆重举行了根据唐代陇西人李朝威著《柳毅传》创编的《民间传说——柳毅传书》特种邮票首发仪式，并出版发行了《陇西李氏文化系列邮资明信片》《李氏"根"在陇西》《致全世界李氏同胞的一封信》《陇原名城——陇西》等宣传材料。陇西通过多角度、多方位的宣传，使李氏文化在国内外产生了广泛的影响。同时，陇西通过深入挖掘李氏文化，取得了丰硕的研究成果，并对这些研究成果进行了推广。国内外多位知名专家和学者通过对陇西李氏文化史料进行研究工作，先后召开了"陇西李氏文化第一次全国研讨会"、"陇西李氏文化旅游观光节"、"陇西李氏文化第二次全国研讨会暨西部大开发陇西经贸洽谈会"和"打造陇西李氏文化品牌，推动经济社会发展"等大型的研讨会和座谈会，对挖掘和研究陇西李氏文化提供了丰富的史料。1995年6月，甘肃陇西李氏文化研究总会和陇西县组织的代表团，到新加坡、中国香港、中国澳门等国家和地区就陇西李氏文化研究工作与他们交

---

[1] 吴小强：《试析匈奴人的社会文化价值观念》，《黔南民族师范学院学报》2017年第3期。
[2] 齐轶文：《文化资本化运作下的仪式展演——以陇西县祭祖大典为例》，硕士学位论文，兰州大学，2010年，第38页。

流了经验。同时,陇西还先后收到海内外李氏组织、李姓族人寄来的李氏族谱和各种研究资料,它们都具有很高的研究和珍藏价值。《陇西李氏文化专辑》《陇西李氏文化续集》《李氏文化研究（三）》《李氏文化研究（四）》《李氏文化研究（五）》《李家龙宫——李氏文化研究（六）》等书籍的出版与发行也是李氏文化发展的重要成果。①

为了加强交流和促进李氏文化开发开放,陇西始终坚持把文化、旅游、经贸结合起来作为开展陇西李氏文化开发的宗旨,坚持学术交流与商务洽谈相结合,寻求合作、共谋发展。近年来,旅居美国、日本、韩国等国家和地区及国内的大量李氏族人来陇西寻根拜祖、投资建设,并借助李氏文化在海内外的声望,促进了对外交流与合作。陇西李氏文化已成为"让世界了解陇西,让陇西走向世界"的重要窗口和桥梁,在陇西经济建设中发挥着不可替代的作用。②

二 李氏文化的现代价值

中华民族在历史长河中不断发展,李氏文化作为姓氏文化的一部分,发挥了远远超出它本身的功能和价值,它增强了海内外李氏儿女的自尊心和凝聚力,使每个李氏子孙在世界上的各个角落拥有强大的内心力量。他们继承了前人们艰苦奋斗、锐意进取的优良传统,在李氏文化的熏陶下不断进步。李氏文化作为姓氏文化在中华民族的文化传承中起到了重要的作用,是中华民族的祖先们留下的宝贵财富。姓氏文化产生于远古时代,具有寻根问祖、文明传承、历史印证等不可取代的功能。随着清朝统治的结束,中国封建社会退出历史舞台,我国的姓氏制度发生了根本性的变化,其功能也得

---

① 张国柱:《陇西李氏文化的研究现状与对策思考》,2018 年 12 月 12 日,http://www.cnlongxi gov. cn/art/2018/12/12/art_ 9263_ 648365. html,2020 年 12 月 15 日。

② 张国柱:《陇西李氏文化的研究现状与对策思考》,2018 年 12 月 12 日,http://www.cnlongxi gov. cn/art/2018/12/12/art_ 9263_ 648365. html,2020 年 12 月 15 日。

到发展与创新，使其更具有现代精神。李氏文化也在时代的发展中获得了新的现代价值。①

首先，李氏文化为研究中华民族传统文化提供了独特的视角②。李氏文化实际上是血脉相连的李氏部族、氏族、宗族称号。李氏文化的历史至今也已有数千年的积淀。在漫长的历史长河中，李氏文化用一种独特的形式和视角，记录了李氏家族的兴起与衰落，它也成了李氏族人共同的文化记忆。从更宏观的角度而言，李氏文化为现代社会研究中国文化史、社会史、民族史等提供了丰富的资源和视角，对推动我国历史考古研究具有重要的意义。

其次，李氏文化是加强区域经济文化合作的血缘纽带。李氏文化历经千年风霜却依然保持着顽强且旺盛的生命力，并且还在李氏家族中保持着强大的凝聚力。最开始，李氏文化只是宗法制度下的产物，李氏君王对立下功劳的臣子进行奖励而加封李姓，如此世代相传。随着时间流逝，李氏宗族也逐渐庞大起来，在此过程中，也为国家带来了一定时期的稳定和繁华。在现代社会中，李氏文化是李氏同姓人迅速拉近关系的友好桥梁，可以促使大家顺利开展各种经济文化相关的交流与合作，这体现了李氏文化的血缘认同的功能。李氏文化在现代社会还有一个很重要的功能就是文化认同。当今社会中，世界经济一体化发展的趋势日益凸显。在此背景下，全国各地乃至世界的各个区域的李氏儿女，都会对自己的姓氏的根源所处的地区进行投资建设。李氏儿女也在近几年来对陇西加大了投资建设，在经济、教育、文化、旅游等各个方面进行合作交流，从而提高当地的竞争力，带动经济发展。因此，对李氏文化资源进行合理、适度的开发，不仅可以对李氏文化本身有促进发展、增加时代内涵的作用，也可以促进当地的经济发展。

---

① 冯丽娟、刘建荣：《中华姓氏文化的内涵与当代价值研究》，《桂林师范高等专科学校学报》2019 年第 4 期。

② 白洁：《全球化视野下中华民族文化复兴的基本途径》，《山西高等学校社会科学学报》2013 年第 8 期。

再者，李氏文化是培育美德、构建和谐社会的有力工具。近年来，政府对中国传统优秀文化的发展和传承越发重视，李氏文化作为姓氏文化的一部分，它的传承和发展是十分具有时代意义，对培育年轻一代的文化精神具有重要的建设意义。李氏文化是李氏先祖留下来的丰富的文化遗产，它不仅包含着宗祠、家谱等物质文化，还包含家训、祖传手艺等非物质文化，其中包含着李氏家族几千年来的文化基因和艰苦奋斗、不断进取的拼搏精神，是现代社会教育道德规范的重要内涵。李氏文化中非常重要的家风家训是祖先为了规范子孙们的行为举止而树立的准则，对家族中的后辈有引导和约束作用。在我国古代社会中，家规家训是维持家族稳定、社会和谐的重要准则，在一定意义上也是对法律体系的补充，是全族的人都要遵守的规定。古时候的人们强调家国一体，他们习惯于将家庭安定和社会和谐联系在一起，把个人的品性道德、对子女的教育和国家的长治久安紧密相连，崇尚家国情怀。今天，李氏文化的内涵不仅有助于培育个人品德、家庭美德、职业道德和社会公德，更是对践行社会主义核心价值观与增强文化软实力有着重大的意义①。

同时，李氏文化也是彰显中华儿女民族品性的重要途径。中华民族几千年的历史从未间断，我们从茹毛饮血的蛮荒时代到如今科技发达、社会繁华的文明时代，是在义薄云天、顽强不屈、坚韧不拔、勤劳节俭、乐观豁达的一代又一代中华儿女的努力下才有的成果②。一个民族的品质，凸显的是它的风格和它所处的社会的特征表现，这种品质不仅具有鲜明的时代性，而且代代相传。李氏文化中的家规家训教导子孙们要诚实、友善、孝亲、敬业，这里面传达了中华民族爱国爱家的品格特征。现代社会中，李氏文化随着社会的进步而不断发展，显露出一些时代特征，比如子女可以自由选择跟随父姓或母姓。在时代的进步中，李氏文化显现出了更多的包容

---

① 易金华：《社会主义核心价值观与文化软实力提升》，《山东青年》2015年第4期。
② 刘建荣：《以传统优秀伦理文化夯实国家文化软实力根基》，《伦理学研究》2018年第3期。

性和开放性，使李氏文化可以在时代的长河中屹立不倒。

最后，李氏文化是符合实现社会主义文化繁荣内在要求的优秀文化。2017 年中共中央办公厅、国务院办公厅印发的《关于实施中华优秀传统文化传承发展工程的意见》[①] 明确指出，文化是民族的血脉，是人民的精神家园。文化自信是更基本、更深层、更持久的力量[②]。中华文化独一无二的理念、智慧、气度、神韵，增添了中国人民和中华民族内心深处的自信和自豪[③]。李氏文化见证了中华文明几千年来的悠久历史，也见证了民族的融合，更是凝聚了全世界的李氏族人来陇西寻根问祖。因此，对李氏文化的起源进行追溯，对李氏文化的内涵和本质进行挖掘，对李氏文化中优秀的文化因素进行传承和发扬，对李氏文化中落后的部分进行发展和完善，是李氏文化成为李氏宗族生生不息的精神沃土的重要途径，也是推动社会主义先进文化繁荣发展的推动力。李氏文化作为连接海内外李氏儿女的重要纽带，促进了李氏宗族的文化交流合作，也传承和弘扬了中华民族传统文化。在文化多元化、经济全球化的背景下，站在现代文明的发展高度，姓氏文化这一基因从一个独特的视角折射出中华传统文化的丰富内涵，增强了中国文化软实力。

李氏文化作为我国传统姓氏文化的重要组成部分，承载了先人们对家族、部族、民族的殷切盼望和期待，流传至现代社会中，应该不仅仅作为一种标志，而是应从中找寻其强大的民族凝聚力，并将其挖掘利用，使国民民族荣誉感和民族自豪感大为提升，达到提升民族凝聚力的重要目的。

---

① 段超、李秀林：《新时代民族高校加强中华优秀传统文化传承的思考——以国家民委所属高校为例》，《中南民族大学学报》（人文社会科学版）2019 年第 6 期。

② 钟天娥：《论习近平文化自信思想的科学内涵和时代价值》，《观察与思考》2018 年第 3 期。

③ 张绍能：《坚定文化自信推动优秀传统文化走向辉煌》，《福建省社会主义学院学报》2018 年第 1 期。

第二节　文旅融合背景下的李氏文化

近年来，随着我国人民民族自豪感的不断提高，散居于世界各地的中华儿女在"落叶归根"情结的驱使下，千里迢迢地回到故土开展寻根谒祖活动，陇西在此背景和李氏文化的影响下，文化旅游得到了迅速的发展。随着李氏文化开发力度的加大，以及全球1.3亿李姓人的力量发展陇西，陇西逐步被打造成李氏文化的研究和弘扬中心以及李氏族人寻根问祖、旅游观光的中心。陇西以李氏文化旅游业为龙头，把以贵清山、遮阳山、鸟鼠山、首阳山等为主要景区的人文与生态旅游，以通渭榜罗会议会址、岷县岷州会议会址为主要景点的红色文化旅游，以农业观光、洮河垂钓、乡村旅游等为主要内容的休闲度假旅游，以洮岷花儿为主的民俗文化产业以及彩陶复制、洮砚工艺品制作业等产业联结起来，发展大文化旅游产业，进而带动定西市文化产业的大发展。其中景观遗址是李氏文化的重要依托，陇西李氏文化的主要景观是"李家龙宫"[①]。此外，作为千年古郡，陇西还有大量的文物古迹，与"李家龙宫"交相辉映，构成了李氏文化丰富多彩的人文景观。

一　陇西李氏文化旅游发展概况

李家龙宫和仁寿山是陇西文化旅游中颇具代表性的成果。李家龙宫始建于唐朝初年，是典型的唐朝宫廷式建筑，有唐太宗李世民亲书的"李家龙宫"，是李氏族人祭祀祖先的聚集地，也是研究李氏文化重要的遗址遗迹以及陇西唯一保存下来的古建筑群，具有很高的研究价值。李家龙宫坐北朝南，规模宏大，建筑面积2.5万平方米。不仅如此，其规格也高于庙，整体可分为三组建筑，殿堂林立、气势恢宏、环境肃穆、十分壮观。唐朝末年，社会动荡，李氏

[①] 陈福明：《定西市文化产业发展对策研究》，《甘肃理论学刊》2005年4期。

族人因李唐王朝的没落不得不进行南迁，而李家龙宫却在颠沛流离中一度变为废墟。直到如今，李家龙宫遗址依然有一百多亩地堆积着厚厚的瓦砾，当地人称为"瓦碴坡"。后来元朝时期虽修复了部分建筑，但也在连绵战火中有所损毁。后又几经战乱，在不断损毁和重建中李家龙宫形成如今的样貌。更为传奇的是，李家龙宫内的一株百年沙柳气势磅礴、盘根错节，当地人形容它为"龙树"。此树在李家龙宫重建修葺完善后，竟从枯枝上生长出点点新绿，用充满生命力的形态迎接着寻根问祖的李姓儿女和游客。1985年陇西县人民政府公布李家龙宫为县级文物保护单位，2011年12月，甘肃省人民政府公布其为省级文物保护单位[①]。

在甘肃省陇西县西南方向，坐落着一座历史悠久、闻名遐迩、颇负盛名的文化名山——仁寿山。仁寿山曾经也是树木植被郁郁葱葱、殿堂建筑亭亭玉立，是游客踏青聚会的旅游胜地，于1997年成为甘肃省省级森林公园。仁寿山还承担了每年农历四月初八的"李氏祭祖节""朝山会"等盛事的举办。但与李家龙宫境遇相同，仁寿山也因战乱经受过损毁，植被、建筑等一度被破坏殆尽。在党的十一届三中全会后，中共陇西县委、县人民政府决定修复仁寿山森林公园[②]。修复后的仁寿山森林公园，巍峨挺拔、绿意盎然，根据不同的功能，共分为七区，有可以探索知识的科普区、文化古迹区，有休闲娱乐的文娱活动区、森林游览区、生态区、游乐区，还有拥有巍峨肃穆的仁寿山大门牌坊的园前区，该区内牌坊前的汉白玉拱桥更是展现了工匠们的鬼斧神工。而陇西堂设立在东院大殿，是研究甘肃省四大文化之一的李氏文化的重要的桥梁。中院是悠长清净的廊道，古朴典雅的八角楼位于仁寿山巅，在八角楼顶，游客可以将巩昌古城及东西两川一览无余。如今的仁寿山，大殿巍峨、

---

① 半夏：《细说陇西李家龙宫的前世今生》，2020年5月1日，https：//www.gujianchina.cn/news/show-8969.html，2020年12月15日。

② 李天均：《李氏文化档案》，2013年7月，https：//www.docin.com/p-886977942.html，2020年12月15日。

亭廊巧布、幽远宁静。《甘肃日报》《甘肃经济报》以及中央、省、地、县的电视台等媒体单位对仁寿山森林公园进行宣传报道，提升了仁寿山的知名度①。

此外，陇西还有棂星门、城隍庙建筑、普陀寺大殿等珍贵的人文古迹②，这些文物古迹在文旅融合的背景下，不仅为游客提供了良好的休闲环境，更是对古郡陇西悠久的历史和陇西李氏文化遗迹的传播和保护③。

二 陇西李氏文化旅游发展存在的问题

陇西李氏文化旅游资源的开发带动了陇西经济的发展，提高了陇西李氏文化的知名度和民族认同感，对李氏文化的传播与保护产生了积极的影响。但同时，文旅融合背景下的李氏文化想要长远的发展，还存在一些不足，主要表现在以下方面。

（一）李氏文化旅游内涵挖掘不够

文化旅游的发展，不仅仅要依靠传统旅游资源的开发方式，还要根据文化本身的内涵进行深入挖掘④，使游客不仅感受到自然风光的美妙，更能被文化资源背后的意义所打动。李氏文化旅游发展过程中，存在只注重形式而忽略内涵的现象。旅游企业或旅游开发者，为了追求经济效益，会利用营销宣传开展一系列旅游节事来吸引游客。但是旅游业并不是单纯的经济产业，它更是一种富有内涵的文化产业，进行开发时需要文化上的深层次研究与挖掘。因此，李氏文化旅游资源开发的关键是充分挖掘李氏文化丰富的内涵，将其转化成经济附加值高的旅游产品，从而达到经济效益与社会文化效益相互平衡的局面。在现阶段，李氏文化旅游资源在设计开发上

---

① 吴师:《不忘初心方得始终——台商温世仁扶贫故事搬上梨园舞台》，《两岸关系》2015年第2期。
② 陈治军:《浅析陇西文物资源的保护与利用》，《丝绸之路》2012年第12期。
③ 常霞:《陇西郡历史文化考辨》，《丝绸之路》2011年第8期。
④ 王哲:《分析中国传统文化对旅游管理的影响》，《现代交际》2013年第11期。

还停留在产品低附加值的阶段,资源的文化内涵开发程度较低,产品主要以祭祖旅游、游览观光为主,模式陈旧吸引力低,游客的重游率偏低。

(二) 李氏文化旅游资源开发缺乏区域协作

陇西李氏文化旅游资源经过近年来的开发,已经初具规模[1]。但是其影响力主要集中在其文化资源所处的区域以及李氏族人,缺乏具有特色的寻根祭祖旅游产品,且旅游资源的开发过程中并没有建立起全域协作的关系,这就导致李氏文化旅游在品牌建立上存在一定的障碍。在缺失资源整合平台的前提下,缺乏区域协作会导致景区基础设施建设不能被有效的统筹管理和利用,最终影响景区运营时的成本投入和收益。目前李氏文化旅游资源的开发还处于初级阶段,如果要在众多旅游产品中脱颖而出,区域协作是李氏文化资源开发中必须要重视的问题。

(三) 李氏文化旅游资源保护不足

近年来部分旅游企业为扩大旅游资源的知名度,促使更多海内外游客开展寻根访祖旅游活动,举办了大量节庆活动。活动开展期间,因为前期较大宣传会吸引较多的游客前来,但活动结束后,旅游景区的收益严重下滑。李氏文化在旅游开发过程中也存在这种片面追求经济利益、忽视文化价值的现象,盲目遵从投入必须产出心理的影响,违背了文化资源开发的准则,忽略了长远的发展。而李氏文化资源因为经济原因,实质性开发进展缓慢,多数停留在理论上的规划建设,使优秀的文化资源得不到充足的开发和保护。同时,旅游企业由于缺乏完善的人才引进机制,导致在文化旅游资源开发中缺少专业的、高素质人才,对文化资源保护的认识还不够深入,许多优秀的开发人才不能够为李氏文化旅游资源的开发保护服务[2]。

---

[1] 张姣姣:《陇西县李氏文化旅游产品开发研究》,《环球人文地理》2015年第10期。
[2] 江爱莲:《文化旅游资源的开发与保护研究》,《才智》2014年第5期。

第三节　李氏文化的开发思路与路径

目前，陇西文化的发展情况较为落后，人文资源因为陇西地理位置的闭塞而较难得到开发和利用。李氏文化作为陇西文化中最为重要的部分，在开发过程中也陷入了困境[1]。李氏文化深厚的历史底蕴并没有很好地与现代社会的发展与价值结合在一起，在缺乏区域协作和良好的开发条件，以及经济条件相对落后的背景下，李氏文化一直没能完全走入大众视野。因此在新的社会背景和时代背景下，我们应对陇西李氏文化进行科学的定位，站在社会主义核心价值观和先进文化的高度，增强李氏文化所传递的向心力和民族凝聚力。在扩大宣传的同时，还要对李氏文化进行进一步开发，提供区域之间的协作与交流，从而提升"李氏故里"和"李氏郡望"的品牌效应[2]。在文旅融合发展的大背景下，李氏文化应借助文化旅游的发展平台，以李氏文化为内核发展旅游经济，从而带动整个陇西的发展，以文化产业为基点促进经济社会的发展。

一　创新发展思路，促进机制转变

首先，姓氏文化是具有复合特征的文化，其内在所包含的历史学、民俗学、宗教学、文学、民间信仰等背景，为李氏文化的发展提供了新的思路。陇西李氏文化在开发过程中不能仅限于单纯的姓氏文化的开发，而是要把大众的、科学的社会主义先进文化的价值理念放入其中，凸显李氏文化渊博的内涵，在继承中创新发展，与时俱进，赋予其新的时代内涵。

其次，陇西李氏文化已经在特色品牌方面小有成就，也已经建立了相应的品牌效应。因此推动陇西文化事业向文化产业发展已是

---

[1] 李震岗：《论以李氏文化推动陇西县域经济又好又快发展》，《甘肃科技纵横》2007年第6期。

[2] 李震岗：《赋予陇西李氏文化时代内涵》，《甘肃科技纵横》2008年第1期。

一种趋势。"李氏故里""李氏文化"已经被注册为商标,在对商标进行开发中李氏文化已经产生了相应的经济效益,而利用这些效益反哺李氏特色文化品牌的发展也是促进陇西经济发展的必经之路①。

最后,李氏文化在发展中要想解决资金问题,就必须创新发展机制。李氏文化的发展可以积极争取海内外李氏族人和社会人士的帮助,转变以往的政府主导的局面,以共同投资的市场模式带动李氏文化发展活力。同时还可以设立专款专用的相关机构,科学管理、合理使用,拓宽李氏文化发展的资金渠道。

二 加强宣传媒介,打造祭祖圣地

影像传播是当下在文化推广中较为常用的媒介手段,它利用奇幻的光影效果和音响设备,进行多角度的拍摄、后期剪辑和技术合成等,使人们对文化的感知不仅仅停留在单调枯燥的视觉效果。陇西李氏文化本身就具有别具一格的风格和特色,围绕"李氏文化"展开的节事活动本身就具有强大的视觉冲击,而影像传播媒介的使用,会使这种视觉效果产生更长久、强烈的影响。陇西李氏文化的传承与发展可以利用纪录片或宣传片的形式扩大影响,使文化不仅仅在陇西县传播,而是带着李氏文化走向更广阔的天地。陇西历史文化目前急需这样一些有影响的作品来扩大自身的特色,具有代表性的作品可以扩大文化本身的影响力,再加上大力的宣传,陇西李氏文化必能得到大众的认可与关注,从而推动李氏文化的发展走入新阶段。

当然,传统的媒介传播阵地也是不能放松的。在李氏文化的发展过程中,报纸、杂志、电视媒介的正面报道和舆论引导发挥了巨大的作用。传统媒介一般会从多个角度对李氏文化进行系列性报道,从而引起社会读者的广泛关注。根据受众心理学的理论,当某

---

① 张姣姣:《陇西县李氏文化旅游产品开发研究》,《环球人文地理》2015年第10期。

事物连续出现在受众的视线里时，必定会对它们产生持久而深刻的影响。李氏文化在这种宣传方式中展现了丰富饱满的形象，将其与陇西堂、太白井、仁寿山这类人文景观相结合开发特色旅游项目，吸引受众的目光，使他们产生旅游动机和消费需求，促进李氏文化和陇西经济的发展。报纸、杂志等媒介的传播体现了李氏文化原生态的魅力和独特的文化旅游价值，李氏文化应充分利用多种媒介手段进行长远的发展。

将李氏文化作为一种品牌形象来经营，还需要高品质的文化代言人，好的品牌形象代言人可以将李氏文化的内涵以通俗的方式展现在大众视野中[1]。但是在形象代言人的选择上，要尤为慎重。首先，可以考虑与陇西密切相关或与李氏文化密切相关的代言人。这类代言人和陇西李氏文化有着深厚的渊源，也对当地的风土人情、历史渊源有更深入的了解。其次，要选择具有一定影响力的代言人，这样可以将李氏文化通过代言人的影响力传播出去，最大程度地发挥代言人的宣传作用。最后，要选择素养高的代言人，这类文化代言人往往在大众心中拥有更为正面的形象，在文化宣传中具有更高的可信度。在确定好文化代言人的条件之后，我们还要对选定的代言人进行文化内涵的普及。如果代言人对文化本身并不了解，在宣传过程中对文化的解读出现了偏差，不仅不能展示文化本身的良好风貌，还会失去大众的信赖，造成恶劣的社会影响，因此应当建立相应的制度来约束代言人的某些行为。文化产业的发展离不开代言人的宣传，良好的代言效果即受众在看到代言人时能联想到李氏文化，也能感受到李氏文化所传达的积极的能量。因此文化代言人是李氏文化宣传方式的一个重要补充。

在传播学中，必不可少的就是广告，它的作用可谓是最明显和最立竿见影的。反复地在固定时间播放的广告，再加上新奇的内容，可以做到深入人民大众的内心。李氏文化可以以文艺广告的形

---

[1] 李克、程国辉：《品牌形象代言人探析》，《职业时空》2007年第8期。

式，加入演绎的形式，在剧情和演员的加持下，在文化旅游产品中获得一席之地，被大众熟知和认可，得到良好的预期回报。因此陇西当地政府通过广告媒体的宣传，促使陇西李氏文化及旅游业深入人心。

三　发展旅游产业，带动经济发展

陇西李氏文化的发展应依托旅游产业，将李氏文化作为特色文化项目与经济发展结合起来[①]。同时完善陇西县的基础设施设备，丰富其自然生态类的观光景观，突出文化旅游资源，把陇西打造成新兴的旅游城市。陇西李氏文化要利用市场模式拓宽资金渠道，修复具有文旅价值的陇西堂、李贺墓、五李亭、太白井等文化遗址遗迹[②]，还可在景区或景点创建仿古街道，使游客身临其境地感受李氏文化独特的魅力。加大李氏文化品牌的营销力度，延续海内外李氏宗亲寻根问祖这一传统模式，在此基础上开发新的特色文化旅游产品，吸引更多游客，促进经济发展。

在李氏文化旅游产品的开发过程中，要注意产品外部条件与李氏文化内涵的贴合度，通过第三产业对李氏文化产业进行深层次的研究，将地方特产与文化产品相结合，从产品设计、产品说明到产品内涵，用高质量、高品位的产品打动游客，创建地方特色文创，大力发展第三产业，带动文化产业的发展。

李氏文化作为姓氏文化的重要组成部分，不仅有丰富的价值内涵，同时也蕴含了强大的教育意义[③]，通过对李氏文化的宣传，可以加强人民群众的爱国主义情怀，维系中华民族优秀传统文化和现代社会主义精神文明的融合与发展，促进社会的健康发展。陇西文化的博大精深，李氏文化的源远流长，都展现了千百年来政治、经

---

① 张姣姣：《陇西县李氏文化旅游产品开发研究》，《环球人文地理》2015 年第 10 期。
② 陈治军：《浅析陇西文物资源的保护与利用》，《丝绸之路》2012 年第 12 期。
③ 孟永林：《"陇西"李氏及其文化特色》，《甘肃政法成人教育学院学报》2006 年第 4 期。

济、人文、历史的发展与传承。通过文旅融合的方式，用旅游的方式使李氏文化多方面、多层次地展现在世人的眼前，同时还能带动陇西社会经济的发展，李氏文化在陇西经济发展过程中展现了强大的生命力。

第十六章

周祖文化的当代价值及其产业实践与构想

第一节 周祖与周祖文化

作为中华民族重要的发祥地之一，庆阳市有着深厚的农耕文化。人类 20 万年前就已经在这里繁衍生息，而早期的农耕文化在 7000 多年前就已经在这里出现了。周祖文化是周部族发展初始时的文化，在当时形成了区域文化，随着周部族的不断发展壮大，慢慢演变成了现在的地域文化。庆阳是周人数十代先祖及周族部落创业建国之地，自夏朝后期周先祖不窋率领族人到达此地，此后其子鞠陶、孙公刘等"教民稼穑""务耕种，行地宜"，开了先周农耕文化之先河，史称"周道之兴自此始"[①]。

庆阳属于高原地形，地处黄土高原，山川纵横，河沟交错。这些地形特点造就了庆阳多样化的农作物。从庆阳多样化的农作物可以看出，中国现代的农、林、牧、副的生产项目在周朝已经开始了，并且将这种农耕文化延续了几千年[②]。在周祖农耕文化的影响下，庆阳的经济发展和社会历史都有了很大的转变，庆阳在历史上一直是农业生产的重要地区，素有"陇东粮仓"之称。

[①] 吴世奇：《挖掘历史文化资源 发展陇东南旅游业》，《甘肃日报》2019 年 12 月 17 日。
[②] 郭建华：《论周祖农耕文化对庆阳地区的影响》，《作家天地》2019 年第 14 期。

农耕文化是周人对炎黄农耕文明的一种传承,在一些遗址中发现的粟、稷、稻等是研究史前农业的重要资料,为我国研究农业起源发展、农作物的种植等提供了参考资料,事实证明在先周之前陇东地区农业发展已经较为成熟。周先祖继承并传承了炎黄时代的农耕文化,在农耕文化的种子培育、田间管理、耕作方式等方面都有了新的发展,《诗经·豳风·七月》《生民》等诗,均是周人在北豳时期的农业生产生活写照[1]。

周祖农耕文化是庆阳历史发展中最悠久、积淀最深的文化,也将庆阳地区悠久的农业发展和生产文化展现在我们眼前,同时也是庆阳地域文化特色的体现。"八百里秦川比不上董志塬边"是对庆阳农业发展成就的高度评价,在不断的农耕生活中,周先祖利用黄土的特性建造了人们居住的窑洞,通过对庆阳地理环境的不断开发、利用和治理,打造出了现在的黄土梯田。随着人们农耕生活的不断发展,剪纸、香包等这些民间工艺开始出现,通过田间劳作、日常生活创作的皮影、荷花舞等各种休闲娱乐的形式也随之出现在人们的视野中,为人们的生活增添一丝乐趣。同时为了农业得到更好的发展,人民生活更加美好,人们开始举行拜土地爷、树神、灶王爷等各种祭祀仪式,以表达对天地自然的敬畏之情。

庆阳周祖农耕文化资源可以分为农耕历史文化资源、农耕民俗文化资源、现代农耕文化资源三大类[2]。

一 农耕历史文化资源

表6-1　　　　　　　　庆阳周祖农耕历史文化资源

类型	内容
农耕制度	周时农官制度、农时制度;早期垦田、劝勉农桑;北魏的均田制、农职之教;隋代到北宋农牧兼营,小麦、杂粮、油、草、麻、桑等的多种经营

---

[1] 蒲向明:《论祖脉文化陇东南资源的分布与构成》,《天水师范学院学报》2018年第3期。
[2] 李朝阳:《庆阳农耕文化资源挖掘与产业化开发研究》,《陇东学院学报》2016年第2期。

续表

类型	内容
农业技术	先周的牛耕技术、灌溉技术、施肥技术等,西汉的代田法、休耕制、二牛三田法等
生产工具	刀、斧、耜、石铲、石刀等,到西汉随着铁器的发明使用,农具出现了铁制犁、铲、锸、镰等
农业品种	黍、稷、麻、麦、葵、韭、瓜、枣、桑等,畜种有牛、马、羊、猪、狗等
遗址	庆阳发掘先周遗址67处如"陶复陶穴"等
遗物	主要有石器、铜器和陶器,种类有武器、工具和装饰品等
地名传说	天子坳、周祖花园、周祖庙、公刘邑、公刘庄、公刘庙、后稷台等

二 农耕民俗文化资源

表6-2　　　　　　　　庆阳周祖农耕民俗文化资源

类型	内容
物质民俗	居所有明庄窑、地坑窑、四合院、火炕、羊毛毡等;饮食有粘面、灌肠、暖锅、黄酒、燕麦柔柔等几十种特色小吃;生产工具有辘轳、簸箕、石磨、连枷、纺纱机、织布机等;传统生产活动如榨油、酿酒、酿醋、磨面、碾米、做豆腐、合绳、编簸箕等
口承语言	民歌资源丰富,可分为劳动歌、时政歌、礼仪歌、情歌、生活歌等;谚语种类丰富,内容涵盖励志、治家、婚姻、经济、农业、气象气候等方面;民间故事分为三大类,即神话故事、民间传说、民间故事,多达500多篇
民间艺术	皮影道具制作精妙,演出方式原始古朴,被称为文化"活化石";唢呐班戏分为大本戏142种、折子戏17种、神戏21种等;社火可分为地故事、马故事、车故事、柳木腿,还可以分为文社火、武社火、火社火等;荷花舞曲谱达1200多种,仅《庆阳地区民间乐器集成》中就收录500多曲;香包工艺上可分为"绌绌"、线盘、平面刺绣、立体刺绣四大类,经典造型达200多种;剪纸形式有窗花、门花、炕围花、箱花、柜花、缸花、囤花、礼花、寿花等;特色游戏有打猴、耍花花等

续表

类型	内容
社会民俗	地方特色节日有五穷、人七、正月二十、燎疳节、二月二、乞巧节等；除夕请灶神、祭祖、拜影、贴窗花、贴门神、泼洒，正月十五耍社火，正月二十三燎疳，端午节小孩戴香包、吃粘米饭习俗
礼仪民俗	日常礼仪有留客、送礼、互助帮工、建房搬家看日子等遗风。人生礼仪包括小孩出生前后有催生、吃禧、过满月等；婚礼有送彩礼、绞脸、上轿、披红等；丧葬礼仪主要环节有请阴阳、成服、请主、哭丧等
精神民俗	指精神追求和信仰。民风有勤劳节俭、耕读传家、尚本务实、贵和尚忠，信仰有信阴阳、法师，信庙堂许愿，信灶神、龙王、山神等

三 现代农耕文化资源

表6-3　　　　　　　　庆阳周祖现代农耕文化资源

类型	内容
特色农业品种资源	胡麻、荞麦、苦荞、糜子、谷子、油菜籽、豆类、蓖麻、紫苏、良姜、神虫菜、核桃、柿子、旱烟、花椒等
优质农产品资源	庆阳苹果、九龙金枣、黄花菜、白瓜子、什社小米、曹杏、黄甘桃、早胜牛、环县滩羊、陇东黑山羊、庆阳驴等
农业地域景观	梯田、麦浪、蔬菜大棚、草场、苹果园、满山杏花、桃花、油菜花相映等
现代农业技术	温室栽培、果园管理、地膜覆盖、双垄沟播、套种、轮作、测土施肥、无土栽培等

从最初的"务耕种，行地宜"到后面的重农务本，庆阳在几千年的历史发展中不断形成了文化底蕴深厚的农耕文化，也让庆阳人民民风更为敦厚。先民们将自己的智慧留在各种农耕农具、农耕技术、农作物以及窑洞民居等方面，现如今仍然可以在庆阳的土地上看到当初事农桑、务耕种的场景，也可以感受到浓厚的农耕文化气息。庆阳被誉为华夏远古农业的"北方摇篮"，被中国民俗学会命

名为"周祖农耕文化之乡"。

第二节　文旅融合背景下的周祖文化

庆阳市地处陕甘宁三省区交界处，是丝绸之路经济带的重要节点，具有得天独厚的区位优势和丰富的旅游资源。通过"一带一路"沿线国家经济、政治、文化的交流合作，为所受益的西部地区引来了资金人才等关键性要素，为西部地区文化产业发展带来了机遇，构建全方位开放新格局，同时出台《关于促进旅游产业发展的奖励扶持办法》等一系列政策性文件，进一步加大了扶持文化旅游产业发展和提质升级的力度，以打造红色旅游胜地、康体养生旅游基地、农耕及民俗文化体验基地为目标，全方位打造特色文化旅游融合发展创新区，围绕"周祖农耕、岐黄故里、民俗庆阳、红色南梁"四大文化品牌，集中推动文化旅游产业发展。

农耕文明是人类文明的源头，也是中华文明的核心。庆阳是中华民族农耕文明的重要发祥地之一，历史文化悠久厚重，草畜、苹果、瓜菜、小杂粮等特色优势产业享有盛誉，剪纸、刺绣、皮影、香包等民俗文化声名远扬。自2009年首届中国（庆阳）农耕文化节举行以来，庆阳市每年都会举办以传承农耕文明、弘扬民俗文化、发展现代农业、推动区域发展等为主题的农耕文化节，对推进庆阳农牧产业健康持续发展、弘扬农耕文化、扩大对外交流、助推精准扶贫具有十分重要的意义。作为黄河流域华夏文明的一个分支，周祖农耕文明与其有着密切联系，2020年9月沿黄九省区城市黄河文化旅游发展合作交流大会的召开意味着庆阳将通过黄河文化旅游的开发及建设更加全面、高质量地发展原始自然风景、悠久历史人文以及文物古迹。

通过将周祖农耕文化作为主要发展方向，庆阳打造出农耕文化历史器具展览馆、农耕文化产业园等项目，将周祖农耕文化、民俗文化和旅游产业开发融为一体，引进庆州古城药王洞民俗文化村建设项目，打造出了集地方餐饮、民俗文化体验、中医药养生、文化展示等集休闲娱乐于一体的陇东黄土民俗文化村。同时也根据不同季节、不同节庆安排不同的文旅活动，不断改善文旅融合的发展环境，随之举办了庆城县旅游文化节、中国庆阳农耕文化节、2017中国国际露营大会百城徒步赛等一系列节庆活动。在配合做好兰洽会、休博会以及文博会等会展工作的同时，庆阳市也会推出一系列周祖农耕文化、岐黄文化、红色文化、民俗文化的宣传活动，让人们对这些文化有更深入的了解与认知。

始祖文化工程作为甘肃着力打造的一大工程，将建立甘肃始祖文化协同发展中心，同时将会重点研究和传承始祖文化各种历史遗存，保护始祖文化体系。着重围绕先秦文化、周祖农耕文化、岐黄文化等始祖文化以及民俗、红色文化，加强文旅融合，打造一批集文化旅游于一体的产业项目，创建自己的产业品牌。随着公祭伏羲大典的持续举办，将形成以天水为中心，以始祖文化为重点，以再现农耕和民俗文化为手段，以文化旅游为载体，以文化产业为支撑的保护传承和创新发展体系。打造祭祖天水、当归定西、生态陇南、养生平凉、民俗庆阳、红色南梁以及周祖圣地、岐黄故里等特色文化品牌，建成全球华人寻根祭祖圣地和全球知名的华夏文化旅游体验目的地[1]。

第三节　周祖文化旅游的开发思路与路径

庆阳，古称北豳，是周人12代先祖及周族部落创业立国的地方[2]。周祖文化资源是发展文化旅游产业的重要要素，同时也是始

---

[1]《甘肃省建设华夏文明传承创新区——围绕"一带"建设"三区"打造"十三板块"》，《发展》2013年第8期。

[2] 蒲向明：《论祖脉文化陇东南资源的分布与构成》，《天水师范学院学报》2018年第3期。

祖文化传承的重要载体之一，向人们展示其深厚的文化底蕴。周人留下的周祖陵、公刘庙等遗址具有鲜明的文化特色，在全国范围有着一定的影响，因此要充分挖掘周人艰苦创业、自强不息等精气神，将周人文化与社会主义文化建设相结合，为实现中华民族伟大复兴的中国梦凝聚力量。① 依托陇东地区历史文化底蕴以及区域旅游形象定位，周祖文化旅游开发可以从以下几个方面展开。

第一，以现有的周祖陵为依托，建立农耕历史文化展览馆、农耕民俗文化展览馆、现代农业科技展览馆、周祖文化广场。整合现有的各种周祖文化资源，同时从全国范围内收集有关周祖文化的资料，运用现有的数字媒体技术，向游客展示周祖文化的整个发展演变过程，让游客能够有身临其境的感觉。农耕历史展览要利用历史遗址遗迹，增强展示的真实性，抓住庆阳先周农耕历史中重要人物及贡献，提高庆阳在中国农耕历史中的地位，突出庆阳农耕时期的大量器物、生产工具、作物品种等遗存展示，增强地方文化吸引力。从服饰、居所、饮食、民间艺术、民间习俗等方面展示农耕民俗文化，加深人们对于当地民俗文化的了解。修建周祖文化广场，在广场中央放置不窋雕像，同时通过剪纸、香包、刺绣等民俗文化艺术形式，将民俗艺术与雕塑景观融合在一起，让传统民俗文化能够通过景观得以继承和弘扬，使其成为可以举办大型民俗活动以及祭祀的场所，也能够成为庆阳人民开展文化活动的中心。

第二，将周祖农耕文化与窑洞文化相结合，扩大周祖农耕文化产业园体系。通过对周祖农耕文化的深入挖掘，根据其独有的地域特色，加大对周祖农耕文化产业的发展力度，打造出农耕美食、庆阳民俗、窑洞民居、民俗体验、农特产品加工、农耕影视戏剧、文化演艺等一系列旅游产品或项目，创建庆阳农耕文化产品品牌，加快周祖农耕文化产业发展。

建造以展现陇东乡村农耕生活和地方民俗文化为主的民俗村。

---

① 吴世奇：《挖掘历史文化资源，发展陇东南旅游业》，《甘肃日报》2019年12月17日。

民俗村可以从建筑风格、生产活动、民间艺术、饮食、民俗展示、游戏娱乐等方面向游客展示。如：整体的建筑风格应以窑洞院落为主，围墙、畜禽、圈舍及水井等传统要素要有所保留，注重庆阳当地农家饭的开发，主要以传统小吃为主，同时可以展示磨坊、织坊、水井等场所以及连枷、牛车、马车、碾子、铡刀、纺纱机、织布机等传统生产工具，也可以结合时令开展农事参与体验活动和竞赛，例如设计推磨、推碾子、犁地、摇辘轳、打连枷、劈柴等农事参与项目，开展农业竞赛活动，如摘花椒、掰苞谷、割草、挑水等，让游客能够身临其境，体验周祖农耕文化。

第三，将周祖文化与周边岐黄文化等结合，打造出一条以始祖文化为主的旅游路线及特色旅游产品。把周祖农耕文化、南梁革命历史文化、岐黄养生文化、香包民俗文化和儒源之地这些独具特色的文化资源整合起来，打造成一条集人文遗迹、民俗文化及非物质遗产等一体的旅游路线。同时打造一批极具当地风格的旅游产品，庆阳民间工艺品类型丰富，包括香包、石雕、皮影、剪纸、泥塑、草编、面塑等，因此可以对这些民间工艺品进行再开发再设计，让它紧跟消费潮流，挖掘其市场潜力，注重形式和内容创新，突破传统的用途和表现内容，制作各种实用工艺商品。从而让游客能够在整条线路的游览过程中体会不同文化习俗带来的不同感官享受，从而推动庆阳的旅游发展。

第四，加大对庆阳周祖文化的宣传力度，让越来越多的人了解周祖文化。随着对周祖文化资源不断地挖掘，越来越多的人开始去了解、认识周祖文化，被其深厚的文化底蕴吸引，因此要更加注重对周祖文化的宣传，从而更好的弘扬周祖文化。通过以周祖农耕文化资源挖掘整理传承为基础，整合文艺人才资源，打造一批反映先周历史、弘扬周祖精神、展现农耕文化的戏剧及电影等舞台文艺精品，通过创作文艺作品、拍摄影视剧、举办文化宣传活动等多种形式对外宣传，使庆阳农耕传统文化发挥更大的社会价值，挖掘地方文化在国家文化建设中的重要作用。庆阳在中华农耕历史中占据了重要位置，提高庆阳知名度和影响力，助推经济发展，从而全方位、多媒体、深层次宣传庆阳，宣传庆阳先周历史，宣传农耕文化，使庆阳的社会经济建设得到更好的发展。

第五，充分展示周祖文化魅力，实施文化招商战略。通过对周祖农耕精神的挖掘，将其积极的教育意义用于提升当地干部群众的素质，优化当地投资的环境，吸引外来资本。随着现代社会的不断发展，文旅融合已成为经济发展的一个重要部分，为了使周祖文化资源得到更好的开发利用，当地政府应当加大招商引资力度，吸收更多的外来资本，可以将周祖文化资源与影视业相结合，同时大力发展文化娱乐业及文化旅游业，通过举办节会活动促进经济发展，节会包括传统节日和现代节会，节会活动能集中地展示地方文化特色，创造宣传地方文化和吸引外来游客的机遇，开创出一条符合当地发展的道路，推动文化产品销售和招商引资发展，从而吸引更多的外来资本投入到当地的旅游发展中。

第六，加大对周祖文化的挖掘及保护力度。周祖文化在历史发展过程中没有得到充分的保护，虽然部分文化资源得到了传承，但另一部分已经逐渐遗失，需要我们重新挖掘和保护。政府部门可以对周祖文化各项资源的发掘保护工作加以引导，同时建立周祖文化资源的保护和预警机制，构建完整的周祖文化知识体系，确保文字的翔实记录，加快周祖农耕文化与中国农业文明、周礼文化与儒家思想、庆阳早期农耕与《诗经》重点篇目等课题研究，在全国叫响以早期农耕文明、礼乐制度、伦理观念和道德规范等为主要内容的先周文化和农耕文化，[1] 开设民间文化课程，加速文化遗产知识的普及，让更多的人了解周祖文化，加入到周祖文化的保护中来。

第七，大力发展休闲观光农业。利用庆阳的特色农产品优势，结合现代旅游消费形式，同时将庆阳传统的耕种方式融入其中，打造一批农产品采摘园，从种植到采摘都是游客亲力亲为，让游客有

---

[1] 左瑞杰：《对发展庆阳农耕文化产业的几点建议》，《陇东报》2012年。

更好的体验感。根据庆阳地区的地域环境，规划设计以及开发当地的田园景观、自然生态资源，打造出特色的梯田、花圃、果园等景观供游客观赏。打造一个以周祖农耕文化为主题，集交流农业经验、科普农业知识、体验农业生产的观光农业游览基地，让人们在游览观光的同时又能深入了解周祖农耕文化。同时利用周祖农耕文化的优势打造农业品牌，以提升庆阳农产品的影响力。

第十七章

岐黄文化的当代价值及其产业实践和构想

"岐黄文化"作为中国优秀传统文化的组成部分，是一种积淀深厚、活态创新的传统中医药文化体系。庆阳为"岐黄故里"，打造"岐黄文化"特色资源精品，并实现其与旅游业的深度融合发展，不仅有益于中华始祖文化的进一步发扬光大，而且对于推动庆阳旅游业发展乃至我省华夏文明传承创新区建设甚有意义。利用旅游与文化的深度融合，打造旅游文化精品促进区域经济发展，是目前国内外研究的热门议题，也是我省建设华夏文明传承创新区"十三板块"中的重要一块。位于甘肃东部的庆阳历史悠久、文化绚烂，不仅是中华民族的发祥地之一，而且旅游资源独具魅力。历史上人文始祖轩辕黄帝曾在此与医药鼻祖岐伯论医，周朝先祖在此"教民稼穑"，开创了华夏农耕文化的先河。此外，庆阳作为中国"香包刺绣之乡""徒手秧歌之乡""民间剪纸之乡""道情皮影之乡""周祖农耕文化之乡"，以及红色文化之乡等，旅游文化资源十分丰富，且具有鲜明的地方特色。因此，如何基于文化资源特色与旅游资源优势的基础，深入挖掘庆阳文化内涵，开发新颖别致的旅游产品，实现文化资源与旅游资源整合，无疑对于庆阳构建整体旅游精品战略具有重要意义。本文拟以作为庆阳特色文化资源之一的"岐黄文化"为例，探讨文化资源与旅游产业融合发展的相关问题。

第一节　岐黄与岐黄文化

庆阳位于甘肃省东部，东邻陕西关中，西接宁夏平原，拥有我国也是世界上最大的黄土塬——董志塬。独特的地理位置与环境，孕育了独树一帜的"岐黄文化"。史载，人文始祖轩辕黄帝曾在此与中医鼻祖岐伯论医，有《黄帝内经》问世，"岐黄故里"由此得名。无论是从典籍文献对轩辕黄帝与岐伯二位上古名医的记载传颂，还是从岐黄之术的诞生与发展，再到岐黄文化的提出和传承，都与庆阳这块古老的土地结下了不解之缘。故而庆阳被后世学者视为"岐黄"文化的圣地。

"岐黄"文化作为中华民族优秀传统文化的重要组成部分，根本上说它是一种以中国医药文明为精粹的活态文明，博大精深，历久不衰，气象宏伟。从字的本义上来讲，"岐黄"为岐伯与黄帝二人的合称，二人共同开创了古代中医学的先河。《通志·艺文略》云："古有岐伯，为黄帝师，望出安化。"安化即今庆阳。明代傅学礼《庆阳府志·乡贤》："岐伯，北地人，生而神明，洞察阴阳、四时、气运之理。黄帝与论医术，有《素问》《难经》行于世。"秦汉时的北地郡即今庆阳一带。该书又云：岐伯"精医术，通脉理，黄帝以师视之"。

岐伯与黄帝作为中医药界尊奉的医祖，二人之间的联系最早的记载见于中医药学理论权威性的经典著作《黄帝内经》。相传黄帝常与岐伯、雷公等臣子坐而论道，探讨医学问题，对疾病的病因、诊断以及治疗等原理设问作答，予以阐明。《黄帝内经》成书后，由于其对中医学理论与实践的奠基之功，后世即以"岐黄"代称《黄帝内经》。据文献检索和统计，历史上有关"岐黄"的医药文献近万种，由此可见"岐黄"一词蕴含着丰富的中国传统医药文明的意蕴。《史记·司马相如列传》载：黄帝让岐伯掌管医药，"厮征伯侨而役羡门兮，属岐伯使尚方"。皇甫谧《帝王世纪》卷一

《自开辟至三皇》记："岐伯，黄帝臣也，帝使岐伯尝味百草，典主医药，《经方》《本草》《素问》之书咸出焉。"《汉书·艺文志·方技》："太古有岐伯、俞拊，中世有扁鹊、秦和，盖论病以及国，原诊以知政。"

随着历史的演进，最初以中医理论和实践为内核的"岐黄"文化不断又有新的创新与发展。"岐黄"文化的概念已延及中医临床技能、养生保健、饮食、教育以及民俗等方面。空间上，"岐黄"文化早已由华夏本土传向域外。研究表明"岐黄"文化对东北亚朝鲜"东医"、日本"汉方医"等的形成产生过重要影响。因而岐黄文化从根本上来说是一种既有深厚的历史积淀，又颇具活力的活态创新的文化体系。

史籍记载的有关岐黄医论的典籍数量很多，列表如下，据不完全统计，这些典籍均是一代代医药学家传承"岐黄"文化的实践记录、经验的升华结晶和学术理论的总结。

表7-1　　　　　　　　　史籍所载有关岐黄医论的典籍

名称	备注	名称	备注
《黄帝内经》	十八卷，《汉书·艺文志·医经》，今存	《黄帝外经》	三十七卷，《汉书·艺文志·医经》，今佚
《神农黄帝食禁》	七卷，《汉书·艺文志·医经》，今佚	《泰始黄帝扁鹊俞拊方》	二十三卷，《汉书·艺文志·医经》，今佚
《黄帝八十一难经》	又名《八十一难》，见于汉·张机《伤寒杂病论》；《黄帝众难经》，见《隋书·经籍志》，今存	《黄帝泰素》	二十篇，今存
《岐伯经》	十卷，《隋书·经籍志》，今佚	《岐伯灸经》	一卷，《新唐书·艺文志》，今佚

续表

名称	备注	名称	备注
《岐伯针灸》	《宋史·艺文志》，今佚	《岐伯论针灸要诀》	一卷，《通志·艺文略》，今佚
《岐伯精藏论》	一卷，《通志·艺文略》，今佚	《岐伯五藏论》	《竹堂书目》
《黄帝岐伯按摩经》	十卷，《汉书·艺文志·神仙》，今佚	《黄帝问岐伯灸经》	一卷，《宋史·艺文志》，今佚
《黄帝岐伯针论》	二卷，《通志·艺文略》，今佚	《黄帝岐伯论针灸要诀》	《崇文总目》

第二节　旅游文化景观视野下的庆阳"岐黄文化"

任何一种文化创意都是在深入挖掘文化内涵背景下进行的。文化需依存于相应的地理环境，同时区域文化的显像某种程度上也需通过文化景观化来实现。旅游文化景观是人类为了满足人们旅游观光的需要，在自然景观之上叠加人类活动的结果而形成的文化景观。庆阳作为"岐黄文化"聚集的核心区，有关的遗址、胜迹、地名、山川、庙宇达十数处之多。岐黄文化的事象在庆阳如此之密集，这在全国独一无二。笔者拟从旅游文化景观的视角，对庆阳境内与"岐黄文化"相关的遗迹做一梳理，对"岐黄文化"的旅游文化景观进行观察和探讨，以期对于全面和系统认识庆阳旅游文化、科学制定旅游发展规划、打造旅游精品等有所助益。

表 7-2　　　　　　　旅游文化景观视野下的庆阳"岐黄文化"

物质文化						非物质文化
类别	备注	类别	备注	类别	备注	有关岐伯的民间传说
自然景观			聚落景观		宗教景观	
子午岭	《庆阳府志·地理志（山脉）》	岐伯洞	又名仙人洞，位于西峰区肖金镇老山村老洞山	南原庙	《庆阳府志·坛遗》："岐伯庙在南原，今废"	1. 岐伯降生青龙嘴； 2. 少年生活多坎坷； 3. 拜师学医树大志； 4. 悬壶济世施恩泽； 5. 岐黄论经成天师； 6. 辅佐黄帝统中华； 7. 治国著书兴邦业； 8. 天师仙逝祭千古
鸡头山	《（道光）镇原县志》	黄帝冢	《庆阳府志·文物志》	岐伯庙	《庆阳县志·坛庙》："岐伯庙在县城嘉会门外"	
黄帝山	《华池县志·地理志》			三圣庙	《庆阳府志·乡哲》	
马蹄泉	传说中"黄帝乘龙处"，合水县篙咀铺乡陈家河			药王洞	庆城县葛峡崛乡，每逢 2 月 5 日有祭祠、求医聚会	
^	^			圃寒洞	今庆城县周祖陵公园，每逢 3 月 5 日有祭祠、求医问药活动	

由表 7-2 可见，庆阳不愧为岐黄故里。从自然生态旅游景观上看，这里有与"岐黄文化"息息相关的子午岭、黄帝山、马蹄泉等自然景观，同时还拥有十分丰富的中药材资源。庆阳野生中药材品种多、质量优，据统计庆阳有野生、家种药用植物 114 科 239 属 436 种，药用动物 81 种，矿物等 10 种，共 527 种，占甘肃中草药资源品种的 34.5%，是名副其实的"本草之乡"。从岐黄文化遗迹上看，更为丰富多彩，如黄帝冢、岐伯庙、药王洞、南原庙、圃寒洞、三圣庙（岐伯与出生于庆阳的先周领袖鞠陶、公刘并称"三

圣")等,不一而足,是人们追思祖先、凭吊先贤的理想圣地。从民俗文化等非物质文化遗产来看,与岐伯、中药等有关的民间集会有庙会、药王节等,还有许多关于岐伯的民间传说,精彩纷呈。以上这些均是发展旅游文化的重要资源,有待于进一步深入开发。

第三节　庆阳"岐黄"文化旅游的创意与开发

综合庆阳的历史底蕴和文化特色以及区域旅游形象定位,打响"岐黄文化"品牌的知名度应成为当地旅游开发策划的核心内容之一。旅游是一个集"食住行游购娱"为一体的行业,就此笔者认为庆阳"岐黄"文化旅游的创意与开发可从以下几个方面展开。

深入挖掘"岐黄文化"内涵,将其成功地转化为旅游资源,充分利用庆阳一带密集的有关"岐黄文化"的地貌景观、人文遗迹、民俗文化以及非物质文化遗产等资源,开发新颖别致的旅游产品,设计精品旅游路线,精心打造"岐黄文化"旅游精品,实现庆阳特色精品资源与旅游产业的深度融合,并与庆阳已形成的先周农耕文化、红色文化、香包文化、皮影道情、石窟造像等品牌密切结合,共同推动庆阳及陇东南一带旅游业的腾飞。庆阳旅游业应高举两大拳头产品,即中华先祖圣迹游和红色文化体验游。

建设全国首家岐黄文化博物馆及岐黄文化广场,在全国范围内广泛征集有关岐黄文化的书籍、图片、物品等文物,精心设计、精心布展。博物馆要有一定的规模,要上档次、上水平,切忌"小家子"气,使其足以代表我国中医药早期发展的历史和成就。博物馆内外可考虑设置以下几个区域:第一,用图片、剪纸工艺以及现代数字媒体技术向游客展示岐黄文化历史。第二,用纪念性的文物以及塑造蜡像并结合庆阳特色的窑洞文化再现上古历史场景,让游客有身临其境的体验和感受。第三,在博物馆外面可建一处规模较大的岐黄文化广场,广场内可有岐伯、黄帝及若干中华名医的雕塑,可设祭祀台,附以华表等物,以供人们从事瞻仰、祭祀和开展其他民俗活动。岐黄文化广场应成为庆阳市最重要的地标性建筑之一和人们从事文化活动的中心。

全力打造中华岐黄中医养生基地。利用庆阳作为"岐黄"故里的独特优势，充分挖掘中医养生文化精华，并附以若干现代科技手法，广泛吸引海内外游客和患者前来庆阳疗养、休憩，为游客提供经络养生、健康保养、香薰SPA、美容美体、按摩养生、中医预防养生、减压放松等服务项目。在养生基地还可设置游泳池、足疗馆、美容SPA馆等，同时开设食疗饭店，按照中医辩证施治的原则和以食疗疾的方法，结合现代营养学理论，为游客制定特别食谱和食品小吃，提供健康管理服务。

打造庆阳岐黄美容养颜化妆品研发基地，将其建成包括岐黄药材种植、加工、产品研发、生产、销售一条龙的在全国具有重要影响的特色保健养生化妆品基地。产品可以有洗面奶、美容水、美容霜、洗发水、沐浴液等用品。亦可将"当归之乡"岷县的当归、陇西黄芪、礼县大黄、渭源党参、民勤枸杞、敦煌甘草以及甘南藏药材等的美容养颜护肤等产品的研发、生产纳入基地，其中有些产品已经打开了市场，游客反响良好。

利用岐黄文化的知名度设计和开发出一批相关的精品旅游纪念品。例如，可借助早已誉满天下的庆阳香包结合岐黄文化推出岐黄养生香包，香包中可装填若干种天然香草药粉末，或可安神，或能镇痛，或避瘟疫，或助睡眠等，充分发挥其强身健体的药用效能。小巧而精致的香包向世界展示的风采，不仅是对传统刺绣技艺的保护，更是对历经千年的岐黄文化最直接最有力的传承。同时，还可以设计岐黄养生鞋垫、护膝、肚兜等产品，亦可研制有关岐黄的保健养生茶或其他饮品。

打造庆阳岐黄文化民俗村。民俗村宜用仿古建筑以及窑洞的形式进行规划设计，游客可在民俗村中去居民家访问，品尝岐黄养生美食，聆听岐黄历史故事，观赏岐黄道情皮影。民俗村里应建有特色美食街，可将其命名为岐黄口福街或者岐黄夜市等，还可在村中规划出一条专门购买物美价廉的岐黄文化特色纪念品的街道。在旅游过程中，可以给游客半天的自由活动时间去购买自己喜欢的旅游纪念品。

鉴于目前许多干部和群众对于"岐黄文化"尚不太了解的实际情况，迫切需要加大对其的宣传和推介。文化出版部门应积极策划、创作编写出一批宣传岐黄文化以及陇原始祖文化的图书、画册、连环画等。省内有关报纸、电台、电视、互联网等媒体，可围绕此方面内容设置特色鲜明、富有吸引力的相关栏目，或制作相关节目。应充分利用世界非物质文化遗产皮影为载体，将岐黄文化与庆阳皮影结合起来，创作出一批质量一流、深受群众喜爱的岐黄历史故事等皮影，并可将其搬上银幕、剧院，也可以在其他一些文化娱乐场馆和旅游景点表演，以此满足广大群众和游客求新、求知的欲望。亦可以将民间流传的岐黄救死扶伤的故事用世界非物质文化遗产剪纸等艺术形式表现出来。岐黄文化与皮影、剪纸等世界非物质文化遗产相结合，相得益彰、相互促进，可以起到互利共赢的效果。

目前我省医学人才短缺，特别是自从兰州医学院并入兰州大学后，面向省内培养的医学大学生人数大减，更加剧了这一状况。为此建议陇东学院设立岐伯医学院，或在西峰（亦可在兰州）单独设立岐伯医学院，以深入进行岐黄文化的研究及岐黄医术的发掘，培养中医药和中西医结合人才，亦可培养西医药人才和面向农村基层的全科医生，以弥补我省医学人才严重不足的状况。

参考文献

一 著作

安定祥、高新民、刘艳春：《岐黄文化研究丛书——岐黄文化源流》，陕西师范大学出版社2011年版。

陈英、高宏：《甘肃历史文化》，甘肃文化出版社2011年版。

陈建魁：《伏羲、伏羲时代与伏羲文化散论，伏羲与中华姓氏文化》，黄河水利出版社2004年版。

陈自仁：《陵谷沧桑：八千年陇文化》，甘肃人民美术出版社2014年版。

窦世荣：《庆阳民俗礼仪大观》，甘肃文化出版社2013年版。

杜松奇：《伏羲文化研究》，中国社会科学出版社2013年版。

范文澜：《中国通史》，人民出版社1956年版。

傅景华、陈心智点校：《黄帝内经·素问》，中医古籍出版社1997年版。

傅学礼、杨藻凤：《庆阳府志》，甘肃人民出版社2001年版。

甘肃省博物馆：《甘肃文物考古三十年，文物考古工作三十年》，文物出版社1979年版。

甘肃省庆阳地区志编委会：《庆阳地区志》第三卷，兰州大学出版社1998年版。

甘肃省庆阳地区志编委会：《庆阳地区志》第一卷，兰州大学出版社1998年版。

甘肃省文物考古研究所:《秦安大地湾——新石器时代遗址发掘报告》,文物出版社2006年版。

甘肃省文物考古研究所、中国国家博物馆、北京大学考古文博学院等编:《西汉水上游考古调查报告》,文物出版社2008年版。

郭厚安、陈守忠:《甘肃古代史》,兰州大学出版社1989年版。

郭厚安、吴廷祯:《悠久的甘肃历史》,甘肃人民出版社1988年版。

郭沫若:《中国史稿》第一册,人民出版社1976年版。

国家档案局二处南开大学历史系中国社会科学院历史所图书馆:《中国家谱综合目录》,中华书局1997年版。

郝润华、吴娱:《李梦阳》,甘肃教育出版社2014年版。

《华池县志》编委会:《华池县志》,甘肃人民出版社2004年版。

(晋)常璩撰,刘琳校注:《华阳国志校注》,巴蜀书社1984年版。

李白:《李太白全集》,中华书局1977年版。

李怀顺、黄兆宏:《甘宁青考古八讲》,甘肃人民出版社2008年版。

李惠:《李氏源流》,武汉大学出版社2016年版。

李建成:《伏羲文化概论》,甘肃文化出版社2004年版。

李立新:《试论颛顼帝喾二帝与中华人文始祖,颛顼帝喾与华夏文明》,河南人民出版社2009年版。

李零:《长沙子弹库战国楚帛书研究》,中华书局1985年版。

李天昌:《中国·甘肃李氏文化源流》,省政协文史委陇西李氏文化研究会2003年版。

李维平:甘肃陇西李氏文化研究总会编:《话说陇西堂 陇西李氏文化渊源全本》,金城出版社2018年版。

李学勤:《东周与秦代文明》,文物出版社1984年版。

李学勤:《李学勤文集》,上海辞书出版社2005年版。

刘城淮:《中国上古神话》,上海文艺出版社1988年版。

刘东生:《中国的黄土堆积》,科学出版社1965年版。

刘军社:《试论岸底遗址的分期及其相关问题,周秦文化研究》,陕西人民美术出版社1998年版。

刘文戈：《姬周旧邦》，甘肃文化出版社 2005 年版。

刘文戈：《周祖文化与古庆阳》，甘肃省庆阳县委员会编印，1998 年。

刘尧汉：《中国文明源头新探》，云南人民出版社 1985 年版。

隆滟、韩建民：《陇东农耕文化研究》，中国农业出版社 2015 年版。

陇西李氏祖籍临洮联谊研究会编：《陇西李氏根在狄道》，兰州兴远印务有限公司 2016 年版。

鲁泽：《陇西史话》，甘肃文化出版社 2008 年版。

鲁泽：《陇西史话》，甘肃文化出版社 2008 年版。

齐社祥：《庆阳特色文化研究——民俗文化卷》，甘肃文化出版社 2014 年版。

钱穆：《中国文化史导论（修订本）》，商务印书馆 1994 年版。

饶宗颐、曾宪通：《楚地出土三种文献研究》，中华书局 1993 年版。

《陕西省志·炎帝志》，三秦出版社 2009 年版。

宋豫秦：《西部开发的生态响应》，四川教育出版社 2003 年版。

宋志明、吴潜涛：《中华民族精神论纲》，中央民族大学出版社 2006 年版。

唐兰：《老聃的姓名和时代，古史辨》（第四册），上海古籍出版社 1982 年版。

王长生：《正宁民俗》，甘肃人民出版社 2003 年版。

王剑：《论中华民族共同先祖的确认——兼及"羲黄文化"，伏羲与中华姓氏文化》，黄河水利出版社 2004 年版。

王孺童：《道德经讲解》，中华书局 2013 年版。

王学礼、郑怀林：《世界传统医学养生保健学》，科学出版社 1998 年版。

王学礼、郑怀林：《世界传统医学养生保健学》，科学出版社 1998 年版。

王元林：《泾洛流域自然环境变迁研究》，中华书局 2005 年版。

闻一多：《神话研究》，巴蜀书社 2002 年版。

夏小军:《岐伯汇考》,甘肃科技出版社2008年版。

夏正楷:《第四纪环境学》,北京大学出版社1997年版。

谢端琚:《甘青地区史前考古》,文物出版社2002年版。

辛德勇:《史记新本校勘》,广西师范大学出版社2017年版。

徐龄:《文化遗产的保护与经营》,社会科学文献出版社2003年版。

徐治堂、吴怀仁:《庆阳民间故事研究》,甘肃文化出版社2012年版。

闫德亮:《中国古代神话文化寻踪》,人民出版社2011年版。

杨德祥:《岐伯与庆阳》,陕西科学技术出版社2003年版。

杨利慧:《女娲溯源——女娲信仰起源地的再推测》,北京师范大学出版社1999年版。

叶取源、王永章、陈昕:《中国文化产业评论》(第二卷),上海人民出版社2004年版。

于俊德、于祖培:《先周历史文化新探》,甘肃人民出版社2005年版。

曾宪通:《选堂先生与荆楚文化研究》,广东韩山师范学院1996年版。

张大可:《史记全本新注》,三秦出版社1997年版。

张国柱:《威远古今——陇西旅游导游解说词》,甘肃人民出版社2009年版。

张辉祖:《镇原县志》上册,国华图书馆。

张琴:《智慧城市》,天津古籍出版社2012年版。

张文先等:《庆阳通史》,商务印书馆2011年版。

张新斌:《伏羲与中国姓氏之源,伏羲与中华姓氏文化》,黄河水利出版社2004年版。

张新斌:《内黄颛顼帝喾二帝陵的文化定位及其思考——颛顼帝喾与华夏文明》,河南人民出版社2009年版。

张新斌:《颛顼帝喾及葬地与祭祀初探,颛顼帝喾与华夏文明》,河南人民出版社2009年版。

赵化成等：《甘肃礼县三座周代城址调查报告》，北京大学中国考古学研究中心、北京大学震旦古代文明研究中心编：《古代文明》第 7 卷，文物出版社 2008 年版。

赵鉴光：《西安文化六千年：西安地域历史文化发展纵横谈》，陕西旅游出版社 2004 年版。

郑怀林：《生命的圣火》，中医古籍出版社 2008 年版。

中国民间文学集成全国编辑委员会：《中国民间故事集成：甘肃卷》，中国 ISBN 出版中心，2001 年。

中国社会科学院考古研究所泾渭工作队：《陕西长武眼子坡先周遗址发掘记略，考古学集刊》，中国社会科学出版社 1989 年版。

中国社会科学院考古研究所：《新中国的考古发现和研究》，文物出版社 1984 年版。

中国叶圣陶研究会：《中华传统文化研究与评论》第 1 辑，人民教育出版社 2007 年版。

中华伏羲文化研究会，杜松奇主编：《伏羲文化论丛 2003》，甘肃人民出版社 2004 年版。

钟敬文：《洪水后兄妹再殖人类神话》，马昌仪《中国神话学文论选萃（下）》，中国广播电视出版社 1994 年版。

周强：《儒源新探　周先祖与中国文化》，中国社会科学出版社 2012 年版。

周遵鹏：《凯碑镌文》，三秦出版社 2015 年版。

朱建平：《中国医学史研究》，中医古籍出版社 2003 年版。

祝中熹：《甘肃通史·先秦卷》，甘肃人民出版社 2009 年版。

　　二　期刊

安定祥、刘艳春：《岐伯考证与岐黄文化研究》，《西部中医药》2011 年第 24 卷第 8 期。

白洁：《全球化视野下中华民族文化复兴的基本途径》，《山西高等学校社会科学学报》2013 年第 25 卷第 8 期。

卜友常：《鲁迅藏汉代伏羲女娲画像浅议》，《新美术》2010 年第 31 卷第 5 期。

仓林忠：《中华民族的人文初祖之辨》，《盐城工学院学报》2002 年第 1 期。

曹发展、景凡：《陕西旬邑崔家河遗址调查记》，《考古与文物》1984 年第 4 期。

常霞：《陇西郡历史文化考辨》，《丝绸之路》2011 年第 8 期。

陈福明：《关于加快开发陇西李氏文化的对策探讨》，《陕西社会主义学院学报》2006 年第 2 期。

陈更宇：《早期嬴秦人生活方式的探索》，《文史哲》2009 年第 5 期。

陈金文：《东汉画像石中西王母与伏羲、女娲共同构图的解读》，《青海社会科学》2011 年第 1 期。

陈胜前：《考古学研究的问题来自哪里?》，《南方文物》2013 年第 2 期。

陈治军：《浅析陇西文物资源的保护与利用》，《丝绸之路》2012 年第 12 期。

杜松奇：《伏羲文化与和谐社会建设》，《天水师范学院学报》2013 年第 33 卷第 3 期。

段超、李秀林：《新时代民族高校加强中华优秀传统文化传承的思考——以国家民委所属高校为例》，《中南民族大学学报》（人文社会科学版）2019 年第 39 卷第 6 期。

范三畏：《伏羲文化与李氏文化的关系》，《西北师范大学学报》2004 年第 5 期。

方光华：《丝绸之路遗产及其现代价值》，《五台山研究》2014 年第 2 期。

冯诚、谭飞、张燕：《华夏文明史增加三千年》，《丝绸之路》2003 年第 4 卷第 23 期。

冯丽娟、刘建荣：《中华姓氏文化的内涵与当代价值研究》，《桂林师范高等专科学校学报》2019 年第 33 卷第 4 期。

冯绳武:《从大地湾的遗存试论我国农业的源流》,《地理学报》1985 年第 3 期。

《甘肃省建设华夏文明传承创新区——围绕"一带"建设"三区"打造"十三板块"》,《发展》2013 年第 8 期。

甘肃省文物工作队:《甘肃崇信于家湾周墓发掘简报》,《考古与文物》1986 年第 1 期。

龚维玲、王瑶、刘娴:《南宁市文化与旅游产业融合发展 SWOT 分析》,《广西师范学院学报》(自然科学版) 2013 年第 2 期。

郭建华:《论周祖农耕文化对庆阳地区的影响》,《作家天地》2019 年第 14 期。

郭沫若:《古代文字之辩证的发展》,《考古学报》1972 年第 1 期。

韩润泽:《"一带一路"形势政策下对中外投资影响》,《广东经济》2017 年第 8 期。

韩伟:《论甘肃礼县出土的秦金箔饰片》,《文物》1995 年第 6 期。

[美] 何炳棣:《中国农业的本土起源》,马中译,《农业考古》1984 年第 2 期。

何金玉:《浅谈秦安女娲祭典仪式及其价值》,《群文天地》2012 年第 14 期。

胡可先:《刘熙载论李白绎说》,《江苏行政学院学报》2007 年第 5 期。

胡兴华:《甘肃旅游资源的文化阐释》,《边疆经济与文化》2009 年第 12 期。

胡政平、谢增虎:《伏羲文化留给我们的精神财富》,《兰州学刊》2012 年第 7 期。

霍志军:《伏羲文化的精神特质及其现代阐释》,《天水师范学院学报》2006 年第 4 期。

霍志军、吴云霞:《伏羲文化源流探析》,《天水行政学院学报》2011 年第 12 卷第 1 期。

贾成祥、贾秋英:《论岐黄文化的根源与根本》,《中医学报》2011年第26卷第6期。

贾成祥:《中医药文化学的根本任务是内承外传》,《中国中医药报》2010年第22卷第12期。

江爱莲:《文化旅游资源的开发与保护研究》,《才智》2014年第5期。

来永红:《丝绸之路的文化内涵及其当代价值探析》,《丝绸之路》2016年第24期。

郎树德:《大地湾遗址的发现和初步研究》,《甘肃社会科学》2002年第5期。

郎树德:《甘肃秦安大地湾F901房址发掘简报》,《文物》1968年第2期。

类延旭:《论民族精神的基本特征》,《社科纵横》2004年第10期。

李并成:《甘肃历史文化在中国文化史上的地位》,《陕西社会主义学院学报》2006年第2期。

李并成:《甘肃历史文化在中国文化史上的地位》,《时代学刊》1998年第1期。

李朝阳:《庆阳农耕文化资源挖掘与产业化开发研究》,《陇东学院学报》2016年第27卷第2期。

李金田、金华、金智生、夏小军、戴恩来、朱向东:《岐黄问答 千载流芳——岐伯与岐黄文化的历史功绩》,《中国现代中药》2013年第15卷第3期。

李学勤:《论新出大地湾文化陶器符号》,《文物》1978年第12期。

李永宁、梁云等:《西汉水上游新石器时代遗址调查简报》,《考古与文物》2004年第6期。

李泽生:《中华民族始祖文化是民族精神的文化基因》,《黄河·黄土·黄种人》2015年第14期。

李震岗:《赋予陇西李氏文化时代内涵》,《甘肃科技纵横》2008年第1期。

李震岗:《论以李氏文化推动陇西县域经济又好又快发展》,《甘肃科技纵横》2007年第6期。

梁云:《从秦墓葬俗看秦文化的形成》,《考古与文物》2008年第1期。

梁云:《对鸾亭山祭祀遗址的初步认识》,《中国历史文物》2005年第5期。

梁云:《甘肃礼县大堡子山青铜乐器坑探讨》,《中国历史文物》2008年第4期。

梁云:《论早期秦文化与西戎文化的关系》,中国台湾《故宫文物月刊》2016年第398期。

梁云:《西新邑考》,《中国历史文物》2007年第6期。

刘北锁:《洪洞县赵城娲皇陵庙历史地位简论》,《天水师范学院学报》2012年第6期。

刘得祯:《甘肃灵台两座西周墓》,《考古》1981年第1期。

刘国芳:《对甘肃早期秦文化统筹开发的思考》,《天水行政学院学报》2015年第16卷第4期。

刘建荣:《以传统优秀伦理文化夯实国家文化软实力根基》,《伦理学研究》2018年第3期。

刘劲:《秦汉时期西县故城治所考略》,《丝绸之路》2010年第18期。

刘军社:《秦人吸收周文化问题的探讨》,《文博》1999年第1期。

刘军社:《水系·古文化·古族·古国论》,《华夏考古》1996年第1期。

刘雪:《文化分类问题研究综述》,《泰安教育学院学报岱宗学刊》2006年第4卷。

刘艳红:《遗址旅游解说系统的构建》,《西北师范大学学报》(自然科学版)2009年第1期。

刘振林:《陇西李氏文化简介》,《甘肃科技》2010年第26卷第7期。

逯克宗：《发挥资源优势加快融合发展努力把天水建成国际旅游目的地城市》，《发展》2019年第10期。

路笛：《试解周人先祖的历史存疑》，《西北史地》1998年第3期。

马大正：《中华民族从多元到一体》，《中南民族学院学报》（人文社会科学版）2000年第2期。

孟永林：《"陇西"李氏及其文化特色》，《甘肃政法成人教育学院学报》2006年第4期。

孟永林：《"陇西"李氏及其文化特色》，《甘肃政法成人教育学院学报》2006年第4期。

孟永林、许有平：《李姓渊源及"陇西"李氏考略》，《天水师范学院学报》2006年第6期。

缪章可：《浅谈古丝绸之路在今天的价值》，《中外交流》2017年第21期。

宁江英：《关于咸阳发展秦文化旅游的几点建议》，《旅游纵览·行业版》2019年第12期。

牛世山：《秦文化渊源与秦人起源探索》，《丝绸之路》1996年第3期。

彭金山：《甘肃民俗的现状与思考》，《丝绸之路》2010年第16期。

蒲向明：《陇东南丝绸之路祖脉文化资源现实意义臆说》，《甘肃高师学报》2018年第23卷第1期。

蒲向明：《论祖脉文化陇东南资源的分布与构成》，《天水师范学院学报》2018年第38卷第3期。

蒲向明：《论祖脉文化陇东南资源的分布与构成》，《天水师范学院学报》2018年第38卷第3期。

乔今同：《平凉县发现新石器时代遗址》，《文物参考资料》1956年第12期。

尚明瑞、张自尧：《甘肃农村资源配置中存在的问题与农业产业化发展的对策》，《西华大学学报》（哲学社会科学版）2004年第6期。

石朝江：《伏羲被尊为"三皇之首"应为信史》，《贵州社会科学》2015年第2期。

史党社：《从墓葬中的"异例"看秦文化的传播》，《中原文化研究》2017年第5卷第3期。

宋书云：《岐伯与岐黄之术》，《中医学报》2011年第26卷第5期。

宋云芳：《天水地区伏羲文化研究》，《青海民族大学学报》（社会科学版）2013年第39卷第2期。

苏富忠：《文化的分类体系》，《烟台大学学报》（哲学社会科学版）2004年第3期。

苏海洋：《甘青宁新地区石器时代遗存的地理分布及其自然背景》，《天水行政学院学报》2008年第2期。

苏海洋：《论大地湾一期文化与中国农业起源的关系》，《西北农林科技大学学报》（社会科学版）2009年第9卷第6期。

孙黎：《东汉画像石中伏羲女娲形象研究》，《北方文学》（中旬刊）2015年第1期。

覃彩銮：《秦汉时期广西的开发——广西开发史研究之二》，《广西社会主义学院学报》2018年第29卷第4期。

唐燮军、潘朝辉：《中国农业的本土起源及其三大模块》，《贵州文史丛刊》2003年第1期。

田静：《秦文化研究论著目录（2004年）》，《秦文化论丛》（第十辑），三秦出版社2005年版。

田仁孝、张天恩、雷兴山：《碾子坡类型刍议》，《文博》1993年第3期。

田文棠、杜乃俭：《秦文化的历史构成与现代诠释》，《西安财经学院报》2007年第6期。

汪国富：《大地湾遗址的文化内涵与开发前景》，《西北史地》1996年第2期。

汪国富、李志钰：《大地湾文化遗址的价值》，《发展》2012年第3期。

汪国富、李志钰：《黄土高原史前文明的一朵奇葩——大地湾遗址览胜》，《发展》2012年第4期。

汪国富：《中国古代建筑史上的奇迹——走进大地湾F901原始宫殿遗址》，《发展》2012年第6期。

王博文：《甘肃镇原县旧石器时代文化遗存综述》，《丝绸之路》2015年第6期。

王飞：《区域地理环境与先周农耕文化研究——以甘肃庆阳为例》，《农业考古》2012年第4期。

王刚等：《2006年甘肃礼县大堡子山祭祀遗迹发掘简报》，《文物》2008年第11期。

王根旺：《庆阳市药用生物资源保护与可持续利用的措施及对策》，《甘肃科技》2005年第10期。

王宏鹏：《伏羲传说的文化价值》，《学理论》2012年第20期。

王剑：《李姓源起考索》，《寻根》2003年第3期。

王黎明：《对大地湾彩陶纹样的调查和研究》，《大众文艺》2010年第15期。

王明亚：《中华始祖城——天水城市文化的主题（下）》，《天水行政学院学报》2015年第16卷第3期。

王昙：《龙祖——伏羲》，《天水行政学院学报》2008年第1期。

王宪昭：《论女娲神话女性始祖文化身份的建构》，《社会科学家》2016年第8期。

王宪昭：《中国多民族兄妹婚神话母体探析》，《理论学》2010年第9期。

王耀东：《李氏文化缘何落户陇西县》，《社科纵横》2005年第2期。

王震、陈宗立：《陇西李氏文化研究》，《书城》1994年第8期。

王子今：《秦文化的超地域特征和跨时代意义》，《长安大学学报》（社会科学版）2010年第12卷第3期。

王子今：《秦文化的时代意义和历史影响》，《河北学刊》2013年第

33 卷第 4 期。

文秋：《新石器考古的空前发现——大地湾遗址》，《兰州学刊》1986 年第 4 期。

吴点明：《周祖农耕文化思想探究》，《甘肃社会科学》2009 年第 6 期。

吴小强：《试析匈奴人的社会文化价值观念》，《黔南民族师范学院学报》2017 年第 37 卷第 3 期。

夏学禹：《传承弘扬农耕文化　留住我们生活的根》，《休闲农业与美丽乡村》2014 年第 7 期。

肖智敏：《天水市文化旅游融合发展中的金融支持问题研究》，《甘肃金融》2015 年第 11 期。

谢生保：《敦煌李氏三碑研究综述》，《敦煌研究》2000 年第 2 期。

辛刚国、王妮：《弘扬甘肃地域文化，推进和谐社会的构建》，《陕西社会主义学院学报》2006 年第 2 期。

徐难于：《南北李姓的异源与合流》，《寻根》1996 年第 4 期。

徐文杰：《弘扬伏羲文化发展特色经济——天水市文化与经济互动发展的分析》，《陕西社会主义学院学报》2006 年第 2 期。

许尔忠、刘治立：《陇东文化研究归述》，《人民论坛》2014 年第 29 期。

许敬生：《中原古代文明与中医药文化》，《中医学报》2009 年第 24 卷第 5 期。

杨建敏：《河南新密药王信仰与药王庙考证》，《中医学报》2011 年第 26 卷第 3 期。

叶磊：《岐伯司职及里籍考》，《中医学报》2011 年第 26 卷第 1 期。

雍际春：《伏羲神话传说的文化价值》，《宁夏社会科学》2005 年第 4 期。

雍际春：《伏羲文化的演变与内涵》，《甘肃社会科学》2008 年第 6 期。

雍际春：《论天水秦文化的形成及其特点》，《天水师范学院学报》

2000年第4期。

于省吾:《关于古文字研究的若干问题》,《文物》1987年第12期。

袁仲一:《从考古资料看秦文化的发展和主要成就》,《文博》1990年第5期。

岳赞:《浅论秦安大地湾文化分期特征》,《西部大开发：中旬刊》2012年第8期。

曾志浩:《"田园综合体"发展模式中的景观规划设计手法研究》,《中国房地产业》2018年第6期。

张多勇、马浩夺:《周先祖公刘迁豳与公刘祭典的几个问题》,《黄河科技大学学报》2017年第19卷第6期。

张建军:《天水伏羲祭典的保护传承与文化价值研究》,《中国民族博览》2018年第24期。

张克非:《论甘肃历史文化资源的四大特点及不可替代性》,《科学·经济·社会》2006年第1期。

张力刚:《试论大地湾遗址在中国史前考古上的六大之最》,《丝绸之路》2014年第18期。

张睿祥、郭永利:《对大地湾遗址开发现状的分析及其思考》,《天水师范学院学报》2013年第3期。

张绍能:《坚定文化自信 推动优秀传统文化走向辉煌》,《福建省社会主义学院学报》2018年第1期。

张小瑜:《临洮李氏文化浅谈及相关课程资源开发》,《学周刊》2018年第18期。

张新斌:《论伏羲与炎黄共为中华人文始祖》,《中州学刊》2007年第5期。

张新斌:《太行山的文化定位与开发的战略思考》,《中原文化研究》2013年第1期。

张展:《伏羲文化的内涵及其时代意义的提升》,《决策探索》(下半月)2016年第5期。

张忠尚、王建祥:《大地湾遗址与中国古代文化》,《甘肃社会科学》1993 年第 1 期。

赵东:《秦文化资源解读》,《渭南师范学院学报》2015 年第 30 卷第 9 期。

赵化成、宋涛:《甘肃毛家坪遗址发掘报告》,《考古学报》1987 年第 3 期。

赵俊川、张小平:《欠发达地区乡村旅游开发研究——以甘肃陇南地区为例》,《宁夏农林科技》2012 年第 53 卷第 9 期。

赵琪伟:《甘肃西汉水流域的早期秦文化遗俗》,《寻根》2010 年第 6 期。

郑观州:《"岐黄文化重要发祥圣地"之河南新密考》,《中医学报》2011 年第 26 卷第 1 期。

郑观州:《梳理新密岐黄医家及中医药文化》,《中医学报》2011 年第 26 卷第 2 期。

郑怀林等:《新密岐黄文化的考察报告》,《溱洧文化》2010 年第 1 卷。

郑怀林:《医药卫生人类学视野语境中的"岐黄"文化》,《中国医药现代远程教育》2011 年第 12 期。

钟天娥:《论习近平文化自信思想的科学内涵和时代价值》,《观察与思考》2018 年第 3 期。

周宇春、王明亚:《天水城市特色研究(下)——为天水市地方立法工作服务专题》,《天水行政学院学报》2018 年第 3 期。

朱长征:《丝绸之路的价值分析》,《物流工程与管理》2015 年第 10 期。

朱建平:《"岐黄"考释》,《中华医史杂志》2002 年第 4 期。

三 报纸

蔡国忠:《大地湾遗址见证中华消防文明》,《中华建筑报》2010 年 6 月 10 日第 8 版。

曹学文、韩燕平:《旅游文化景观的构成及特点》,《中国旅游报》

2007年1月29日。

陈宗立:《我国早期秦文化考古研究取得重要成果——确认秦始皇的祖先陵在甘肃礼县》,《光明日报》2006年11月8日。

甘肃省哲学社会科学规划办公室:《甘肃文化是华夏文明八千年最好的例证》,《甘肃日报》2014年11月10日第11版。

刘基:《华夏文明起源和繁荣发展的重要见证》,《光明日报》2013年4月11日第11版。

吴世奇:《挖掘历史文化资源　发展陇东南旅游业》,《甘肃日报》2019年12月17日第8版。

吴世奇:《挖掘历史文化资源　发展陇东南旅游业》,《甘肃日报》2019年12月17日第8版。

尹朝平:《云南建十大历史文化旅游项目　投资千亿打造品牌》,《云南日报》2012年8月2日。

周者军:《礼县:打造"先秦故里"金字招牌》,《甘肃日报》2011年11月24日。

左瑞杰:《对发展庆阳农耕文化产业的几点建议》,《陇东报》2012年6月28日第3版。

四　学位论文

姜丽:《甘肃陇东南寻根旅游客源市场开发策略研究》,硕士学位论文,西北师范大学,2018年。

李琪:《黄河中上游新石器时代人物形象研究》,硕士学位论文,山东大学,2018年。

李思美:《咸阳秦文化资源的产业化开发研究》,硕士学位论文,陕西科技大学,2018年。

刘康:《荆州文化资源开发研究》,硕士学位论文,长江大学,2014年。

刘敏:《基于需求导向的南京市鼓楼区养老服务设施规划研究》,硕士学位论文,南京工业大学,2014年。

齐轶文：《文化资本化运作下的仪式展演》，硕士学位论文，兰州大学，2010年。

首丹：《谶纬对神话传说流变的影响》，硕士学位论文，四川师范大学，2010年。

王振军：《甘肃省不同类型区域的农村社会保障研究》，博士学位论文，兰州大学，2009年。

项伟晨：《徽墨制作技艺的生产性保护政策研究》，硕士学位论文，安徽大学，2019年。

杨博：《沙井文化墓葬及相关问题研究》，硕士学位论文，西北师范大学，2014年。

五 其他

安定祥、刘艳春、赵永生：《岐伯考证与岐黄文化研究综述》，第十七次中医药文化学术研讨会暨中医哲学2014年学术年会，2015年。

安定祥：《岐黄文化的内涵》，中华中医药学会第十六次全国中医药文化学术研讨会，2013年。

富源宣威李氏第三次续谱委员会编辑委员会编：《陇西堂　李氏族谱》，2001年。

高新民、高原：《岐黄文化与庆阳远古文明》，《中国庆阳2011岐黄文化暨中华中医药学会医史文献分会学术会论文集》，2011年。

马启昕、刘艳春：《岐黄文化的价值》，《中国庆阳2011岐黄文化暨中华中医药学会医史文献分会学术会论文集》，2011年。

后 记

"华夏文明八千年"是甘肃具有悠久深厚历史文化特点的形象表征，陇东南地区作为中华民族最早的发祥地与中华文化起源的"地域原点"之一，集中分布着大量的始祖文化遗存，本书对甘肃始祖文化进行理论与内容研究的基础上，结合新时代甘肃文化旅游资源开发以及文旅强省战略实施的实践需要，对甘肃始祖文化的创新实践策略、路径进行了深入的思考。本书几易其稿，经过四年的时间的艰辛劳动，现在终于完成。2017年本选题得到立项后，课题组随即开始筹划本书的编写计划。编著团队在系统地收集整理相关论著的基础上，多方求教专家、学者，几经论证并初步确定了本书的纲目。之后又在实地调研的基础上结合团队多轮讨论，形成了按照文化地理空间及要素构成对陇东南地区始祖文化进行深入探究的基本思路。值得指出的是，近年来，随着国家、省级以及地方层面支持和推动文化旅游融合的思路逐渐明晰，课题组结合甘肃华夏文明传承创新区及文旅强省战略，又对始祖文化构成内容及要素的产业价值进行了剖析与思考，并提出了具体的开发策略与方向，以期对甘肃省及陇东南地区文旅产业的发展提出有价值的意见建议。

本书的第一篇是理论分析篇，作者首先对始祖文化尤其是甘肃始祖文化的概念内涵、特点、意义、历史地位和作用及比较优势进行了分析；第二篇对甘肃始祖文化的内容要素构成进行了深入剖析，从内容构成上甘肃始祖文化主要包括伏羲及女娲文化、岐黄文化、大地湾文化、周祖农耕文化、陇南秦祖文化和陇西李氏文化等；第三篇是创新发展篇，即甘肃始祖文化的当代价值及其产业实践与构想，作者结合新时代始祖文化开发优势与基础、文旅融合背景下的甘肃始祖文化以及开发思路与路径进行了深入思考。

全书由冯玉新负责整体提纲的设计、修改及统稿，冯玉新和李卓、田云霞（研究生）分工写作，研究生刘雪、郭敬远、崔昊、马艺颖、任晓菲等参与了资料搜集、整理，实地调研等工作，谨致谢忱！

由于笔者的时间和能力有限，本书涉猎又广，书中还有很多不足之处，恳请读者不吝赐教。

编著者

2023 年 6 月